陈忠实传

邢小利 著

陕西新华出版传媒集团
陕 西 人 民 出 版 社

目录

第一章　少年，乡村的路

一、西蒋村，出生地与家世

1942 年 8 月 3 日，陈忠实出生于灞河南岸、白鹿原北坡下的西蒋村。这一天是农历的六月二十二日，在五行中属火。陈忠实后来说，他的生命中缺水，不知与这个火命有无关系。他母亲说，陈忠实落地的时辰是三伏天的午时。落地后不过半个时辰全身就起了痱子，从头顶到每一根脚趾，都覆盖着一层密密麻麻的热痱子。只有两片嘴唇例外，但却爆起苞谷粒大的燎泡。整整一个夏天里，他身上的热痱子一茬儿尚未完全干壳，新的一茬儿又迫不及待地冒了出来，褪掉了的干皮每天都可以撕下小半碗。陈忠实 2006 年 9 月 23 日在其写就的散文《回家折枣》中说，曾有一个乡村"半迷儿"的卦人给他算过命，说他是"木"命，而他自小受喜欢栽树的父亲的影响，也喜欢栽树，也许就是应了"木"命之说。这一年的属相是马。

西蒋村如今隶属陕西省西安市灞桥区席王街道办（原属毛西公社、毛西乡、霸陵乡），是一个很小的村子。村以蒋名，却没有一个蒋姓。除了几户郑姓的村民，西蒋村村民大都姓陈。西蒋村、东蒋村和位于白鹿原半坡上的史家坡这三个自然村，相距很近，同办一所初级小学。据 1989 年版作为内部资料印行的《陕西省西安市灞桥区地名志》介绍，咸宁、长安两县续志载，东西蒋村原来是一个村，1936 年，蒋村分为东西二村。居东者名东蒋村，居西者名西蒋村。西蒋村，位于灞河南岸，白鹿原北坡下，58 户，263 人，耕地 403 亩。

据陈忠实的哥哥陈忠德介绍，陈姓祖先应该是在清朝嘉庆年间或嘉庆前从别处迁移而来。何处迁来，难以查考。陈忠德回忆说，当年西蒋村的东边和西边各有两个小庙，“文革”中破“四旧”时被拆毁，庙里供奉的佛像也未能幸免。拆庙毁佛时他当时在现场看热闹，看到一尊泥胎佛像身子中间是一根木棍，木棍外边绑着稻草，稻草上面再糊泥，这样泥塑的佛像结实。他说他记得很清楚，棍子上还绑着一本老皇历，他当时把那本老皇历还拿回家了，翻看时记得其中有一页上画有红色标记，他认为那个红色标记应该就是建庙的吉日。可惜这本皇历后来不知去向。他还记得，佛像胸前有护心镜，护心镜是一个嘉庆元宝。由此判断，村中建庙之年当为嘉庆年间。村子建庙，应该是村子初成规模之时。据祖传的说法，西蒋村陈氏家族的祖先迁移到这个村子后，曾给后代起名字排辈分，一共起了十个字，现在这十个字已经用完。陈忠德说他们现在只能记得后六个字的辈分，依次是国、嘉、步、广、忠、永。“永”字辈的都是新中国成立后出生的。十个名字就是十辈，一辈的岁数差距大致按 20 年算，十辈人也就是 200 年的样子。算起来，从清朝嘉庆年间至今，也就是 200 年多一点，时间大致能对上。因此推断，陈氏家族居于此地或者说西蒋村的历史大致也就是 200 多年。

关于蒋村村名的来历，笔者曾请教陈忠实和蒋村的一些老人，他们都说，这个村子目前还没有见到有关文字记载的历史，可能村子里曾经住过蒋姓人家，后来举族迁走了，村名却留了下来。据笔者考证，东晋十六国和南北朝时期，是中国历史上又一次大分裂时期。这一时期，北方以匈奴、羯、鲜卑、氐、羌为主的少数民族与当时内地汉族杂居、融合，关中被少数民族政权轮番占领。后秦，是羌族政权，以汉长安城为都城，国号大秦。羌族是个古老民族，地处陕西西部及以西地区，到西晋时，经过二三百年的生息繁衍，羌民族人口剧增，与关中西部的氐人连成一片，布满长安周围。当时人言，“关中之民，半为氐羌”。进入十六国时期，关中羌人数量持续增加。后秦建立后，羌人显官豪族集中长安，关中羌人数量达到数十万。在匈奴、羯、鲜卑、氐、羌等“五胡”大举入占中原包括关中的时候，中原包括关中的汉人则大举南迁，很多人逃往江东即今江南一带。那时迁入关中的匈奴、鲜卑、羌、氐、羯等少数民族居于汉人逃离者的村子，被称为“戎村”或“羌村”。入居关中人口最多的一族是羌族，占当时关中总人口的三分之一，羌村数目最多，成了各少数民族村庄名称的代称。而当时没有南迁的汉族人仍居于原地，则被称为“留村”或“留堡”。由于历史的演化，比如汉族人政权的建立和汉族人势力的强大，历史上的“羌村”地名也发生了演变，总体表现为去少数民族化倾向，“羌”字这个具有鲜明少数民族特征的字被另外一些同音字取代。就像陕南的“宁羌”县后来改为“宁强”县一样，关中地区许多古羌族或氐族曾聚居过的村庄，地名也发生了演化，由“羌”字变而为“强”“姜”“江”等谐音字。比如笔者的老家所在的村子，今名东江坡，现属长安区杜曲街道办，这是一个古老村庄，大约形成于东晋时期，原名“羌堡”，后来演变为“姜堡”，马长寿先生在《碑铭所见前秦至隋关中部族》中说，西晋十六国时期关中羌堡后来多写为姜堡。宋人张礼在《游城南记》中记有“越姜堡过兴教寺”。由“姜堡”再谐音演变为“江坡”，与古名已经相差万里。清嘉庆《咸宁县志》中已把江坡分记为东江坡和西江坡二村，沿用至今。这样的村名演变例子很多。再如长安区王莽街道办的“江村”的“江”即“羌”。如此看来，蒋村的“蒋”，也有可能是“羌”音演变而来。如果是“羌”音演变而来，蒋村的历史就长了。当然，这里只是聊备一说。

据现在可考的历史看，蒋村的陈家是一个世代农耕之家。除了“耕”之外，陈家还重视另外一个“家之脉”，这就是“读”，“耕读传家”，这是中国人也是乡村文化最基本的价值信念。

陈忠实的曾祖父陈嘉谟，曾是私塾先生。其人个子很高，腰杆儿总是挺得又端又直。他从村子里走过去，那些在街巷里、门楼下袒胸露怀给孩子喂奶的女人，全都吓得跑回自家，或就近躲进村人的院门里头去了。

陈忠实的祖父陈步盈，也做过私塾先生。陈步盈这一辈有兄弟三人，分属两支，是堂兄弟。陈步盈为一支，单传；到陈忠实的父亲陈广禄，仍是一个，单传。另一支两个“步”字辈的是亲兄弟，他们是陈忠实的祖父辈。其中老大去世早，陈忠实没有见过面，老大有两个儿子，“广”字辈，是陈忠实的叔父。老二在分家时住于陈家祖屋的上房和门房之间的西边的厦屋，陈忠实这一茬孙子称其为厦屋爷。厦屋爷有两个儿子，据说都属于不安分守己种庄稼过日子的人，跟着一个外来人走了，后来一前一后各回来过一次又走了，此后再无音信，于是就把老大的小儿子过继给了厦屋爷。这个小儿子是个孝子，他把厦屋爷从厦屋搬到了上房的西屋。陈忠实稍长，有了一些辨识能力的时候，他看到的厦屋爷已经出进于上房的西屋了。陈忠实对爷爷辈的人唯一见过面还有印象的，就是这个厦屋爷。但是这个厦屋爷也在陈忠实八九岁时就去世了。这个厦屋爷与孙子辈关系不太亲密，陈忠实对他的印象模糊而陌生，后来留下来的唯一的印象，是他手里总捏着一根超长的旱烟杆儿，抽烟时需要伸直一只胳膊，才能把燃烧的火纸够到装满烟末子的旱烟锅上。直到快 40 年后，陈忠实在创作《白鹿原》的时候，他要写差不多就是祖父那一辈人物的性格和命运的时候，鬼使神差似的，他恍惚中忽然听到了厦屋爷在夜深时的呻唤声，那一声重一声轻的沉沉的呻唤声，在刹那间忽然唤醒了他沉眠已久的某些记忆。这当然是后话。

陈忠实祖居的老屋坐落在白鹿原北麓，坐南朝北，面向灞河和骊山南麓。据陈忠实回忆，本门族的一位爷爷给他说，他们这个门族的最早一位祖先，是一个很能干的人。这位祖先在村子里先盖起了陈姓聚居的第一个四合院，尔后积累了数年，又紧贴着这个四合院在西边建起了第二个四合院。他的两个儿子各据一个，后来就成为东门和西门。陈忠实是东门的子孙。陈忠实懂事起，就记得东门里居住着他的父亲和两位叔父。西门人丁更为兴旺，那个四合院已经成了名副其实的八家院。东门和西门后来再未出现过太会经营治家的人，后人都聚居在这两个四合院里，没有再添一间新房，也就无人迁出老宅，直到1949 年新中国成立。

陈氏家族应该在陈忠实曾祖父陈嘉谟那一代就确定了分家的格局，陈忠实的祖父陈步盈和父亲陈广禄在同辈兄弟中居长，东为上，陈广禄便继承了上房东屋和中院东边的厦屋。在上房的东屋和西屋之间是一间明室，作为两家共有的通道，而东屋和西屋是窗户对着窗户、门对着门，其间的距离不过三大步四小步。陈忠实家的两间厦屋用土坯隔开，南边的做厨房，北边的养牛做牛圈。陈忠实一家人住在上房东屋。这是陈忠实出生后至成年相当长一段时期内的家庭院落格局。

陈忠实出生的时候，他的祖父陈步盈已经过世。在《家之脉》中，陈忠实回忆过他祖父留下的遗物，那是一堆当过先生的爷爷用毛笔抄写的书，行话叫"抄本"。祖父的遗物实际上也是一份遗产，遗产中最为珍贵的，应该是它包含着一些中国人根深蒂固的文化信念，这也就是他父亲所说的"当先生先得写好字，字是人的门脸"；也包含了一些源远流长的文化信息，这需要陈忠实在后来的日子里长久地去体悟。

陈忠实的父亲陈广禄生于 1906 年，是一个地道的农民。但他会打算盘，也能提起毛笔写字，还能读小说、剧本乃至《明史》这样的书，这在当时的农村，算是有些文化的人。陈忠实记述说："父亲是一位地道的农民，比村子里的农民多了会写字会打算盘的本事，在下雨天不能下地劳作的空闲里，躺在祖屋的炕上读古典小说和秦腔戏本。他注重孩子念书学文化，他卖粮卖树卖柴，供给我和哥哥读中学，至今依然在家乡传为佳话。"（陈忠实：《家之脉（代序）》，《家之脉》，广州出版社 2000 年版，第 3 页）陈忠实从对父亲的评价说到了家族之脉。他说，从做私塾先生的祖父到他的孙儿这五代人中，他的父亲是最艰难的。他父亲既没有了祖父那样的做私塾先生的地位和经济，作为一个新中国的农民，土地和牲畜交公，也无法从中获取可能有的劳动创造，可以说一无所有，但还是心强气盛，拼死也要供着两个儿子读书。父亲陈广禄的耐劳、勤俭以及性格的耿直，这些同左邻右舍的村人并无多大差别，但是父亲坚信不疑的文化意识却是陈家最可称道的东西。陈家虽然说不上是书香门第，但对文化的敬重，对子女教育的重视，耕而且读，这才是陈家几代人传承不断的脉。

陈忠实的母亲贺小霞，生于1915年8月20日，是白鹿原上的狄寨镇伍坊村人。

1960年。陈忠实的母亲贺小霞、哥哥陈忠德、妹妹陈新芳合影（照片由陈忠德提供）

陈忠实上有一姐陈希文、一哥陈忠德，下有一妹陈新芳，他排行为三。陈忠德高中只上了一年，就在“大跃进”的第一年即1958年被招工到青海参加工作，“大跃进”失败后，青海兴建的厂矿和学校纷纷下马关门，陈忠德别无选择，只好和当时的许多陕西青年一样，回到老家，当了人民公社的社员。在陈忠实之后，他的母亲还生了六七个弟妹，但都夭亡了。其中多亡于当地乡村所言的“四六风”，即出生后第四天生病抽风，第六天夭亡。今天看这个病，其实就是破伤风，因为那时农村接生，是用没有消过毒的剪刀剪断脐带，如果剪刀上带有破伤风菌，就会感染破伤风，第四天发病，第六天死亡。有一弟是五六岁时夭亡的，应该是亡于肝炎，他说他记得很清楚，弟弟那时浑身发黄，甚至黄到透明的程度。还有一个妹妹也是五六岁时因病死的。陈忠实说他母亲说他“克性”大，一连“克”死了五六个弟妹。

陈忠实后来在他的散文中几次提到神汉给他们家看风水禳灾的事，可以见出陈家当年的一些家庭境况。《火晶柿子》中说，20世纪50年代，他读小学时，由于家里几年来灾祸连连，一个小妹夭折，一个小弟长到四五岁也夭折，又死了一头牛，父亲陈广禄就请了一位神汉到家里检查风水，神汉从前院审视到后院，让把后屋和厦房过道间的一棵火晶柿子树砍掉。他父亲读过古代演义类小说，不用神汉解释，便悟出其中玄机，“柿”谐音“事”，就去掉了柿树。在散文《父亲的树》中，陈忠实讲述了同前述内容基本一样的“我们家诸事不顺”之后，说父亲惶恐中请来了一位阴阳先生，阴阳先生说他家祖坟所在的那块地西北角太空了，空了聚不住“气”，邪气就乘虚而入，父亲听了阴阳先生的禳解之法，在那里栽种了一棵皂荚树。

父亲陈广禄是地道的农民，他当年对陈忠实的要求很实际，“要我念点书，识得字儿，算得数儿不叫人哄了就行了，他劝我做个农民，回乡务庄稼，他觉得由我来继续以农为本的家业是最合适的。开始我听信父亲的话，后来就觉得可笑了，让我挖一辈子土粪而只求一碗饱饭，我的一生的年华就算虚度了”（陈忠实：《忠诚的朋友》，《生命之雨》，陕西人民教育出版社 1996 年版，第 410 页）。

陈忠实不愿意过那种“只求温饱而无理想追求的猪一样的生活”，不愿意虚度年华做一个碌碌无为的人，但他的一生应该如何度过，西蒋村还不能告诉他。他不愿意按照父亲的意愿和规划来安排自己的人生。这个木命而缺水的孩子，有着自己朦胧的人生理想。站在白鹿原顶，可以南望秦岭，北眺骊山，向西看，是繁华的都市——西安，向东，则可以走出潼关，走向山南海北。但是，人生之路应该怎么走，到底能走多远，年少的陈忠实显然还不知晓。

二、灞桥，一个送人远行的地方

灞桥，这是一个送人远行的地方，也是一个被文人千古吟诵的地方。

陈忠实对自己的出生地是这样描述的：“我的出生地蒋村，北边东边东南边都与蓝田县辖的大小村庄为邻，我的小学高年级就是在灞河北岸蓝田县油坊镇的小学就读的，路程也就二三里地。那个油坊镇是一个古老小镇，农历每到单日逢集，总是人山人海，包揽了南原（白鹿原）、北岭（骊山南麓）和灞河川道的庄稼人，到这里来完成农林牧副产品的交易。这是我 12 岁以前所能看见的最繁华的景象。”（陈忠实：《一把铁勺走天下》，《吟诵关中》，重庆出版社 2008 年版，第 55 页）

陈忠实还说，他的家就坐落在两千多年前项羽给刘邦设“鸿门宴”的那一带，在“灞上”。他又说，当年刘邦机智地“起如厕”后，就是从他家猪圈的那个位置跑过的。

西蒋村原属灞桥区毛西公社，今属灞桥区席王街道。灞桥区是西安市辖区之一，地处西安地区东部，辖境南以荆峪沟与长安区为界，东与蓝田县、临潼区为邻，北接高陵县（其中西段以渭河为界），西界北部隔灞河与未央区相望，南部隔浐河与雁塔区毗邻，中部在浐河以西与新城区相接。全区现辖纺织城、红旗、狄寨、十里铺、席王、洪庆、灞桥、新筑、新合九个街道办事处。西安市灞桥区是 1955 年建立的。回顾灞桥地区属县的沿革，从战国到清，建县两千多年间，分属芷阳县、霸陵县、霸城县、万年县、咸宁县等。1913 年，民国政府撤销了咸宁县，并入长安县。民国初年，撤府设道，时长安县隶属设于西安城内的关中道。后关中道撤销，长安遂直属陕西省，管辖今西安城区和长安区全部。1928 年，分长安城区设西安市，旋于 1930 年撤市，1933 年再次设西京市，后又改为西安市。1938 年长安县政府搬迁至城南大兆，1949 年再迁韦曲，但仍管辖西安市东、西、南、北四郊。中华人民共和国成立后，随着经济建设的发展，于 1955 年划长安县第五区（灞桥区）和第四区（狄寨区）的六个乡，设立了西安市灞桥区。1958 年又将原长安县的新筑区划入，设立了新筑公社，将长安县的狄寨乡划入灞桥区红旗公社。此后，高陵县的耿镇地区曾一度划入，西安东关、胡家庙、韩森寨等地区也曾一度划入。1965 年，灞桥区撤销，并入西安市新设立的西安市郊区。1980 年，郊区撤销，灞桥区建制恢复。此后，灞桥区的辖境才开始稳定了下来。

陈忠实对自己所生长的这块土地的历史显然很熟悉。2008 年 3 月 21 日晚，在陕西作协他的办公室，我们闲聊，他给笔者这样叙述他家乡的历史沿革：辛亥革命前，清政府时期，现在的西安一分为二，以钟楼为分界线，南至终南山，北达渭河，东片为咸宁县，西片为长安县。咸宁县政府在东县门，长安县政府在西大街。陈忠实笑着说，“我们咸宁县为第一邑，你们长安县为第二邑”。辛亥革命后，张凤翙主政陕西，把两县合并，取消咸宁县，保留长安县。范围：东到蓝田，西达咸阳，南抵秦岭，北至渭河。没有现在的西安市及各区名。这个长安县名和范围一直延续到1955年合作化成立时期。其间，抗日战争时期，日军飞机轰炸西安，国民党长安县政府为躲轰炸，迁到长安县少陵原上的大兆镇，1949年中国共产党建立的长安县政府移到韦曲，此后再没有进城。1955年到1965年，西安市分为城三区和郊四区，城三区：碑林区、新城区、莲湖区；郊四区：东郊灞桥区、南郊雁塔区、西郊阿房区、北郊未央区。1965年到1980年3月，四个郊区合并，通称郊区。这个郊区当时有人民公社26个。陈忠实所在公社名为毛西公社。1980年3月至今，郊区又一分为三，东郊灞桥区未变，南郊雁塔区和北郊未央区名字也未变，只是把阿房区取消了，原来的阿房区南部归了雁塔，北部给了未央。

“灞桥”得名始由，是秦穆公改滋水为霸水。霸水得名则与秦穆公当年的霸业有关。西周灭亡之后，古雍州（今关中地区）成了戎狄杂居之处，商朝后裔也乘机立国。秦国本是小国，平王东迁之后，才封秦国国君为诸侯，秦国是在与戎狄族的长期战斗中逐渐强大起来的。在秦国壮大的过程中，秦穆公功不可没。秦穆公，姓嬴，名任好，公元前659年至前621年在位。他即位之初，秦国经济比较落后。穆公选贤任能，多方延揽人才，又广泛使用铁器，努力发展生产。秦国连年五谷丰登，国势日强。遂向东攻打晋国，灭掉梁国、卫国。后来在崤（今河南三门峡东南）被晋国打败，于是转而西进，灭掉了西戎，并乘胜灭掉了12个小国，开拓了千里疆土。远在洛邑的周天子派使臣到秦国表示祝贺，承认了秦在西部的霸主地位。秦穆公与齐桓公、晋文公、宋襄公、楚庄王，并称“春秋五霸”。公元前645年9月，秦、晋于韩原交战，秦穆公大胜，俘获晋惠公，双方于灵台订立盟约，晋国割让河西之八城（今陕西东部）归秦。秦国由此始获得滋水以东之地。公元前623年，为彰其霸业，穆公下令：改滋水为霸水，并在灞河东岸（一说今席王街道附近）筑霸城，作为继续东进的指挥中心。霸城亦称霸宫。公元前350年，秦孝公又在霸城设置了芷阳县，“芷”“滋”同音。秦亡汉兴之后，“霸”渐渐演变成了“灞”。灞桥区以灞桥得名，灞桥架在灞河上。

灞河是渭河最大的支流，关中八水之一。灞河源出蓝田境内的秦岭山中，流经灞源镇后，由南转向西北，进入蓝田谷地，吸纳了清河、辋峪河，在蓝田县城以西受白鹿原的约束，转向西北，进入灞桥区，自东南而西北流，经洪庆、席王、灞桥等街道后，又吸纳了浐河再向北流过新筑，于新合街道境内注入渭河。其实，上古时，灞河本来是经灞桥街道豁口村一带北流入渭河的。后来不知何时，改道向西，鸠占鹊巢，反客为主，抢占了浐河河道，反令浐河成为支流。

灞河是关中第二大河，源出秦岭，过白鹿原后掉头向西，进入沃野千里的平原。唐代诗人岑参在诗中说，“山中灞水北”。隋唐灞桥，正好建于这一形胜地带。站在灞桥之上，举目南望，群山逶迤，驻足北眺，渭水东流，西接千年帝都，东倚锦绣骊山。河岸边绿柳成荫，河堤上游人徜徉，桥下游船如梭，桥上车水马龙。而桥头，则建有离亭和鳞次栉比的歌楼酒肆。这里留下了朝廷命官升迁贬谪时的身影，留下了士农工商郊游踏青的欢声笑语，最为人传诵的，当是文人与游子送行饯别的瑰丽诗章。长亭折柳赠别，几乎成了灞桥的同义语。长亭，又称离亭，乃送别之地。唐朝灞桥的离亭，在今西安市第三十四中学校内。该校是陈忠实读高中时的母校。该校所存孙蔚如创办灞桥小学石碑的碑文中记有，“主席孙公”“爰捐千金建一小学”，“就离亭龙王庙二处营造”。20世纪30年代，孙蔚如将军曾为当时尚存的古离亭写过匾额。1958年前后，三十四中在离亭故址修筑了办公室，“文革”前，该校还留有离亭廊柱基石一块。此地与1994年发现的隋唐灞桥的走向正好在一条线上。

灞桥，送别之地。灞柳，送别之物。长亭外，古道边，芳草碧连天。

李白有《灞陵行送别》诗：

送君灞陵亭，灞水流浩浩。上有无花之古树，下有伤心之春草。我向秦人问路歧，云是王粲南登之古道。古道连绵走西京，紫阙落日浮云生。正当今夕断肠处，骊歌愁绝不忍听。

又有《忆秦娥》词：

箫声咽，秦娥梦断秦楼月。秦楼月，年年柳色，灞陵伤别。　　乐游原上清秋节，咸阳古道音尘绝。音尘绝，西风残照，汉家陵阙。

陈忠实在小说《白鹿原》中，称灞河为“滋水”，称浐河为“润水”，意为滋润大地之水。

1992 年夏，陈忠实写完《白鹿原》之后，填写了一首《青玉案·滋水》词，这样描写灞河的风姿：

涌出石门归无路，反向西，倒着流。杨柳列岸风香透。鹿原峙左，骊山踞右，夹得一线瘦。　　倒着走便倒着走，独开水道也风流。自古青山遮不住。过了灞桥，昂然掉头，东去一拂袖。

“独开水道也风流”，他要寻找并走自己的路。

三、不要耽搁了自己的行程

1949 年 5 月 20 日，中国人民解放军解放了西安。

1950 年春天，陈忠实 8 岁，开始在本村即西蒋村上小学。西蒋村小学当时是一个四年制的初级小学，春季入学。

许多年后，陈忠实还清楚地记得，1950 年春节过后的一天晚上，在他家那盏祖传的清油灯下，他父亲把一支毛笔和一沓黄色仿纸交到他的手里，说：

“你明日早起去上学。”他拔掉竹筒笔帽儿，里边是一撮黑里透黄的动物毛做成的笔头。父亲又说：“你跟你哥伙用一只砚台。”

毛笔、仿纸、砚台，这是传统的书写用具。应该还有一个墨锭的。今人已经很少有人用墨锭了，都是买瓶装的墨来用，所以也不一定用砚台。陈忠实当年上学，所用的还是传统的笔、墨、纸、砚。当然，家里境况贫寒，纸不是正经的宣纸，只能是仿纸。所谓仿纸，就是儿童练习写毛笔字用的纸，有的上面印有格子，也叫仿格或仿格纸。砚也只能与兄长伙着用一个。一个读书人一定要写得一手好字，而且是毛笔字。陈忠实后来回忆说，他记得他们家木楼上有一只破旧的大木箱，里面乱扔着一堆书。他看着那些发黄的纸和一行行栗子大的字问父亲：“是你读过的书吗？”父亲说是他读过的。随后又加重语气解释说：“那是你爷爷用毛笔抄写的。”这使幼小的陈忠实大为惊讶，他原以为这些书和字是石印的，想不到竟是爷爷用毛笔亲手写的，而且，这个毛笔字居然会写到和他课本上的字一样规矩。看着他一脸的惊异，父亲教导他说：“你爷爷是先生，当先生先得写好字，字是人的门脸。”陈忠实出生之前，他爷爷已经谢世，但会写一手好字的爷爷和爷爷写的一手好字，却让他由心底产生了崇拜。他父亲的毛笔字写得虽然比不上爷爷，但他父亲会写字。每到大年三十的后晌，村人三三两两夹着一卷红纸走进院来，求父亲给他们写春联。父亲磨墨、裁纸，为乡亲写好一副一副新春对联，然后摊在明厅里的地上晾干。在一旁瞅着那些大字不识一个的村人兴致勃勃地围观父亲在那里挥舞笔墨，陈忠实隐隐感到一种难以言说的自豪。

人生忧患识字始，人生起步写字始。陈忠实后来的一生，都与写字分不开，他和写字结下了不解之缘。

1952 年，陈忠实 10 岁。春季和夏季，他在改迁到东蒋村的初级小学读三年级。这一年，学校由春季入学改为秋季入学，学校规定，学习好的学生进入下一年级，差的留一级。陈忠实在班上是学习好的学生，到了秋季，就直接进了四年级。

1953 年夏季，他从东蒋村的四年制初级小学毕业。本来应该到离自己村子最近的东李村上五至六年制的高级小学，但那一年东李村小学不招高年级考生，他只好与两个同学一起到灞河对岸的蓝田县华胥镇油坊街报考那里的高级小学。结果，他们三个人中连他在内考上了两人。

从灞河南岸的家里走到北岸的油坊街小学，有二三里路。路不算远，但要过一条灞河。由于灞河一年三季经常涨水，往来不便，所以他在学校搭灶住宿，晚上睡在木楼的教室里。夜里尿憋，要下了木楼梯，到流经教室房檐下的小水渠撒尿，早上又到这个小水渠里洗脸。大伙儿在这个小水渠又是撒尿又是撩水洗脸，不以为怪，只顾嘻嘻哈哈着。这条水渠是从学校的后围墙下引进来的，曲折流过半边校园，然后从学校大门底下石砌的暗道流到街道里去了。小学所在的这条街叫油坊街，也叫油坊镇，后来称作华胥镇。这是一条繁华的街道，时常有集市。陈忠实上学以前，曾随父亲来这里逛集。名为油坊街，想是曾经有过榨油作坊，如今已经看不见榨油作坊的遗迹了。短短一条街道，有杂货铺、文具店、铁匠铺、理发店等，多是两三个人的规模。逢到集日，川原岭坡的乡民挑着或推着粮食、木柴和时令水果，牵着或赶着牛羊猪鸡来交易，市声嗡响，生动而热闹。他父亲陈广禄经常来赶集。陈广禄在河川的几块水地渠沿上种植杨树，靠卖树供养两个儿子上学。陈广禄卖树，先把杨树齐根斫下来，当椽子卖，一根能卖七八毛钱，再把树根刨出来，剁成小块，晒干，用两只大老笼装了，挑过灞河，到油坊镇来卖，100 斤可卖 1 块到 1 块 2 毛钱。

考上这所高级小学，陈忠实除了认真刻苦学习功课，也好奇爱玩。他第一次摸了篮球，打了篮球。油坊街距华胥塬遗址所在地孟家崖村不过一里，班上有孟家崖村的同学，但那个时候，陈忠实没有听人说过华胥氏的传说，而听过不远处的小小的娲氏庄，就是女娲“抟土造人”的地方。“抟土造人”的神话令陈忠实好奇。有一天，他和同学就在晚饭后跑到娲氏庄，寻找女娲抟泥和炼石的遗痕，结果什么也没有发现。陈忠实有时也耍小性子，有位算术老师平时非常喜欢他，可他却曾因耍小性子伤了这位老师的心，至今非常懊悔。

1955 年，陈忠实 13 岁，他从油坊街的高级小学毕业了。6 月份，他到灞桥的西安市第十四初中（今西安市第三十四中学）考区参加升初中的考试。

到了1993年，也是在6月，距这次考试时隔38年之后，陈忠实51岁，他回想起了这一次考试路上的情景，显然是感慨万端，写了一篇相当精彩也相当动人的散文《汽笛·布鞋·红腰带》（关于《汽笛·布鞋·红腰带》中系红腰带的时间：原文写的是“系上红腰带之后半年”。系红腰带应该是他整12岁时，这次考试时他已经13岁了。应该是，在他系上头一条红腰带过后半年。经求证陈忠实，陈认为自己记忆有误），回顾并且反思了这一次可以称得上是刻骨铭心的生命历程。

那时，40多岁的班主任杜老师带领着他和20多个同学，徒步到距家30余里的历史名镇灞桥投考中学。他是这批同学中年龄最小、个头最矮的一个。这是他第一次出门远行。他穿的是平常穿的旧布鞋，30里的沙石路把鞋底磨烂磨透了，脚后跟磨出红色的肉丝，淌着血，血浆渗湿了鞋底和鞋帮。他渐渐地落在了队伍的后面。大家倒退回来，鼓励他跟上队伍，然而他们的关爱和激励并不能减轻他脚底的痛楚，他不愿讲明鞋底磨烂的事，怕穿胶鞋的同学嘲笑自己的穷酸。他不愿在任何人面前哭穷。他又落在了队伍的后面。光脚磨在沙石路上，疼痛难忍，他先后用树叶、布巾和课本来塞鞋底，都无济于事。他几乎完全绝望了，脚跟的疼痛逐渐加剧，以至每一抬足都会心惊肉跳，走进考场的最后一丝勇气终于断灭了。就在他灰心转念的时候，他听到了一声火车汽笛的嘶鸣，接着看到了一列呼啸奔驰过来的火车。打算停下来的脚步与飞驰的火车形成了鲜明的对比。天哪！这世界上有那么多人坐着火车跑哩，而根本不用双腿走路！一时间，一股神力突发，他愤怒了，心中只有一个信念：人不能永远穿着没后底的破布鞋走路！于是，他拔腿而起，在离学校还有一二里的地方，终于追赶上了老师和同学。

汽笛、布鞋、红腰带在这里都有极强的文化象征和生命内涵。他生命中第一次听到的汽笛声，在这里代表的是远方的召唤。汽笛、火车都是他前所未闻、前所未见的生活经验之外的东西，是文明，是新世界。汽笛的鸣叫似乎也在启迪着一个乡村少年，文明和新世界就在前方，召唤他勇敢地前行。布鞋代表的是他当时的身份与境遇。红腰带显示的是生命的年轮，代表来自母亲给他的生命祈福和传统社会给人的精神启示。

这次赶考的经历，给了陈忠实深刻的生命启示。此后，每当他遇到人生重大挫折的时候，在他意念惶惑的时候，甚至在他企图放弃生命的时候，那一声汽笛的鸣叫就会从他生命深处响起，他知道，那是远方的召唤，于是就咬着牙挺了过去。他明白并坚信一个道理，这就是：无论“生命历程中遇到怎样的挫折怎样的委屈怎样的龌龊，不要动摇也不必辩解，走你认定了的路吧！”“任何动摇包括辩解，都会耗费心力耗费时间耗费生命，不要耽搁了自己的行程”（陈忠实：《汽笛·布鞋·红腰带》，《告别白鸽》，湖南文艺出版社 1998 年版，第 17、18 页）。

当年上油坊街高级小学，他和同村的同学是三个考上两个；这一次升初中，同村二人中只有他一人考上。学校是西安市第三十六中，位于韩森寨。由于三十六中的初中当时还在修建之中，他初一第一学期是在大东门外鸡市拐索罗巷的一个教堂上的课。这里距家路途遥远，约 50 里，他只好在学校寄宿。每到星期天的下午，他背上母亲给他准备的一个星期的干馍，多是粗粮馍，从蒋村走到鸡市拐索罗巷。上一个星期的课，到了星期六的下午，他又走回家去。他在学校每天的伙食，基本上是开水泡干馍。家中境况好的时候，父亲会一个星期给他两毛钱，让他买点咸菜或者辣子酱。星期天回家，吃上母亲擀的面，就是最好的伙食了。

1955 年的西安大东门外，特别是鸡市拐索罗巷一带，还是一片荒凉，晚上经常有狼出没。到了冬天，天寒地冻，他仍然要在家与学校之间徒步往返。一个星期五的晚上，一场大雪骤然而至，足足下了一尺多厚。第二天上课，他心里一直发慌，这样的天气，怎么回家去背馍呢？熬煎到最后一节课上完，他走出教室，猛然看见父亲披一头一身的雪，迎着他走了过来，肩头扛着一口袋馍馍，笑吟吟地对他说：“我给你把干粮送来了，这个星期你不要回家了，你走不动，雪太厚了……”

蒋村地处灞河南岸，土地丰饶，但那个时候，陈忠实的家境却是异常的贫寒。父亲陈广禄是个地地道道的农民，种庄稼是一把好手，吃苦耐劳，但是日子过得还是异常紧迫。虽是农民，他的眼光却看得长远，陈忠德和陈忠实两个儿子，他一个不落地供着他们上学。没有别的门路，只有勒紧裤腰带，拼命向土地索取。同时供着两个中学生，办法只有两个，一个是卖粮，一个是卖树，那年头粮食太少，因此主要还是卖树。卖粮是尽量让自家少吃，卖树是拼着命向外开掘。陈广禄从青年时代起，就喜欢栽树。他在自家那四五块河滩地头的灌渠沿上，栽着纯一色的小叶杨树。这种树生长快，变钱也就快。陈广禄把有限的土地充分利用，树种得很稠密，不足一步就是一棵。两个儿子上学的费用一分钱也少不得，所以，他卖树，不能等到哪棵树成材了才卖，一切依买家的需要而定，粗树当檩卖，细树做椽卖。当时一根一丈五尺长的椽子能卖 1 元 5 角，一丈长的椽子价位在 8 毛到 1 块之间。树卖了，陈广禄紧接着还要把树根刨挖出来，指头粗细的毛根也不舍弃，树根劈成小块晒干，然后挑到集上去卖，100 斤劈柴最高能卖 1 块 5 毛钱。陈忠实和哥哥陈忠德的课本、作业本、班费、班上大家合购的理发工具费，以及陈忠德的菜票、陈忠实的开水费等等，都得指靠这个卖树的钱。由于没有其他钱的来项，短短三四年时间，滩地上的小叶杨树就被全部砍伐一空，地下的树根也被掏挖干净。

1955 年底，农村实行合作化，土地归集体。父亲无地可种树，当然也无树根可刨了。

“钱的来路断咧！树卖完了——”初中一年级只上了一个学期，寒假，大年初一晚上，父亲无奈地对陈忠实这样说，他期望儿子能够理解。“你得休一年学。”父亲对他说这个话，显然思谋已久。“一年。”父亲再次强调，显然说这个话还是感到很艰难。父亲的谋划是，让陈忠德先上完初中，如果能考上个师范学校或技校，学费就会由国家出，压力缓解之后再供陈忠实上学。陈忠实虽然也有委屈，但他理解父亲的难处，便答应了。

春季开学后，陈忠实到学校申请休学一年。班主任在他的休学申请上写了“同意休学一年”的意见，校长写了“同意”二字。他到教务处开休学证书时，一位年轻的女老师对这个好学生因贫穷休学充满了同情，但又很无奈，送他走出校门，眼含热泪嘱他明年一定记着来复学。

休学后，陈忠实在家里看妹妹，经常背着妹妹在村子里闲转。有一天，乡政府的书记在村子兴办农业合作社，他跟着看热闹。书记看到这个抱着孩子的孩子，很以为怪，就问他为什么不上学。他说休学了。问他为什么休学，他不说。书记就问村上的人，村上人说，这娃学得好，但是家里穷，他父亲供不起学，休学了。书记立即发了火：新社会怎能让贫农的孩子失学！书记说，一定得上学。书记后来跟学校联系，要让这个少年复学。学校通知他复学，每个月给他 6 元钱的助学金。那时对贫苦家庭孩子上学有助学规定，后来陈忠实换了几个学校，到第十八中学和第三十四中学读书，这些学校给他不仅依然有助学金，而且每月还升为 8 元钱（关于初中助学金数额，陈自己有些文章写为每月 8 元。2012 年 5 月 5 日下午，陈忠实就这个问题说，在第三十六中上初一和初二时是 6 元，转学到第十八中学后，变为每月 8 元。后来到第三十四中读高中，每月也有 8 元助学金。另外，有些文章写，陈忠实当时在第三十六中复学后，学校还给他免除了一切学杂费，但陈忠实说这个没有免除）。陈忠实后来说，“我是依靠着每月八元的助学金在读书，成为我一生铭记国家恩情的事”（陈忠实：《父亲的树》，《吟诵关中》，重庆出版社 2008 年版，第 154 页）。这是后话。

这样，陈忠实实际上只休学了半年，也就是一个学期。到了秋天，他就又到学校上课了。但是因为他初中一年级第二学期的课程没有学，就只能从初中一年级的第一学期从头学起。这样，他虽然耽误了一个学期，实际上还是耽误了整整一年。因了这一年的耽误，他后来的命运也因此而改变了。

四、赵树理：第一个文学引路人

人是具有精神的动物。古今中外，都有一个突出的现象，这就是，生活中有一些人，愈是贫穷，愈是追求精神生活。极度的物质贫困与极度的精神丰富，形成鲜明的反差。

陈忠实复学是从秋天开始的。这个时候，第三十六中的初中已经建好，他就回到韩森寨读书。依然是背馍上学，但从西蒋村到韩森寨比到索罗巷要近一些。一日三餐，还是开水泡馍，不见油腥儿，最奢侈的是买一点杂拌咸菜。穿衣更是无法讲究，从夏天到冬天，穿的单棉衣裤和鞋袜，都是母亲手工做的；只有冬来防寒的一顶棉布单帽，是现代化纺织机械制品。他在乡村读小学的时候，一来年纪小，二来大家都是乡村学生，对于穿戴没有什么特别的感觉。如今到城里读书，整天面对那些穿着艳丽而别致的城市学生，反差太大，他不能视而不见，也无法不自卑。这种由心理自卑引起的心理压抑，比难以下咽的粗粮和薄不御寒的补丁衣服更让敏感的少年陈忠实难以忍受。

痛苦了一阵子，陈忠实终于明白，自己抵御贫寒和自卑的唯一手段，只能是学习。物质上不能与人比，但学习可以走在前头。学习再沉重他不怕，最怕学校组织的集体活动，因为这些活动有不少是需要花钱的，如看电影、看话剧等。他没有钱，衣衫褴褛，特别不愿在公众场合亮相。因此，每当集体活动，特别是要花钱的集体活动，他往往喜欢一个人留在宿舍或教室，自己读自己的书，或者到大操场上熬过那些让人心酸的时光。

陈忠实学习刻苦，课外很少有娱乐活动。有一回看了一场不要票的半截戏，结果还受了批评。这是他后来转学到第十八中学的事。第十八中学在纺织城边上，学生宿舍在工人住宅区内。陈忠实自小受父亲影响，喜欢看秦腔。有一天，上完晚自习，他和同学在回宿舍的路上，听到锣鼓梆子响，隐隐还传来男女的对唱，禁不住好奇和诱惑，他们循声找到一个露天剧场。这是西安一家专业剧团在为工人演出，演员中有一位须生名角，名声响亮，在关中地区几乎家喻户晓。这时戏已经演过大半，门卫已经不查票了，陈忠实就和三四个同学走了进去。虽然是半截戏，看得还是很有兴味，直到曲终人散。陈忠实以前看的都是乡村那些农民的草台演出，此晚所看乃专业演出，水平自非业余所可比拟，看后回到宿舍，回味不尽，兴奋不已，好久睡不着觉。第二天早上走进学校大门，教导主任和值勤教师站在当面，把他叫住，指令站在旁边。旁边已经站着两个人，都是昨晚看戏的同伴，陈忠实一看就明白了，有人给学校打小报告了。教导主任以严厉著称，黑煞着脸，声狠气冷地训斥了几个看戏的学生。

这是陈忠实学生生涯中唯一的一次处罚。

生活艰窘，但少年人的精神是饱满的。在这种处处使人感到困窘的生活里，陈忠实喜欢上了文学。现实是灰色的，有时是令人痛苦的，文学是现实生活的升华，往往是美好的。沉浸于文学的审美之中，有时可以淡化或忘记痛苦。文学作品是基于现实世界但却在现实世界之上建构的一个艺术世界，是一个精神的世界。因此，人生痛苦的生存体验在审美过程中有时也会升华，升华为丰盈的精神财富，从而使人在精神上能够超越无奈的现实。

1957 年，陈忠实 15 岁。这一年的秋天，他开始读初中二年级第一学期。这一学期开始，中学语文课进行改革，分为文学和汉语两种课程。汉语讲一些干巴巴的语法之类，他很厌烦，文学课本收录了古今中外一些诗、词、散文和小说的名篇，富于形象、情感和美，他最为喜欢，也最喜欢学。陈忠实说：“在文学课本里，那些反映当代农村生活的作品，唤醒了我心中有限的乡村生活的记忆，使我的浅薄的生活经验第一次在铅印的文字里得到验证，使我欣喜，使我惊诧，使我激动不已。是的，第一次在文学作品中验证自己的生活经验，在我无疑具有石破天开豁然开朗的震动和发现。”（陈忠实：《收获与耕耘》，《生命之雨》，陕西人民教育出版社 1996 年版，第 413、414 页）

于是，他开始喜欢文学了。

文学课本中有一篇赵树理的短篇小说《田寡妇看瓜》，陈忠实学习之后，先是惊讶：这些农村里日常见惯的人和事，尤其是乡村人的语言，居然还能写进文章，还能进入中学课本？继而想到：这些人和事，这些人说的这些话，我知道的也不少，那么，我也能编这样的故事，能写这种小说。

“我也能写小说”的念头在心里悄悄萌生，却不敢说出口。那时候他很自卑，穿着一身由母亲纺线织布再缝制的对门襟衣衫和大裆裤，处身于城市学生中间，平时就觉得矮人一头。而喜欢文学，在一般同学的眼里，往往被看作是极浪漫之人的极富浪漫色彩之事，怎么可能发生在像他这样的人身上呢？说出去岂不被人笑掉大牙。但是有了目标，心里也就有了主意。他第一次踏进学校图书馆的门，去找那个令他着迷的赵树理。

他借了赵树理的中篇小说单行本《李有才板话》和中篇小说《小二黑结婚》回来阅读，感觉津津有味，兴趣十足。读到动人之处，他一边会心地笑着，一边把书拿到亮光下边，试图寻找那动人之处究竟是些什么。这是陈忠实有生以来读的第一本和第二本小说。赵树理这个人对陈忠实来说是陌生的，但小说中描写的农民和农村生活对他来说却是非常熟悉的。赵树理笔下那些有趣的乡村人和乡村事，他几乎都能在自己的村子找到对应的人和事。这样，陈忠实在崇拜赵树理的同时，也开始学习或者准确地说开始模仿赵树理。

从这个意义上说，赵树理是陈忠实的第一个文学老师，也是引路人。

这一学期，语文教师也换了，是一位刚从师范大学中文系毕业的，叫车占鳌，热情高，教学方法新，作文课不是命题作文，而是由学生自己拟题，想写什么就写什么。这样一来，正合了陈忠实的心意。他激情高涨，挥笔在作文本上写了一个短篇小说《桃园风波》，2000 多字。这篇小说是依着村里一个老太太的故事衍化而写，他还学赵树理，给小说中的几个主要人物都起了绰号，所有的人和事全是蒋村发生的真人真事，讲的是农业生产合作社由初级转入高级，把留给农民的最后一块私有田产——果园也归于集体，在归公的过程中，发生的几个冲突事件。陈忠实认为，这是他写作的第一篇小说，已非以往所写的一般作文。顺便说一下，2002 年 7 月 31 日，西安一批文学友人在给陈忠实举行 60 华诞和文学生涯 45 周年庆贺笔会时，推算其文学生涯为 45 周年，依据就是这个写作短篇小说《桃园风波》的时间。这是他迈上文学之路的第一步。

作文本发下来以后，他看到车老师给这篇小说写了近两页的评语，全是好评赞语。这个时候学的是苏联的教育体制，计分为 5 分制，3 分及格，5 分满分，车老师不仅给他打了 5 分，还在“5”字的右上角添了一个加号，表示比满分还多。陈忠实一看喜出望外，欢欣鼓舞，他的同桌则把他的作文本抢过去，看了老师用红笔写的耀眼的评语，然后在同学中一个一个传着看。同学们都对他刮目相看。那一刻，陈忠实在这些城市同学中，忽然间涨起了一种自信，平时的自卑和畏怯也像冰雪见了阳光一样融而解之。

紧接着，陈忠实在作文本上又写下第二篇小说《堤》，写村子刚成立农业社时封沟修水库的事。

一个大雪初霁的早晨，陈忠实和同学正在操场上扫雪，车占鳌老师来到操场，拍着陈忠实的肩膀，叫他到语文教研室去一下。陈忠实有点忐忑不安。此前，还在他写《桃园风波》之先，他的作文写了两首诗，车老师写的评语对他有些误会，他不服，曾和车老师在办公室闹过别扭，现在车老师忽然叫他，他不知底细，心里有些戒备。没有想到，陈忠实刚走出扫雪的人群，车老师就把一只胳膊搭到他的肩膀上，这个超常的亲昵动作，一下子化释了他心中的芥蒂，同时他也有些受宠若惊，不知所措。一进教研室的门，车老师说："二两壶、钱串子来了。"里面坐着一男一女两位老师，他们看着陈忠实，哈哈笑了。陈忠实不知所以，脸上发烧。"二两壶"和"钱串子"是《堤》中两个人物的绰号。车老师把陈忠实领到办公桌前，颇为动情地说，西安市教育系统搞中学生作文比赛，要求每个学校推荐两篇作文，他的《堤》被选中了。车老师很诚恳地说，除了参评，他还要把这篇小说投给《延河》。他告诉陈忠实，如果发表了，还有稿费，他显然知道陈忠实曾因家庭经济困难而休学的事。车老师最后说："你的字儿不太硬气，学习也忙，稿子就由我来抄写投寄。"

1958 年 9 月，陈忠实转学到第十八中学读初三。这里离家更近了一些，位于西安东郊刚刚兴起的纺织工业基地，通称纺织城。这一年是"大跃进"之年，学校处于停课或半停课状态，学生被组织起来，一阵儿到东郊原坡上打麻雀，一阵儿端着洗脸盆到灞河的沙子中去淘铁沙，一阵儿又到纺织厂周围小巷子里的马路上和垃圾堆中去捡拾废铁。学校还建有小高炉炼铁，又从生产队借了一块试验田准备放"卫星"。上课时断时续，老师布置学生自己命题写作文。陈忠实偏爱文学，在这种松散的学习状态下，正好可以腾出时间阅读文学作品。"大跃进"狂热中，也兴起了全民诗歌运动，"诗歌创作形式名目繁多，诗窗、诗棚、诗府、诗亭、诗歌堂、诗碑等等遍地开花，田间路畔、工厂车间、部队岗哨到处布有诗坛。为了调动群众创作热情，各种各样的赛诗活动在全国各地广泛开展起来。1958 年 3 月，陕西省西安市灞桥区白庙村首创赛诗会，其经验在其他地区迅速推广后，即成为群众性最广泛和最普遍的诗歌创作活动方式。与赛诗会相似的诗街会、战擂台、联唱会等也应运而生，蜂拥而起，广泛开展活动”（岳芃：《大跃进诗歌概述》，《唐都学刊》1997 年第 3 期）。看着乡村骤然间魔术般变出的满墙气吞山河的诗与画，少年陈忠实的心中也不免涨出亢奋和欢乐的情绪。一次作文课上，老师让大家写诗歌颂“大跃进”、人民公社、总路线这三面红旗，他一气写下了五首，每首四句。作文本发回来时，老师给他写了整整一页的评语，全是褒奖。他把这五首诗寄到《西安日报》。

几天后，有同学在阅报栏上发现了陈忠实的名字，问他，他很激动，激动到不好意思到阅报栏前去看。后来被两个同学拽着，硬拉到了学校前院的阅报栏。这是 1958 年 11 月 4 日的《西安日报》，上面发表了署名陈忠实的一首诗，题目是《钢、粮颂》：

粮食堆如山，钢铁入云端。
兵强马又壮，收复我台湾。

这是陈忠实见诸铅字的第一篇文字。

五、由向往“神童”而眺望遥远的天际

陈忠实文学之路上遇到的第二个人是“神童”刘绍棠。

陈忠实对文学产生兴趣的时候，正在上初中二年级的第一学期，时值 1957 年下半年，全国“反右”正在进行。语文老师车占鳌是一位初出茅庐的中文系大学生，思想开明，常在语文课上逸出课本内容，讲某位作家某位诗人被打成右派的逸事，尤其是当年被称为“神童”的刘绍棠被定为右派，给陈忠实的印象最为深刻。1957 年 8 月 27 日，《中国青年报》刊出一篇由该报记者高歌今写的通讯，题目就是《从神童作家到右派分子》。陈忠实产生了强烈

的好奇心，天才、神童，远远比那个他尚不能完全理解其内涵的右派帽子更多了几分神秘色彩，他十分急迫地想看看这个神童在与他差不多年龄时所写的小说。课后，他到学校图书馆查阅图书目录，居然借到了刘绍棠的短篇小说集《山楂村的歌声》和中篇小说《运河的桨声》，大约是学校图书馆尚未来得及禁绝右派作家的作品。他读了《山楂村的歌声》这部小说很喜欢，觉得语言很美，50多年后还能记得小说开头的一些句子。2008年12月9日晚上，在西安建国路省作协陈忠实办公室，笔者拿着从孔夫子网上购来的旧版《山楂村的歌声》让他看。陈忠实翻到此书开头，说他对小说开头的句子印象很深，认为很美，接着就给笔者忘情地朗读起来，一边朗读还一边赞美。

20世纪50年代的刘绍棠，被誉为“天才”的“神童”作家，在当时的中国驰誉一时，影响很大，对当时的青少年文学爱好者极具神秘性和吸引力。刘绍棠1936年出生于河北省通县大运河岸边儒林村的一个普通农家。1949年读初中二年级时就开始发表作品，此时他刚13岁。1952年元旦，《中国青年报》发表了刘绍棠写的小说《红花》，在全国青年中反响强烈。当时他上高中一年级，团中央便对他进行重点培养。在团中央工作的胡耀邦曾找刘绍棠谈过四个多小时话，希望他多写农村青年题材，并且让他到东北农村去采访。刘绍棠在东北住了两个多月，把在东北得到的创作素材挪到自己的村子里，换上他所熟悉的人物原型，开始构思他的小说《青枝绿叶》。《青枝绿叶》写成后，在1952年9月5日的《中国青年报》上以整版篇幅发表，后来迅即被编进了高中语文课本。1953年，刘绍棠又以《青枝绿叶》为名出版了他的第一个短篇小说集，并因此一举成名。那年，他只有16岁。1954年刘绍棠入北京大学中文系，翌年退学，退学是因为他觉得在中文系学习对他的写作没有用。1956年他加入中国作家协会，被誉为“神童作家”。1957年被划成右派。刘绍棠走上乡土文学之路，受孙犁和苏联作家肖洛霍夫的影响很大。刘绍棠一生最为佩服的作家，是肖洛霍夫，而对肖洛霍夫的《静静的顿河》，更是“佩服得五体投地”。肖洛霍夫是一个以写家乡顿河地区人民生活为主的作家。刘绍棠很小就喜欢这部小说，受此影响，他常常想如肖洛霍夫那样，成为一个专意写作自己故乡人民生活的作家，过一辈子肖洛霍夫式的田园生活，住在家乡写乡土小说。“神童”刘绍棠长陈忠实六岁，他的这些“光彩”甚至是“异彩”无疑对一个同样是少年的陈忠实产生了极大的魅惑力，一方面加深了陈忠实对文学的喜爱，另一方面也促使陈忠实对文学的“天才”作用产生长久的思考。

在《山楂村的歌声》“后记”里，刘绍棠说到他对肖洛霍夫的崇拜和对《静静的顿河》的喜欢。“神童”居然如此崇拜如此喜欢，陈忠实也就很想见识一下肖洛霍夫和他的长篇小说。他到学校的图书馆，在书架上看到了《静静的顿河》，四大本摆成一排，显得极为雄壮。梦寐以求的小说就在眼前，他却有点望而生畏，读这么四大本需要多长时间？他抑制住自己的欲望，没有立刻借阅，而是等到放了暑假，才把这四大本著作背回乡村的家中。他要等待有了更为从容的时间，再细细阅读。

根据时间推算，陈忠实读《静静的顿河》应该是1958年的夏季，也就是他初中二年级上完之后的这个暑假。小小的陈忠实那时候还在忙于自己的生计，整个暑假，每逢白鹿原上集镇的集日，陈忠实先一天下午就从生产队的菜园里趸取西红柿、黄瓜、大葱、茄子、韭菜等，大约50斤，天微明时挑到距家约十里的原上去卖。一趟买卖可赚一二元钱，开学时就揣着自己赚来的学费报到了。而在集日的间隔期里，陈忠实每天早晨和后晌都去割草。他背着竹条大笼，提着草镰，或下灞河河滩，或爬上村庄背后白鹿原北坡的一条沟道，到处寻找鲜嫩的青草。他因为年幼，还没有为农业合作社出工的资格，可是割草交给社里获得的工分有时比出工还要多。就在这卖菜和割草的间歇里，陈忠实拿出《静静的顿河》，兴趣盎然地阅读着顿河哥萨克的故事。小说中那条远方的顿河常常幻化为他家门前那条冬日清冽夏日暴涨的灞河，辽阔的顿河草原上的山冈，那舒缓起伏的线条，也与他天天面对着的骊山南麓和白鹿原北坡之气韵叠印在一起。那个生动的哥萨克小伙子葛利高里，那个风情万种的阿克西尼亚，虽然生活在远方异域，读起来却有一种非常亲切的感觉。一个是陈忠实少年生活范围以外的另一个民族的生活形态——顿河哥萨克的故事，一个是卖菜割草的尚未成年的乡村孩子，书里书外，存在着遥远的距离和巨大的差异。然而，对于陈忠实非常重要的一点在于，少年陈忠实的视野抵达了一个虽然找不到准确方位但却在远方存在着的顿河草原，生活在那里的人们的快乐和悲伤牵动着他的情感。这种文学的熏陶是悄然的，也是深远的。静静的顿河、辽阔的草原、哥萨克、奔放的小伙子、热烈的女人、红军、白军，这些主题词无疑深深地扎根在少年陈忠实心里，成为他日后文学创作的“酵母”。

陈忠实由对“天才”和“神童”作家刘绍棠的好奇和喜欢，知道了遥远的苏联作家肖洛霍夫，借阅了他的代表作之一《静静的顿河》，这是陈忠实有生以来阅读的第一部外国长篇小说。陈忠实与文学之结缘，是从乡土小说开始的。《静静的顿河》也是一部与乡土有关的小说。肖洛霍夫及其创作的顿河哥萨克乡村小说给陈忠实的文学思维和文学气质以极其深刻的影响。

很多年后，陈忠实说，他后来才意识到，他的文学阅读转向，他的偏向喜欢阅读欧美小说，就是从这一次发生的。他说，他的阅读心理就是这一次从“说时迟，那时快”的语言模式里跳了出来。

刘绍棠对陈忠实的启示，主要有三个方面：一是文学创作的“天才”问题，陈忠实此后很多年里都在打量自己有无文学天才并思考天才问题；二是通过刘绍棠，陈忠实结识并深深地喜欢上了异国的肖洛霍夫，开阔了陈忠实的文学视界，使陈忠实的文学眼界和文化视野由脚下的乡土伸展到了无际的远方；三是刘绍棠也好，肖洛霍夫也好，都喜欢并主张扎根自己的乡土，生活于此，创作于斯，关键是，就以小说的形式描写脚下这块熟悉的土地，为乡土立传。这最后一点，对陈忠实的影响是内在而深远的，它的意义会在以后的岁月里逐渐显现出来。陈忠实后来就一直没有离开过自己生活过的土地。他在 60 岁回顾自己生命和创作历程的时候说，他对自己曾有两次重要的把握：一次是在 1978 年初，当中国文学复兴的浪潮涌动的时候，他选择离开人民公社当干部，调入文化馆搞写作；第二次是 1982 年，他调入作协陕西分会当了专业作家，回归老家，一住就是十年，直至 50 岁写成《白鹿原》。他不像有的作家，总是漂泊，生命的足迹和灵魂都在漂泊，创作的题材和主题也不断随之游移不定。

六、柳青：文学道路上的第二个导师

陈忠实一直认为，他走上文学道路，有两位作家对他影响最大，他从心底认为这两个人是他的文学导师，一个是赵树理，一个是柳青。赵树理使他喜欢上了文学，柳青很长时间是他创作学习的榜样，是他认识生活和艺术地反映生活的榜样。

1959年春天，陈忠实从报纸上得知柳青写农村生活的长篇小说《创业史》将在《延河》4月号开始连载，心里竟有一种按捺不住的兴奋和期待。这其中，既有对一位著名作家的崇拜，更多的因素还是他很好奇，他极想看看这个柳青是如何描写农村生活的。家里境况好的时候，父亲会一周给他两角买咸菜的副食钱，为了买《延河》，他把两毛钱早早省了下来，每天只吃干馍喝开水。到了4月，他赶到纺织城的邮局买了一本渴望已久的《延河》。《延河》4月号刊发的《创业史》是“题叙”，发表时也不叫《创业史》，而叫《稻地风波》。小说题头画的是稻田，稻田水渠上有一排白杨，白杨迎风舞摆。陈忠实一看到这幅画，就想到自家门前也是这样的景象。他家门前是灞河，一道一

1959年。初中毕业照。陈忠实（前排左一）手拿刊有《创业史》的《延河》（照片由陈忠实文学馆提供）

道的灌渠，灌渠上就是一排一排的白杨，少有柳树，也有稻田。陈忠实一口气读完题叙，心里感到很安慰，觉得把那两毛钱的咸菜钱省下来买了这本杂志是大大地赚了，苦没有白吃。接下来，陈忠实每月按时买《延河》，读《稻地风波》。

7 月，他于西安市第十八中学初中毕业。他有一张初中毕业照片，是与同学的合影留念。前排左边的第一人为陈忠实，少年的青涩尽写在脸上。他光着脚穿一双方口布鞋，手里拿着一本刊有《创业史》的《延河》杂志。这应该是 1959 年 7 月号的《延河》。照片下面依稀写着："惜别。1959 于纺织城。"

毕业后回到家里，既没有了两毛钱的菜钱，乡下也没有邮局，他看不到已经让他沉迷的《稻地风波》了，心中有些怅然若失。

1959 年秋天，陈忠实到灞桥的西安市第三十四中学上高中。这座中学是 1944 年由灞桥周围六乡群众倡议、推动，在 1935 年所建的私立灞桥小学校址上扩建而来，由地方集资创办，名私立树人中学，曾得孙蔚如将军大力资助，是灞桥境内第一所中学。1945 年，长安县政府接管树人中学，改名为长安简易师范学校。新中国成立后，1953 年秋，长安简易师范学校迁至申店乡局连村，校名改为长安第三初中，1954 年归市属后改名为西安市第十四初级中学，1956 年改为完全中学，1958 年定名为西安市第三十四中学。学校坐落在古人折柳送别的灞桥桥南，学校的东围墙就扎在灞河河堤根下。上了高中，陈忠实还念念不忘《创业史》。后来听说《创业史》要在《收获》1959 年第 6 期全文刊出，他赶紧托在西安当工人的老舅帮他买了一本这一期的《收获》，送到学校，他才完整地读完了《创业史》第一部。

《延河》从 8 月号起，柳青的《稻地风波》改题为《创业史》，至 11 月号全部载完。《创业史》第一部脱稿时间是 1959 年 10 月 3 日下午 4 时。1959 年 11 月，《收获》第 6 期发表《创业史》（第一部）修订稿。

初读《创业史》，陈忠实还不能完全理解，但小说中的几个人物给他印象很深。梁三老汉、梁生宝、郭世富、姚士杰、改霞这样的人物，他在蒋村一个一个都能找到相对应的形象。蒋村和柳青生活的那个皇甫村，相隔也就是六七十里路，陈忠实读着《创业史》，心里感动着，常常向南眺望。柳青成了他崇拜的第二位中国作家。柳青对农村生活的艺术描写，对农村生活的理解和认识，自然也深刻地影响了年轻的陈忠实。

陈忠实后来回忆说，他接触柳青以后，即 1959 年在《延河》读到《创业史》后，就深深迷上了柳青，而把赵树理搁下了。当时写农村生活的小说作家中，最有影响的就是赵树理和柳青。何况，柳青还是陕西人，他的《创业史》写的是陕西关中的农村生活，这与陈忠实所知道所体验的农村生活更为接近。因之，柳青对陈忠实的影响就更大一些。

从 1959 年 9 月入学，到 1962 年 7 月毕业，陈忠实的高中学习，全程经历了 1959 年至 1961 年所谓的“三年困难时期”。这个“三年困难时期”，也有学者称其为“三年大饥荒”。极度的饥饿折磨着正处于生理生长最活跃期的陈忠实，而他对付饥饿的唯一办法就是投入文学的迷醉之中以忘记饥饿，以精神上的饱满抵抗物质上的贫乏。在 1961 年最困难的这一年，陈忠实正在读高中二年级，无法化解的饥饿折磨着包括他在内的几乎所有人，市教育局采取了非常措施，取消晚自习，取消一切作业，实行“劳逸结合”来对付饥饿。空闲时间多了起来，陈忠实就把课余的时间和精力全部用于阅读和写作。他和同样爱好文学的同学常志文，每天晚饭后，抄近路步行十里，到纺织城书店读喜欢的新书，回来的路上再交流读书心得。上床睡觉之前，饥肠辘辘，就喝一大碗盐水哄自己入眠。他还和同学常志文、陈鑫玉，组织起来一个文学社。苦于喜欢文学而总是找不到创作的门路，文学社就被命名为“文学摸门小组”。从这个名字可以看出，他们当时对于创作的心境和情态，急切而又彷徨。成立文学社的同时，决定创办文学墙报，起名为“新芽”，大家都为之写稿。

这个时期，陈忠实读了很多文学作品。可以确知的是，他陆续读了茅盾的《子夜》、巴金的《家》《春》《秋》等小说、李广田的散文等，极大地开阔了文学眼界。他借来肖洛霍夫的短篇小说集《顿河故事》，周六回家，沿着灞河河堤一路读过去。《顿河故事》收入 20 余篇短篇小说和一部中篇小说，绝大部分创作于 1923 年至 1926 年之间，这些小说描写顿河哥萨克在国内战争期间和苏维埃政权建立初年的生活和斗争，情节富于戏剧性，人物性格鲜明，语言生动活泼。陈忠实认为“篇篇都写得惊心动魄”，虽然是肖洛霍夫早期作品，“却堪为短篇小说典范”。

无疑，这样的纯粹出于兴趣的阅读，对他的文学感受能力和文学思维方式，起到了一个最初的培养作用。

第二章 民请教师的文学梦

一、回乡当了小学民请教师

1958 年“大跃进”造成的恶果很快显现了出来。接下来的全国性的大饥荒和经济严重困难，迫使许多高等学校大大减少了招生名额。

1961 年，西安市第三十四中学有百分之五十的学生考取了大学。只隔一年，到了 1962 年，这个学校四个毕业班考上大学的人加起来也只是个位数。学习成绩在班上可以称得优秀的陈忠实名落孙山。而且，他们全班无一考上，被“剃了个光头”。

上不了大学，陈忠实只能回到老家乡村。村子里第一个高中毕业生回乡当农民，报纸上宣传说是光荣的，但在乡人眼里，陈忠实无异成为一个“读书无用”的活标本。

高考结束后，陈忠实经历了青春岁月中最痛苦的两个月。青年陈忠实进入了六神无主的失重状态，所有的理想前途和未来在瞬间崩塌。回家之后，无数个深夜，他噩梦连连，时常从用烂木头搭成的临时床上惊叫着跌到床下。

看着痛苦不堪的陈忠实，父亲陈广禄很是担心，“考不上大学，再弄个精神病怎么办?”

有一天，沉默寡言的父亲终于很认真地对他说：“当个农民又如何啊，天底下多少农民不都活着嘛。”父亲的这一句话，一下子惊醒了他这个迷糊了多日的梦中人。是啊，人首先得活下来。农民虽然处于社会的最下层，农民的日子虽苦，但天下那么多的农民，他们都活着。活下来是当务之急，也是人生的头等大事。

在无情的现实面前，陈忠实选择了到村里的小学当民请老师（笔者查阅有关资料，发现当时的非公办教师不叫民办教师，而叫民请教师）。经毛西公社批准，从1962年9月开始，陈忠实在西安郊区毛西公社蒋村初级小学任民请教师。一般民请教师，每月由生产大队给记二十几个劳动日。陈忠实所在的蒋村小学由三个村子合办，不能记工分，便由三个村子分担每月28元工资，年终结算。

所谓“毛西”，乃毛河湾西村之简称。因当时的公社驻毛西村，故泛称这一带为“毛西”。学校由三个小村合办，设在东、西蒋村两个村子之间的平台上。这是一个初级小学，共有学生70余人。所谓初级小学，就是只有一到四年级；而高级小学，是五到六年级。蒋村初小当时只有两个教师，一个是公办，一个是民请。陈忠实就是这个民请。教师办公室是一间拆除了不知哪路神灵泥像的小庙，两个教师合用。教室旁边是生产队的打麦场。社员出工上地下工回家经过教室门口，嬉笑声、议论声和骂架声常常传进教室。

那个公办教师姓陈名祖荫，年近六旬，是陈忠实外婆妹妹的儿子，算是亲戚。陈忠实把陈祖荫叫舅。陈祖荫有一个四叔，曾在杨虎城的军队里任旅长，曾捐资修建了狄寨原上的迷村小学，而陈祖荫则在这个旅长下边当了一个小官，主要是写字。陈忠实小时候逢年过节，去过这个舅家，感觉很是阔气。陈祖荫的毛笔字写得极好，是“老功夫”。陈忠实说，他后来在西安还没有见过哪个人包括书法家有比陈祖荫的字写得更好的。在乡村，凡是婚丧嫁娶，陈祖荫就给人写对联。遇到有的人家没有毛笔，就扯一个棉花蛋蛋，蘸着墨水写，依然非常漂亮。陈祖荫国文教得是好的，但他有一个缺点，就是不会教算术。所以村里的小学生，年年升学考试都考不上。

陈忠实来了以后，带毕业班，给学生强化补习算术。

1964 年，陈忠实当了东李六年制高级小学下属初级小学东片区教研组组长。陈忠实所带毕业班因为连续两年升学率百分之百，一下子轰动了全公社。7 月，被评为“优秀教师”，公社教育部门因此奖给他 30 元钱。这笔在当时并不算少的奖金，在他当年 9 月调到毛西公社新成立的农业中学任教之后发下来了。领到钱后，他把钱装在上衣的口袋里，接着与同事在操场打篮球，把衣服挂在篮球场边一棵树枝上。打完篮球，衣服还在，但钱却找不见了。

1964 年 12 月，毛西公社布置下属各单位为春节准备文艺演出节目。当时，全国正在大力宣传“千万不要忘记阶级斗争”。陈忠实采访了毛西公社陈家坡贫农陈广运，谈了整整一天，回去写了一篇老贫农忆苦思甜的快板书，作为春节参演节目。快板写好后，看到《西安晚报》的一个春节演唱征文启事，征文要求大家投寄小演唱、对口词、快板书、小戏等。他就把这一篇快板书寄了过去。1965 年 1 月 28 日，《西安晚报》发表了他的这个快板，题为《一笔冤枉债——灞桥区毛西公社陈家坡贫农陈广运家史片断》。

陈忠实调到毛西公社新成立的农业中学任教，仍为民请教师。他是 1961 年 1 月在西安市第三十四中加入的共青团，调到农业中学后，被推举担任了学校的团支部书记。

1965 年，由于他工作表现突出，在社会主义教育运动中，被推举出席了社教总团学习毛主席著作积极分子大会。这在当时是一种较高的荣誉。

二、看不见未来的文学自修

当了民请教师，工作算是安稳了，生活也有了着落。但是未来怎么办？就这样一辈子教下去，还是要有另外的打算？这个问题，其实在他刚一当上民请教师，就浮上了心头。

20 岁，人生已经进入成年。陈忠实切实感到，这是一个令人心悸魄颤的年轮。告别学生时代，迈入广阔的社会，眼前突然展现出一个茫无边际的世界。面对这个世界，人有时却是相当的迷惑，人生之路究竟应该向哪里走？怎么走？这是个问题，是大问题。

其实，摆在陈忠实面前的人生选择，在当时，却是相当的有限，甚至，是别无选择。本来是想上大学的，结果名落孙山，那就只有回乡当农民。就在这个时候，本村的小学刚好缺了一个教师，那就去当教师，这样也不辜负十二三年的苦学。这个教师的名额是民请，所谓民请教师，是指中国中小学中不列入国家教员编制的教学人员，生活待遇上，一是享受所在地同等劳动力的工分报酬，一是由国家按月发给少量的现金补贴。在当时城乡二元对立的中国社会里，究其实，民请教师就是不是农民的农民。然而，这个民请教师似乎还是比当一个农民好了一些。陈忠实别无选择，就当了一个初级小学的民请教师。

这个时候，在关于未来的思考中，陈忠实心底那个文学之梦又悄悄地浮上了心头。

大学梦破灭了，文学梦还在。

有梦就有希望。希望就在文学梦里。

陈忠实决定自学。自学文学。上不了大学，那就自学大学课程。

大学梦破灭之后，陈忠实回到了乡村，回到了祖辈千百年来生活的故土，自学文学，并决定以文学作为终生追求，至少有两个原因：第一，文学也许可以改变自己的命运。中国当时社会所形成的城乡二元结构，使得那时的农村青年，要跳出农门，其难度真比登天还难。陈忠实明白，自己在农村，人生所有的路都堵死了，只剩下自我奋斗一条路了，只能靠自己了。这无疑是一条悲壮之路。因为不知道何年何月才是出头之日。第二，文学毕竟具有精神慰藉功能，文学在当时也不失为苦闷情境下的一种精神安慰。当然，根本的原因是陈忠实自初二对文学发生的兴趣，于绝望中更加突显出来，这也是别无选择的选择。

环境是艰苦的：在一个破屋子里，窗户纸被西北风吹得一个窟窿接一个窟窿；条件是简陋的：一张古老而破旧的小条桌，用草绳捆着四条腿。桌上放着一个煤油灯，是用废弃了的方形墨水瓶制成。但是，陈忠实的决心是不可动摇的。度过了痛苦彷徨期的陈忠实，开始了虽然有所计划但实在是遥遥无期的文学征程。一切都重新开始。他给自己定下了一条规程，自学四年，练习基本功，争取四年后发表第一篇作品。作品发表之日，就算他的“我的大学”毕业之时。

后来，陈忠实曾多次不无诙谐地说：成名无非是再换一根结实的绳子来捆桌子腿！

这是一个青年奋斗者的形象，也是一个文学殉道者的肇端。

他将白天的时间全部给了孩子们，而晚上的时间则属于他和他顶礼膜拜的文学。

他主要从两方面进行努力，一是读书，一是练习写作。那个时代乡村青年的读书，当然无可选择，没有图书馆，没有资料室，无人指定必读书目，也没人指点迷津，完全是遇到什么读什么，找到什么就读什么。这样，所接触的书，一是数量少，二是品种较为单一，多为20世纪60年代流行的文学书以及民间的一些藏书。这种阅读状况，在中国乡村社会，极为普遍。同时，这些时代流行书以及民间藏书的文化品格，对陈忠实的文化人格无疑起到了潜移默化的影响甚至是塑造作用。陈忠实在阅读中，感觉合乎自己口味的，就背下来。对特别感兴趣的篇章则进行分析，学习其结构和艺术表现手法。读了也写，不断地写。这种写作，基本是文学练习，较少写完整的作品，大量的是记生活笔记，长短不拘，或描一景，或状一物，或写一人，或述一事，日日不断。

这个时候，陈忠实内心的信条，只有一个，那就是“不问收获，但问耕耘”。每换一个新的生活记事本，他都要在开篇写上这句话，视之为座右铭。这个信条所含的埋头苦干实干的哲理令他信服，他也觉得适合他的心性。此言第一让人排除侥幸心理，第二抑制自卑心理，陈忠实觉得，这两种心理是他当时最大的敌人。

陈家本来就不富裕，“三年困难时期”及至以后，饱肚乃最大问题。陈忠实的“但问耕耘”，没有电灯照明，也没有钟表计时，晚上控制不住时间，第二天就累得难以起床。陈忠实想了一个办法，既能照明又能计时，他用一只小墨水瓶做成煤油灯照明，常常烧焦了头发熏黑了鼻孔，瓶中煤油熬干，即上炕睡觉。算来此时大约为夜里12点钟。长此以往竟成一生的习惯。

春秋时节，气候宜人，好过一些，到了冬夏两季，就有点难以忍耐。冬无取暖设备，笔尖先是冻成了冰碴。夏无制冷手段，酷热常让人头晕眼花。更为难耐的是，蚊虫肆虐，叮咬得人无处躲藏，用臭蒿熏死一批，烟散之后，从椽眼儿和窗孔又钻进来一批。夜里，乡间的农民一家人在场头迎风处铺一张苇席纳凉，他却躲在小厦屋里，穿一条短裤，汗流浃背地读着写着。母亲有时担心他沤死在屋子里，硬拉他到场边去乘凉，他却丢不下正在素描着的某一个肖像，得空儿又溜回小厦屋去继续“耕耘”。

陈忠实的自学和奋斗当时都是处于秘密状态。胸中虽然有宏图，但这时的陈忠实其实是自卑多于自信，一方面是内心创作热潮在涌动，一方面又全力避免更多的嘲讽。在这个看不见未来的文学自修中，他不怕受苦受难，但是担心被人讽刺和嘲笑。于是学习与写作便呈现一种“地下”状态，对任何人——包括他的父亲陈广禄，他都绝口不谈，偶被问及，总是极力回避，顾左右而言他。他的父亲对他的行为难免奇怪，常常忍不住，问他整夜整夜钻在屋子里“成啥精?”他说“谝闲传!”见如此作答，父亲虽然心存疑问，却也不再追问。

自学有其局限性。自学，由于都是自己在摸索，而且是在黑暗中摸索，或者是借着一点亮光摸索，即使是非常用功的人，也仍然是自我封闭的摸索，既缺乏大师指点、高人指路，也缺乏群体学习环境中那种自由讨论乃至自由辩难所带给人的多向度的思维开启和精神启迪，所以，对一个人的成才，容易造成至少以下两个问题：一是知识结构的不平衡，不全面；二是文化视野受到局限。这个局限又分为两种情况，一是视野不够开阔，二是虽然开阔了但又很驳杂，缺乏比较明晰的文化立场和精神向度。

陈忠实在20世纪60年代初开始的文学自学，是在一种相对单一的文化和精神环境中展开的。那时的文学观念只有一种，这就是“文艺为政治服务”和“文艺为工农兵服务”。没有人对此怀疑，至少没有人能公开对此提出怀疑，于是，这种观念就成了“真理”。陈忠实的自学，知识和技巧的学习，可以很扎实，但文化视野无疑会受到局限。在20世纪50年代以至60年代的文化和文学背景下，陈忠实的文化视野不可能是驳杂的，而只能是单一。

自学也有其优长。自学由于是自己在黑暗中的艰苦摸索，较少受外界的干扰和魅惑，容易形成自己根深蒂固的思维定势和坚定的信念。

在写什么人的问题上，陈忠实学习和接受的，当然是“写人民大众，不写个人”这样的文学观念。这一点，也形成了陈忠实迄今一以贯之的文学立场和文学观念。客观地看这个问题，这一点，既束缚过陈忠实的创作，也成就了他的创作。陈忠实的笔下，特别是他的小说，从1974年的《高家兄弟》到1979年的《徐家园三老汉》，再到1988年至1992年的《白鹿原》，以至2001年的《日子》，所写的对象，都是人民大众，是农民，是中国社会底层的普通人。

而且，陈忠实的小说和散文中，一直信奉和坚持现实主义的真实性原则，不信鬼神，不言佛道，几乎就是坚守“子不语怪、力、乱、神”的信条。他无论是写小说还是写散文，基本上是以真实世界和生活经验为基础，进行艺术描写或必要的虚构，从来不写自己没有见过的或者是不相信的事情。还有一个重要特点，那就是写人、写事，他基本上都是直接面对，正面描写，较少侧面取巧或以虚写实。他的文学特点以至后来的文学风格正好应了他的名字：忠实。忠实于生活，忠实于历史，忠实于自己的生活体验和生命体验。

三、“处女作”的诞生

1962年下半年，陈忠实决定自学文学时，计划四年后发表第一篇作品，作品发表之日，即其“我的大学”毕业之时。结果，他的“毕业”提前了一年还多。1965年3月8日的《西安晚报》发表了他的一篇散文，题为《夜过流沙沟》。

这篇散文，陈忠实视之为自己的“处女作”。但是，我们发现，在发表《夜过流沙沟》之前，他还公开发表过作品。最早的是发表于1958年11月4日《西安日报》的短诗《钢、粮颂》，发表这首诗时，陈忠实还是一个正读初三的16岁的学生。此外，陈忠实在1965年1月28日的《西安晚报》还发表过快板书《一笔冤枉债——灞桥区毛西公社陈家坡贫农陈广运家史片断》，在1965年3月6日的《西安晚报》发表过诗歌《巧手把春造》。也就是说，在《夜过流沙沟》之前，陈忠实就已经在报纸上公开发表过两首诗和一首快板。那么，陈忠实为什么把它们忽略不计，只说《夜过流沙沟》才是他的处女作呢？就这个问题，笔者问过陈忠实，他说，他觉得《夜过流沙沟》是一篇较长一些的散文，算是"像样"和"正经"一点的文学作品，而此前发表的两首短诗和快板，分量轻，不值一提，快板也算不得文学作品，属于曲艺一类。不过，在研究者眼中，当以"史实"为准。倘以公开发表而论，陈忠实的处女作，应该就是短诗《钢、粮颂》。

而陈忠实自己认定的处女作《夜过流沙沟》，从写作到发表，用陈忠实自己的说法是："历经四年，两次修改，一次重写，五次投寄，始得发表。"（陈忠实：《何谓良师——我的责任编辑吕震岳》，《陈忠实自选集》，海南出版社2008年版，第557页）这个他所认定的"处女作"诞生的过程，其实也是陈忠实在文学之路上不断"摸门"也不断提高的过程。

《夜过流沙沟》原题为《夜归》，最早写于1961年，其时，陈忠实19岁，正上高中二年级，他和同学组织了一个名为"摸门小组"的文学社，同时创办了一个名为《新芽》的文学墙报。陈忠实为《新芽》创刊号写了一篇散文《夜归》。文学社的陈鑫玉读了《夜归》，甚为激赏，鼓动陈忠实将之投寄给报刊，以期公开发表。陈忠实听了，颇受鼓舞，心中也一阵冲动，但思虑再三，最终还是缺乏勇气，未敢投出。不想陈鑫玉却把这篇散文另抄下来，代陈忠实投寄给了《陕西日报》文艺部。过了不到一月，有一天，陈鑫玉从家里来到学校，兴奋地告诉陈忠实报社来信了。陈忠实打开信一看，是一封编辑的阅稿信，信中肯定了《夜归》的一些长处，也指出了一些问题，让作者修改后尽快寄去。读罢信，陈忠实才真正地激动起来，觉得他似乎就要"摸"到那个向往已久的神圣而又神秘的文学之"门"了。陈忠实对《夜归》很快做了修改，寄了出去。然后便开始了急切而又痛苦的等待。这是一个满含希望而又有些不敢奢望的等待。在等待的日子里，陈忠实每天最惦记的事就是到学校的阅报栏去看《陕西日报》，只找第三版，这一版是发表文艺作品的版面。这是陈忠实进行文学创作实践过程中第一次因投稿而焦灼地等待，在没有等到结果之前，希望与失望交替交织，令人非常煎熬。这也差不多是所有文学爱好者第一次投稿必有的心情。陈忠实最终没有等到结果，他期望的奇迹没有出现。

接下来，紧张的高考复习来临了，这是人生关键的一步，陈忠实将心中那种沮丧的情绪渐渐排解开去，投入复习，迎接高考。

高考名落孙山，陈忠实别无选择，在痛苦中回到家乡。不久，被毛西公社选拔为民请教师，在本村即蒋村小学教学。教课之余，陈忠实没有忘记他的文学之梦，认真读书，练习写作，真正开始了他的业余文学创作生涯。

1963 年的陈忠实（照片由陈忠实文学馆提供）

1963 年春天，他把《夜归》再次做了修改，再次投寄给《陕西日报》。报社不久即回信，肯定长处同时指出不足，让修改后再寄去。陈忠实根据所提意见进行了修改，将稿子再寄去。稿子寄出去了，心也似乎随之而去了。在结果未明的情况下，期望与失望交织，陈忠实又一次陷入期待的焦灼之中。

久等无果，陈忠实沉不住气了，他借一次学校进城参加活动的机会，找到了地址位于西安市东大街的陕西日报社。到了报社门口，陈忠实却没有勇气走进去。进去找谁？说什么？他为这两个简单的问题颇费思量，徘徊门外，踌躇不前，内心的自卑和羞怯像浓雾一样罩着，挥斥不开。终于还是硬着头皮进去了，找到文艺部，看见几张办公桌前坐着几位编辑，他没敢多张望，只怯怯地朝坐在门口的那位编辑问询。那篇《夜归》，不在这位编辑手里，问其他几位编辑，也不在他们手里。在座的编辑们推测，如此看来，应该在另外一位下乡锻炼的编辑手中，但是这位编辑大约需要半年才能结束锻炼。看着陈忠实满脸失望而又想穷追究竟的样子，门口那位编辑给他说，按编辑部的规矩，凡是可以发表的稿子，编辑有事出门肯定会交代给编辑部安排处理，如果没有交代，肯定是发表不了的。这样说来，《夜归》当属不可发表的稿子了。陈忠实走出报社的时候，感觉那个庭院的甬道既深且长，出得门来，他回头再望一眼那拱形的门楼和匆匆忙忙进出的人，心中忽然感到，自己一直向往和追求的那个文学之“门”，还遥遥不知其所在，还需要长途跋涉，绝非轻易就能“摸”到的。这样一想，一时的侥幸心理忽然烟消云散，心中反而轻松了。而轻松的同时，自卑的心理又加重了。站在这样一个高门楼下，他有些自惭形秽。

教学是主业，陈忠实既为人师，就要当一个好老师。自学的同时，他也练习写作。接下来的日子里，陈忠实一方面努力教课，一方面努力自学。他在心中给自己鼓劲，也在心中设定目标：没有上成大学，通过自学，在报刊上发表第一篇作品之日，就是自己自学成功、大学毕业之时。

1965 年春天，他几乎是在写作诗歌《巧手把春造》的同时，又想起了《夜归》。他把《夜归》打破原先的框架，重新构思，重新写作，名字改为《夜过流沙沟》。这次修改他是满意的，准备投稿，他想了想，没有勇气投给“省报”，改投“市报”。很快，3 月 8 日的《西安晚报》名为《红雨》的文艺副刊上，刊发了他的这篇散文处女作《夜过流沙沟》。

陈忠实觉得这篇散文，应该是一篇较为“正经”和“像样”的文学作品，他视之为自己真正的“处女作”。同时，他在心里告诉自己说，我的自学大学应该毕业了。

《夜过流沙沟》的发表所带给陈忠实的意义，陈忠实自己有一段话说得很透彻：“第一次作品的发表，首先使我从自信和自卑的痛苦折磨中站立起来，自信第一次击败了自卑。我仍然相信我不会成为大手笔，但作为追求，我第一次可以向社会发表我的哪怕是十分微不足道的声音了。……1965 年我连续发表了五六篇散文（邢注：1965 年陈忠实在《西安晚报》实际发表散文三篇，另在《夜过流沙沟》之前发表诗歌一首，快板书一篇），虽然明白离一个作家的距离仍然十分遥远，可是信心却无疑地更加坚定了。不幸的是，第二年春天，我们国家发生了一场动乱，就把我的梦彻底摧毁了。”（陈忠实：《我的文学生涯》，《小说评论》2003 年第 5 期）

四、早期习作：黑暗中的摸索

陈忠实的创作道路大致可以分为四个时期。

第一个时期，从“文革”前到“文革”结束，时间大致为 1965 年至 1978 年。这一个时期又可分为两个阶段。

第一个阶段是模仿性的习作期，为 1965 年至 1966 年，尚缺乏文学的自觉。这些模仿性的习作写的多是农村生活中的好人好事，歌颂新时代和新生活，或通过写贫苦农民的命运书阶级斗争的历史。这些给他带来发表的喜悦和人生希望的习作，是他感应着时代的生活气息和文学观念，与时代合唱的带有习作痕迹的作品。

2010 年 8 月 8 日，陈忠实在他西安的工作室“二府庄”写了一篇散文，名为《我经历的“鬼”事》，发表于大连的散文杂志《海燕》2010 年第 10 期，后来将文题简化为《我经历的鬼》，收入 2013 年 10 月出版的《白墙无字》散文集中。在这篇文章中，他回忆了一生所遇到的多件“鬼”事，其中谈到，“真正致我心里创伤的鬼事”，是他 1962 年参加高考写作文遇“鬼”。他说，高考作文题有两个，一个是“雨中”，是记叙文，一个是“说鬼”，是论说文。以他平时的训练和实力，当然以选记叙文为上，但他当时“鬼”使神差，居然选择了他并不擅长的论说文“说鬼”，“我已不记得我是如何说鬼的，也不必说我把鬼论说得如何，致命在于我没有写完”。考试结束的铃声响起，他的“脑子里一片空白，完了！我完了。看着监考老师从我桌子上收走考卷，我连站起来的力气都没有。我走出考场和设置考场的中学的大门，看到街道上熙熙攘攘的人群，这时才意识到尿湿裤裆了”。

他后来自我检讨，当时之所以选择他并不擅长的论说文写“说鬼”，“原因是出于一种错误的判断；之所以发生判断的失误，说穿了是自作的小聪明所致成；再扎实说来，是不无投机心理的”。能说出有“投机心理”，认识不可谓不深。他回忆说：“我读高中的上世纪60年代初，有一本名为《不怕鬼的故事》的书，不仅风靡全国，而且成为高中生的必读物，是政治课的补充教材。后来才知道出版并要求党政干部和高中以上学校师生阅读这本书的社会背景，既有国际因素，又有国内因素。国际关系中，兄弟般的苏联和中国，矛盾已发展到不可调和的面临翻脸成仇的地步，视苏联为修正主义，简称‘苏修’。‘修正’了马克思列宁主义的修正主义的代表人物赫鲁晓夫，被喻为‘鬼’。国内的背景是庐山会议关于‘大跃进’、大炼钢铁和人民公社造成的灾难的事，持这种观点的彭德怀被定为右倾机会主义者。右倾机会主义者也是‘鬼’。无论赫鲁晓夫，无论彭德怀，两大事件尚没有向国民公开，先以‘打鬼运动’造成舆论。我那时候似乎在私下里隐隐听到一点风声，便自作聪明地选择了论文‘说鬼’的题目，以为正合拍于社会的大命题，肯定要比‘雨中’这类抒情的叙述文更要切中社会热点……不料却栽倒在‘说鬼’上。那个年代的高考语文试卷，问答题占60分，一篇作文占40分。我的作文无疑为零分，我便觉得完了。”

这是陈忠实后来第一次在文章中回忆并详细分析当年高考失败的原因。一个喜爱文学而平时作文写得相当优秀的学生，高考作文“说鬼”，居然一败涂地，一方面固然可以说成是鬼使神差，“鬼”不好惹；另一方面，也实在清楚地表明了陈忠实当年在写作时的深层心理驱动。

在这个“忆鬼”的散文里，陈忠实自我剖析，他当年高考写作文遇“鬼”惨败的原因，主要的就是有“投机心理”。我们进一步分析，他所谓的投机心理，其具体表现其实就是紧跟当时的政治形势，哪怕是风闻到一丁点声息，也立即紧跟，以为这样“正合拍于社会的大命题”，会得到格外的重视或加分。

这种“投机心理”，其实是那个时代普遍的社会心理。所谓的“投机心理”，就是紧跟政治的脚步和风云变化，谁能走到政治潮头的前头，谁就抢着先机，逮住机会。一个还没有自我意识的人，差不多都是这样的：紧紧跟随政治形势，哪怕是“跟风”。所谓“识时务者为俊杰”，谁识得时务，谁就是俊杰。陈忠实所回忆的这个生活细节颇有象征意味，而且意味深长。“雨中”，写记叙文，偏于形象思维，虽为自己擅长，但较为抒情，属于个人性的，难以成为重点，更不会成为热点；“说鬼”，侧重抽象思维和思考的深度，自己并不擅长，但这个神秘的题目背后关联着深层的社会热点，容易引起关注，说不定会一鸣惊人。陈忠实自我检讨说他这样选择“不无投机心理”，但若从深层的写作心理分析，也可以看出，陈忠实写作的题材兴趣和思想倾向，不在个人抒情，而在社会层面特别是社会热点。

陈忠实早年的文学模仿和习作，基本上也是循着这个路子。

1958 年，他 16 岁时写的《钢、粮颂》，所写对象是农业、工业和军事，写了工农兵三个方面，这也是那个时代强调的社会的三个主要方面，依次写来，颇得当年文风之神气，豪言壮语，语不惊人死不休，闭着眼睛极尽想象和夸张之能事。这当然是模仿当年遍地兴起的所谓的“红旗歌谣”写的。

1964 年 1 月 28 日《西安晚报》发表的快板书《一笔冤枉债——灞桥区毛西公社陈家坡贫农陈广运家史片断》，通过写贫苦农民陈广运欠还地主“一笔冤枉债”的家史，写地主对农民残酷的阶级剥削，而“春雷一声得解放，来了恩人共产党，打垮地主分田产，广运从此把身翻”；然后是新社会的生活，“互助组，农业社，广运事事带头干”；最后表态：“咱要跟着共产党，朝着共产主义跑，楞格跑！”这是几近标准的当年文艺中流行的描写阶级斗争和歌颂新社会的模式，陈忠实虽是练习写作，但对套路的掌握却毫不走样。

1965 年 3 月 6 日的《西安晚报》还发表了陈忠实的一首诗《巧手把春造》：

春雪飞，
春风飘。

不见“迎春”崖畔开，
不见小燕剪柳梢，
却见荒山秃岭上，
红旗挥舞人如潮。
利斧斩荆棘，
铁镢把顽石刨，
翻开千年土，
踏得山动摇。
劈石垒堰治穷山，
梯田层层盘山腰，
处处愚公来移山，
多少双巧手把春造。

这首诗以及陈忠实自认为是自己处女作的散文《夜过流沙沟》（刊 1965 年 3 月 8 日《西安晚报》），散文《杏树下》（刊 1965 年 4 月 17 日《西安晚报》）、《樱桃红了》（刊 1965 年 12 月 5 日《西安晚报》）、《迎春曲》（刊 1966 年 4 月 17 日《西安晚报》）和革命故事《春夜》（刊 1966 年 3 月 25 日《西安晚报》）等，也都是这样的歌颂新时代和新生活，歌颂新人新事或好人好事，或通过写贫苦农民的命运写阶级斗争的历史。

陈忠实从初中二年级开始爱上文学，到回到乡村当了民请教师写的一些习作，属于习作时期的模仿性写作，尚缺乏文学的自觉。这些给他带来发表的喜悦和人生希望的习作，是他感应着时代的生活气息和文学观念，与时代合唱的带有习作痕迹的作品。走出这个阶段，反思自我，寻找自我，对一个年轻的业余作者来说，还有一段很长的路要走。所以说，这一个时期，对陈忠实来说，虽然有了习作发表带来的喜悦，这给他几近绝望的生活带来了些许的精神安慰，但从一个作家必须要走的创作道路来看，则是一个业余作者在那个年代，必然要面对的选择，必须在黑暗中经历一番摸索。寻到路，就走了出去；找不到路，就会一直在黑暗中徘徊。

当然，走过这个黑暗，曙光就在前面。

五、此生绝不能在女人问题上跌倒

1964 年，陈忠实 22 岁。这一年，是他当民请教师的第三年，他已经调到新成立的公社农业中学当教师，但学生借用东李六年制高级小学的一个教室上课，他们就暂归该校代管。

有一天教师们按往常的时间，聚在一起准备开会。开会的时间过了，校长还没有来。大家感到奇怪，在各种猜测中略有一些不安。又过了一会儿，大家看到，校长和几名公安人员走出校长办公室，还有民请教师西片区教研组组长。与会的教师都紧张地注视着他们一行人。陈忠实清楚地看到，刚一出校门，公安人员就把手铐铐在了西片区教研组组长的手腕上，押上警车走了。

与会的教师悄悄议论，说这个教师所犯的事，是他跟另外一个小学女教师有男女关系问题，而这个女教师的丈夫是一名现役军人。明知是现役军人的配偶而与之有不正当的行为，这叫破坏军婚罪。军婚受国家法律的重点保护，破坏现役军人的家庭婚姻关系，会受到刑法的严厉制裁。民间把这种情况称为高压线，触碰这个高压线自然后果严重。接下来的会还照常开，但教师们的心里都涂上了一重浓重的阴影。

第二天下午，校长把陈忠实叫来，对他说：“走，咱俩给那个货去取铺盖。”

陈忠实跟着校长，走上了学校背后的白鹿原北坡，到了一个长满樱桃的村子。到了犯事教师曾任教的初级小学，陈忠实看到，这个教师已经把他的办公室收拾得干干净净，铺盖卷早已打好了，整整齐齐地摆放在炕上。显然，这个教师对他的结局早有所料，而且提前做了准备。

陈忠实把这个教师的铺盖卷背在肩上，随同校长往原下走。两人都不说话。秋天的夕阳还很灿烂。原上的风顺沟吹来，带来一股秋庄稼的气味。陈忠实无心欣赏这些，只是觉得自己的腿有些发软，心咚咚地跳，很紧张，想得也很多。

完了。一个年轻的生命就此完了。一个有才华的人就此完了。一个人被法办，然后坐牢，还会有什么前途呢?

就因为一时冲动。感情冲昏了头脑。

因为女人。被女色打败了。栽倒在了女人脚下。

后果竟然是如此的严重。一生都完了。

陈忠实想到自己。自己还年轻，刚走上社会，刚当了几年民请教师。自己前边的路还很漫长，很艰难。他告诫自己：这一生无论干得成干不成什么事，事情干多大干多小也不论，反正，绝对不能在女人问题上栽跤。其他的错误，比如政治上犯不犯错误，这个有时不能完全由自己，但在女人问题上，可以完全由自己掌控。切记切记!

现实生活给他上了最生动的一课。

这一课留给陈忠实的教训，应该是铭心刻骨的。他在后来的日子里，时刻提醒自己，要和女性保持必要的距离，避免让人误解。如果必须和女性在办公室或房间里谈事，他都要大开着房门。当民请教师时如此，当公社干部时如此，以至到后来他成为省作协的专业作家，也是如此。他当选为中国共产党第十三次代表大会代表的时候，有一天住在省委的一个招待所里开会，一个平时也熟悉而此时作为会议工作人员的女性作家，晚上好心去他的房间看他，他也把房门大开着。事后，这位女作家当着陈忠实的面，向其他作家朋友揭露陈忠实的这个行为，说他如此做法是对女性的不尊重，令人尴尬。陈忠实这才意识到，他与女性谈话说事，大开房门这个做法会使女性感到尴尬。

2011 年 12 月 6 日晚上，陈忠实与几位文友吃饭聊天。闲谈间聊到陈忠实早期的小说创作，笔者说，陈忠实当年被誉为擅长写农村老汉，他的短篇小说《徐家园三老汉》就是这方面的一个代表作。陈忠实说，他当时接触的农村基层干部，多是新中国成立后“土改”和合作化运动中成长起来的一批干部，文化不高，年龄也都大了，他接触得多，熟悉他们，有生活体验，所以写起来顺手，写女性就差了。笔者说，你不擅长写女性，是你这方面的生活不够多，体验不够深。陈忠实笑着以为笔者所言不差，说他当年在女性这个问题上，思想禁锢比较多，而最初的起因，就是来自于上述的生活经历。他说他早期的小说，所写女性形象，一是比较少，二是比较单薄，基本没有引起读者和评论家的注意，后来他有意识地塑造女性人物，这就是中篇小说《四妹子》，才引起一点反响。

纵观陈忠实的小说人物塑造，总体上看，写男性多，写女性少。即使是他的代表作《白鹿原》这样一部描写一方地域 50 年历史风云和生活变迁的巨著，也是群“雄”竞出，而只有寥寥数个女性。此种叶繁花稀的创作性别偏差，显然与创作主体的生活经验特别是深层的生命体验与文化心理有关。

六、从农中教师到“保皇派”

1964 年，灞桥区毛西公社成立了一个农业中学。农业中学与一般中学的区别是，它招收的对象是没有考上初中的学生。这些学生因为年龄还小，不能参加劳动，也无法升学，就在农业中学学习。农业中学同一般中学的课程一样，只是多了一门农业课程，用以培养合格的有新文化的农民。陈忠实因为在蒋村初级小学教得好，多次被评为先进，这一年的 9 月就被调到了农业中学当教师，并担任该校的团支部书记。虽然由小学教师升为中学教师，但他的身份依然是“民请”。

1966 年 2 月 12 日，陈忠实加入中国共产党，成为中共预备党员。

那个时候，毛西公社机关已有七八年都没有发展党员，到了这一年，就发展了他一个。陈忠实当时认为他还不够党员标准，不敢写入党申请。公社领导让妇联主任找他谈话，启发他写入党申请，他仍不敢写，妇联主任又和他第二次谈话，说他应该对党表一个态度。陈忠实就写了入党申请书。

陈忠实对中国共产党的认识是神圣而纯洁的。1987 年 10 月 25 日，陈忠实以中国共产党党员代表身份参加在北京举行的中国共产党第十三次全国代表大会，当他坐在开阔的人民大会堂里，瞅着大会主席台上十面红旗簇拥着的金色的由铁锤镰刀构成的党徽，心中既安详而又思潮澎湃，他回想起两件与入党有关的往事。一次是他听战斗英雄讲人生的目标和对共产党员的认识，显然他也受到了深刻影响。他回忆说，1960 年初，他忍受着瓜菜代粮的饥饿，坐在学校操场浓密的柳荫下，听一位参加过解放战争的人民英雄慷慨激昂的演讲。这位英雄讲："我一生无他求，高官嘛，没意思；金钱嘛，太乏味！我唯一的人生目标，就是做一个真正的共产党员。"陈忠实说，"这段话，一字一句浮雕般地铭刻我心头"。另一件事是回忆被批准入党时的情景。1966 年 2 月，农历丙午年春节刚过，时令还是冬天，那是一个早晨，在毛西公社一个简陋狭小的房间里，不满 24 岁的他羞怯不安地坐在一个角落里，听那些比他年长的共产党员们对他的评价，听介绍人向支部汇报对他的考察结果，他的心情激动难捺。最后，他被接收了。他走出那个狭小的房间，看见了冬天里灿烂的太阳，几乎流下泪来。此时，他再一次想到了在学校听那个战斗英雄演讲的情景，想起了那段话。战斗英雄的话，也许正是此时此刻陈忠实的心声。

从 60 年代初在全国兴起的学习毛主席著作运动，此时也掀起了新高潮，学习积极、表现良好的人会被不同层级、不同单位评为学习毛主席著作积极分子，这是一种很高的荣誉。1966 年上半年，陈忠实就被评为毛西公社学习毛主席著作积极分子。

1966 年 6 月，轰轰烈烈的无产阶级"文化大革命"开始。

在这样的背景下，红卫兵运动也轰轰烈烈开展起来。

此时的情景，真个是"四海翻腾云水怒，五洲震荡风雷激"，"全国山河一片红"。

在这样的背景中，毛西公社农业中学也成立了红卫兵组织。陈忠实由于是学校的团支部书记，中共预备党员，贫农出身，底子好，也年轻，才 24 岁，被红卫兵组织看中，也当了红卫兵，推选为红卫兵的政委。笔者"文革"开始时八岁，身在较为偏僻的乡村，对"文革"了解不多，曾问陈忠实，红卫兵不全是学生，老师也当红卫兵？陈忠实说，红卫兵不分年龄，毛泽东当时胳膊上也戴着红卫兵袖章。陈忠实的这个红卫兵政委前后共当了三个月。当时毛西公社农业中学红卫兵活动较少，主要是搞“破四旧”“立四新”。

大串联开始后，毛西公社农业中学根据西安郊区教育局的通知精神，推选师生赴京代表，陈忠实被推选为赴京代表之一，并负责带领去北京的学生。他们于11月到达北京，在北京住了20多天，一是接受毛主席第七次检阅，二是参观了一些学校单位的大字报。11月11日下午，毛泽东第七次接见来自全国各地的红卫兵，陈忠实见到了毛泽东，激动万分。

陈忠实在毛泽东逝世后应《陕西文艺》之约写的纪念文章《努力学习努力作战》（《陕西文艺》1976年第6期“毛主席啊，延安儿女永远怀念您”专辑）中，对这次被接见有过较为详细的回忆。抄录如下：

最难忘，一九六六年十一月，在伟大的无产阶级文化大革命的进军声中，我作为一个红卫兵，在天安门前，华灯之下，受到了伟大领袖毛主席的检阅，十年前动人的情景，此时那么亲切地浮在脑海，如在眼前。

那是多么令人心花怒放的幸福时刻！十一月七日（邢注：应为11日），北京已是秋末冬初，长安街上的白杨已开始落叶，我们心里却正是一番明媚的春天，瓦蓝的天空，白云朵朵，轻轻飘浮，温暖的阳光照耀着雄伟的天安门、挺拔的人民英雄纪念碑；广场上，东西长安街上，缀着祖国各地方名称的红卫兵旗帜，穿着各种服装的各民族红卫兵，唱啊，跳啊，在等待着那幸福的时刻！我作为一个农业中学的青年教师，夹在这些小将中间，顿然觉得自己更年轻了。是啊，在祖国的首都，在毛主席身边，我不正是一个年轻的小兵吗？我的心里不断的响着“金色的太阳升起在东方”的旋律，渴盼着那幸福的时刻！

四时，广播里响起雄浑的《东方红》乐曲，整个广场变成一个欢腾的海洋，毛主席乘着敞篷汽车，一身绿色军装，从西长安街徐徐开来。我看见毛主席了！我看见日夜想念的毛主席了！毛主席高大魁梧的身躯，一手扶着车栏，频频向两边欢呼的小将挥手，微风吹着主席的头发。我踮着脚尖，不住口的呼着“毛主席万岁”的口号。正当毛主席经过我们队列前面的时候，主席侧过头来，挥着巨手，向我们挥动着。我看见毛主席满面红光，向我们微笑着，不禁热泪盈眶，幸福的泪水挡住了视线。我一直目送着毛主席向东长安街的红色波涛中驶去……

我坐在地上，打开语录本，在毛主席像下，记下了这一永生难忘的时刻："敬爱的伟大领袖毛主席，一九六六年十一月七日（邢注：应为11日）下午四时十七分，我在天安门广场东侧的华表下，看见了您慈祥的面容。"……

这个时期，是一个天下大乱的时期。人与人的关系也乱了。11月末，回到学校，社会上已经兴起造反高潮，原先的红卫兵多被认为是"保皇组织"，陈忠实所加入的红卫兵，也被打成了"保皇派"，很快就散伙了。陈忠实成为批斗对象。中共灞桥区党委在1982年5月7日关于陈忠实的考察报告中对这一段历史有这样一个考察结论："陈忠实带领学生从北京返校不久，学校红卫兵分裂出对立的'红色战线'组织，这个组织刚成立，就以陈忠实是公社党委的'保皇派''执行了资产阶级反动路线'等罪名，对陈忠实进行了多次批判。从此，陈忠实成了批斗对象，除了参加劳动、留校看门以及接受群众组织批判外，无其他活动。此后也再未参加过任何派性组织。"

除了批斗，造反派学生还给陈忠实宿办合一房间的门框上贴了一副白纸对联，上书毛泽东的诗句："借问瘟君欲何往，纸船明烛照天烧。"横批是："送瘟神"。门框右上角还吊了一只白纸糊成的灯笼。这种农村办丧事用的东西，在他的门前一挂就是三个多月，不得撕扯，不得取下，24岁的陈忠实天天面对这些晦气的东西，觉得自己政治上已经死了，文学前途也完蛋了。

陈忠实极度灰心。入党很难，好不容易入了党，原来想着前途一片光明，没有料到，却被打成了"保皇派"。那个时代是以"路线"（毛主席的无产阶级革命路线和刘少奇的资产阶级反动路线）选人用人，一个人一旦被划入"保皇派"，就是划入刘少奇的"资反"路线了，就被打入了另册，成了革命的对象，一辈子都完了。年轻的陈忠实，当时心劲很高，正欲乘风破浪，扬帆远航，却没有料到，斜地里来了一股风，就把他吹倒了，并且晾在了岸边。

1967年春天的一个日子，天气还很寒冷，陈忠实从乡下进西安城，为学校养的几头猪买面粉厂的麸皮饲料，看到他崇仰的作家柳青戴着纸糊的高帽子，被押在卡车上游街。陈忠实心中十分震撼：柳青这样的作家都被打倒了，自己这个爱好文学刚刚起步的人还能弄啥，还想弄啥？

其实，早在“文革”初期，陈忠实就已经感受到了这一场“无产阶级文化大革命”的横扫一切之势、雷霆万钧之力，有一天回家，他把自己几年来记了几厚本的日记和为创作做准备的生活纪事，拿到后院的茅房里烧毁了，烧得连个纸渣都不敢剩。此后多年，陈忠实再也没有读过文学书。

陈忠实陷入了严重的精神危机。他十分悲观，看不出有什么希望，甚至连生活的意义也觉得黯然无光了。他一生中最悲观的时期，就发生在这一段。前途无望，文学这个唯一的爱好也弄不成了。他可以默默地忍受生活的艰难和心灵上的屈辱，然而不能没有文学爱好和追求。一旦不得不放弃文学创作的追求，他的精神支柱垮塌了。他变得脆弱了，麻木了，冷漠了，甚至凑合为生了。这是精神的危机，也是生命的危机。别人诅咒自己，他也曾涌起过死的念头。他的精神正在走向崩溃的边缘。

就在他陷入精神危机的时候，他的在外省生活的姐姐和表妹先后来看他，一个没有文化，一个正上大学，但两人的看法惊人的一致：“想开点！刘少奇、刘澜涛都被斗了游了，咱个平头百姓算啥？”这个话犹如当头棒喝，使他多少有些清醒。

这种沮丧的情绪，一直延续到1968年，陈忠实才慢慢地缓过劲来。

七、“半个艺术品”修复了文学神经

“文革”开始以后的几年里，在举世一片的批判风潮中，陈忠实的文学梦被彻底摧毁了。后来的几年，他与文学世界也隔绝了。他忍受着心灵上的折磨，不知道生活应该走向何处。

“文化大革命”期间，要破旧立新，全国各地曾经兴起一股地名更改风潮，将原来的老名字更改为具有“革命”或“红色”意味的新名。1966 年 10 月，中共西安郊区委员会决定将洪庆、新合、狄寨、十里铺、毛西、水流、席王等七个人民公社，分别更名为红星、永红、红原、向阳、立新、火炬、曙光。陈忠实所在的原毛西公社，这次就更名为立新公社。到了 1972 年 5 月，改名的七个公社又恢复原名。报纸的名字也不断更改：《西安日报》创刊于 1953 年 7 月；1962 年 2 月，根据中共中央宣传部关于大城市提倡办晚报的精神，易名为《西安晚报》；1966 年 5 月，《西安晚报》在“文革”风浪中停刊；1969 年 6 月又以《西安日报》之名重新出刊；1981 年 1 月，《西安日报》再次改为《西安晚报》；1994 年 1 月，又增出《西安日报》，《西安晚报》与《西安日报》并存。弄清了这些名堂，我们才能明白，何以跟陈忠实有关的生活基地，忽而叫毛西，忽而又叫立新，他发表作品的报纸，忽而叫晚报，忽而又叫日报。

1968 年，立新公社农业中学撤销，陈忠实到立新公社东李八年制学校（戴帽中学，原东风小学）任初中教师。12 月，立新公社借调陈忠实到公社协助搞专案、整党等项工作，他主要是负责文字工作。这里的专案工作，主要任务是给农村“清理阶级队伍”揪出来的人落实政策。参加建党工作，组织后来对他的评价是，“陈忠实在工作比较难的龙湾队工作，对犯错误的党员干部和一些对干部有错误认识的群众，坚持政策，做细致的思想工作，任务完成得比较好”。

这一借调，就持续了几年。一直到 1971 年 6 月，因为他的工资问题在公社不好解决，立新公社把他安排任公社卫生院革命领导小组组长。实际上就是院长，但当时不叫院长，叫革命领导小组组长。陈忠实在这里还学会了打肌肉针。负责公社卫生院，新官上任，他就组织十多名医务人员先后三个月进山采药一百多种，近万斤。组织的评价是，为“三土四自”方针开了新路，进一步巩固了合作医疗制度，职工和群众的反映都比较好。

也就是这一年的夏天，立新公社来了《西安日报》的一位记者，采访合作医疗的发展情况，陈忠实受命陪同采访。记者知道了为自己引路的人名字叫陈忠实，很惊奇，记者说，他们报社一位姓张的编辑，听说他要到西安郊区来采访，特意让他留心并打听一下一个叫陈忠实的人的情况，想不到事有凑巧，居然一来就遇上了。经过这位记者的沟通联络，陈忠实和《西安日报》文艺部的编辑张月赓认识了。张月赓原在西安市和平门外的煤矿设计研究院工作，是一名地质勘探工作者，也是一位文学爱好者，业余创作与发表作品的时间，与陈忠实基本同时。“文革”前他在《西安晚报》也发表过一些作品，对同在《西安晚报》发表作品的陈忠实有所关注。1969 年 5 月，《西安日报》筹备复刊时，张月赓调干至报社，安排在文艺部编辑文艺副刊。副刊需要和作家联系，他便打听陈忠实，想约稿。陈忠实与张月赓见了面，说：“我已经六年不写文学作品了，对文学已经陌生了。现在，倒是熟悉了给上边写某项工作的总结材料，熟悉了给公社领导代写各种报告。”张月赓说：“你陈忠实总是有文学基础的嘛，重新试笔还是可以有所作为的。”盛情难却，同时，陈忠实心底那一缕对文学的情丝也还未断，便想重新写作，但搁得久了，思想也被几年来形成的公文思维占满，一时难以形成艺术的思维。就这么一拖再拖，过了半年，陈忠实也没有拿出任何作品。张月赓那边却不断催问，不断鼓励。

在这期间，陈忠实和卫生院的赤脚医生到灞水之源的秦岭山中采药，听到一位军医在山区为群众治病的许多感人事迹，感动之余，忽生灵感，艺术思维也张开了，于是写了一篇散文，叫《闪亮的红星》。他当面把这篇新作交给张月赓时，心中仍然没有底，诚惶诚恐。他对张月赓说：“六年了，手生了，思维也僵硬了，写东西时有时枯涩得连一句生动的词儿也蹦不出来，你看不行就算了。”没想到张月赓看过以后，却很是满意。很快，这篇散文就在 1971 年 11 月 3 日的《西安日报》副刊上发表了。

发表以后，在当时还引起了一些不小的反响。《西安日报》的文艺副刊自 1969 年复刊以来，是张月赓一人主持。张月赓说，当时文艺副刊上发表的诗歌散文等，基本都是标语口号式的，《闪亮的红星》刊出后，报社接到了很多读者的赞扬信，大家觉得很新鲜，认为有文学性。当时西北大学的蒙万夫等老师称《闪亮的红星》虽然也有缺点，但可以算作“半个艺术品”。1971 年 11

月 29 日，《西安日报》正式开辟了《延风》文艺副刊栏目。《西安晚报》“文革”前的文艺副刊名为《红雨》，“文革”中的《西安日报》文艺副刊更名为《延风》。那时报纸的文艺副刊很少，以《西安日报》为例，该报当时是四开四版的小报，1971 年 11 月的文艺副刊只有两期，一期一版，第一期就是发表陈忠实散文《闪亮的红星》的这一期，第二期是《延风》栏目登台亮相的那一期。而到了下一个月，即 12 月，整整一个月，一期副刊版也没有，一篇文艺作品也没有。所以，对于《闪亮的红星》引起的较大反响，陈忠实自己倒很清醒。他明白，在“文革”开始后的六年里，文学和艺术类杂志全都停刊，报纸上的文艺副刊也取消了，书店里除了浩然的小说再见不到任何文艺书籍了，与文艺几乎绝缘了六年的民众，在报纸上突然看到一篇散文，肯定会有一些新鲜感，这是对于文学形式的久别重逢的新鲜感，而不会是因为看到了什么佳作。

张月赓主持的《延风》越办影响越大，到后来，时在《人民日报》文艺部工作的傅作义的长女傅冬菊，还带了一位李姓编辑到《西安日报》，说《西安日报》办了副刊，办得很出色，《人民日报》也要办副刊。

陈忠实“文革”前最后一篇文学作品是散文《迎春曲》，发表于 1966 年 4 月 17 日的《西安晚报》。

《闪亮的红星》是陈忠实中断文学写作六年之后的第一篇文学作品。在陈忠实看来，这是恢复写作生命的一篇散文。这篇散文写得很是艰难，先是没有感觉——找不到文学的感觉。但是心里记着一件事，要写一篇散文，因此，思维也在慢慢地转变着，眼光也在渐渐地调整着，公文时论思维要转换成艺术的形象思维，眼光也要从政治与政策转向生活和人，以及人的情感。《闪亮的红星》作成，成败并不足论，重要的是，陈忠实把截断了六年的那根文学神经接通了，干涸了六年的那根文学神经也润泽了，变得有些僵硬的思维，也柔软了，灵活了，似乎跳跃着文学的浪花，重新流动起来了。

此后不久，陈忠实又写了一篇散文《寄生》，寄给张月赓。张月赓已经编好并排版，但在主编那里未能通过。主编认为这篇散文观念上有些问题。后转投陕西省工农兵艺术馆编的《工农兵文艺》，《工农兵文艺》将原题改为《老班长》，发表在该刊1972年第7期的小说栏目头版。笔者见网上有些资料还记陈忠实有散文《寄生》，发表于1972年的《西安日报》，不确。陈忠实在后来的各种文集、选集中未收此文。2011年9月15日，笔者查原始资料发现此文，询以陈忠实，陈忠实也只记得有散文《寄生》而不知有小说《老班长》了；陈忠实还对将原题《寄生》改成了《老班长》很惊奇，他想了想，认为可能是当时的编辑部认为《寄生》这个题目有些敏感，不那么“正面”，就把题目给改了。《老班长》所写的题材也是陈忠实那次和赤脚医生进山采药时发现的。陈忠实在秦岭山中发现了一种老树上的寄生物，这种寄生物没有树叶，长得很像小孩的手指头，靠寄食老树的营养维持生命。陈忠实在文中以“寄生”喻地主，所表达的主题，是借对寄生物的批判，批判“一切剥削阶级”。张月赓说这篇散文的寓意是批判林彪。笔者恰好看到两则据称是林彪的“笔记”，林彪所说的话，似乎正是这个“寄生”之意的注脚。“九一三”事件之后，搜缴了一个林彪、叶群的“笔记”。在叶群记录的林彪谈话中，有这样两则，一则：“黑格尔说：何谓伟大人物？伟大人物就是公众利益的代表者。一零一说：何谓当代伟大人物？一号利益的代表者（应声虫）。”林彪称毛泽东为“一号”，称自己为“一零一”。二则：“要把大拥、大顺作为总诀，要仿恩（格斯）之于马（克思），斯（大林）之于列（宁），蒋（介石）之于孙（中山），跟着转，乃大窍门所在。要亦步亦趋，得一人而得天下。”（张素华：《变局：七千人大会始末》，中国青年出版社2006年版）所谓“一号利益的代表者（应声虫）”，“把大拥、大顺作为总诀”，“亦步亦趋”，从而“得一人而得天下”，实乃寄食而生之意也。因此，张月赓说陈忠实当年写这篇散文是批判林彪，差得不远。

这之后，陈忠实又陆续写出并发表了革命故事《配合问题》，刊于1972年8月27日的《西安日报》；散文《雨中》，刊于1972年10月22日的《西安日报》。闸门一开，涌泉之水汩汩不息。

这些散文或革命故事发表之后，没有稿费。报社给他的报酬，有时是寄一些购书票。陈忠实当时收到的最高价码的购书票，是一元五角。然而拿着购书票去买书，却无可选择。他到西安城中最大的也是指定的钟楼新华书店去购书，却发现没有他想要的书。看来看去，看巴掌大的《新华字典》还算实用，就买回去供孩子念书。这样一来二去，买回了不少字典、词典，多到自家用不完，只好送给亲戚朋友的孩子。点灯熬油，自赔纸张，劳心伤神，稍有不慎还会惹来灾祸，写这些东西到底所为何来？陈忠实以为，全是因了个人的兴趣。再后来，这个问题一再浮出，始渐悟出，原来是有一根对文字敏感的神经在作祟。

有人的神经敏感于官，有人的神经敏感于钱，有人的神经敏感于声音与节奏，有人的神经敏感于线条与色彩；而他的神经，是敏感于文字。而且，写字作文，虽苦却乐。苦中自有其乐，甚至大乐。兴趣在也。

在重新对文学产生兴趣之后不久，陈忠实的个人命运也发生了根本性的转折。1972 年，他从农民身份变成了吃公家饭的人，命运有了一个巨大的改变。

这一年，上面要培养一批毛主席革命路线的接班人，条件是，年龄限于 30 岁以下，中共党员。人选定后，将被任命为公社党委副书记或副主任。西安市郊区共有 26 个公社，这一次试点培养 10 个，毛西公社即在其中。陈忠实是毛西公社的推荐人选。陈忠实当时最大的人生考虑是，这一次如果被任命为公社干部，他的身份就变成公家的即体制内的了。此前他还一直是民请教师身份。民请教师，属于大集体性质，是民办公助。如果当了公社的副主任，就变成了公家的干部身份。因此，这个公社副主任对他的人生非常重要。

负责这次干部选拔的，是中共西安市郊区组织部，组织部部长把陈忠实叫到组织部谈话。谈话中，部长问了陈忠实一个问题，当时西安市有五个造反派组织，他问陈忠实认为哪一派好。陈忠实回答说，他认为西安交通大学工总司这一派好。陈忠实觉得，相对而言，其他四个造反派组织都很激进，而工总司这一派相对温和一些。不料，部长听了他的话，却很不以为然。部长说，交大工总司这一派是“保皇派”，而另外四派是“造反派”，组织上要用的是有造反精神的人。

陈忠实心里想，完了完了，这一下完了。组织上谈完话后，陈忠实回去把这个谈话结果汇报给毛西公社的书记。书记听了，沉吟了一会儿，说，他去给组织上再做一做工作。

书记的热情陈忠实很感激，但陈忠实心里总觉得这事完了，自己的观点与组织上的用人要求不合，岂能被用？令他没有想到的是，他后来还是被选上了。在西安市郊区这一批任用的十个年轻公社干部中，从政治态度和观点上分，九个都是“造反派”，就他一个“保皇派”。

1973 年，陈忠实被任命为毛西公社革命委员会副主任。这是他人生命运的一次重大转折，他由 11 年民请教师的身份转为国家正式干部。

很多年后，陈忠实还说，他很感激这位组织部部长。

话说“文革”结束以后，上边查这个组织部部长如何执行“四人帮”路线的问题，办学习班，分期分批让干部揭发，通知陈忠实也参加了一期。陈忠实始终没有说这个组织部部长的问题，他说他与这个组织部部长只见过一面，工作上和私下都没有联系，事实上也不了解。组织部部长当年和他谈话中说的关于“造反派”中哪一派更革命这个话他也没有说。陈忠实认为，当时的政治就是这么要求一个组织部部长的。

当年提拔陈忠实当革委会副主任的西安郊区组织部部长叫杨立雄。杨立雄后来从组织部门调到了另外一个局任局长。退休后，有一年春节，杨立雄偕夫人到陈忠实家看陈忠实。杨立雄对陈忠实说：当年调查我，找你谈话，你没有说过我一句不是，这事我知道。陈忠实笑，杨立雄也笑。第二年春节，陈忠实也偕夫人去看杨立雄。

第三章　业余作者：戴着镣铐跳舞

一、亮相《陕西文艺》

陈忠实之走上文坛，成为文学人物而引起全国性的关注，应该从他1973年亮相于《陕西文艺》开始。此前，他主要是在《西安晚报》或《西安日报》的文艺副刊上发表一些诗和散文，按当时的一般看法，这样的作者，只属于地方性作者，准确说，属于西安地区的作者。而在《陕西文艺》发表作品就不一样了。《陕西文艺》是当时陕西省唯一的以文学为主的文艺性刊物，代表着当时陕西的文学形象，而且，《陕西文艺》又与此前的陕西的文学杂志《延河》有着前后相承的关系，《延河》在20世纪五六十年代是中国的文学名刊，另外，70年代文学期刊也少，因此，能在这样的刊物上亮相，作品同时也有引人注目之处，就很容易被人记住或者说是“成名”。北京大学教授钱理群在《我的精神自传》中回忆说，“文革”后期他在贵州，常和一些志趣相投的年轻朋友谈论文学，交流思想，他们觉得当时特别引起他们注意的有三个作家，一个是陈忠实，另外两个是蒋子龙和克非。

在这里，我们梳理一下陕西省作家协会的历史和《延河》与《陕西文艺》的关系，以明其在变化多端的当代政治风云中的流变和名称变化。“文化大革命”开始，1966年夏，成立于1954年11月的中国作协西安分会即处于瘫痪

2010 年。天津。与蒋子龙（邢小利摄）

状态，作家搁笔，刊物停刊，由“文革”小组领导。1967 年 1 月，“作协西安分会红色造反队”夺权，后成立“斗批改委员会”，直至 1968 年 10 月，工人宣传队进驻。1969 年 12 月 27 日，陕西省革命委员会宣布：撤销原文化局、中国作协西安分会、中国剧协陕西分会、省剧目工作室、省音协、省美协等六家单位，领导和干部全部下放农村、工厂和“五七”干校劳动改造。1970 年 6 月 1 日，陕西省革委会文化局及文化局领导小组正式成立，局机关设办事组、政工组、文艺组、出版组。1972 年 11 月 6 日，陕西省文艺创作研究室成立，属省文化局领导的县级事业单位。《延河》于 1956 年 4 月创刊，为月刊，当时是由中国作家协会西安分会主办的文学期刊。1966 年 7 月，“文革”兴起，《延河》停刊。《陕西文艺》于 1973 年 7 月创刊，为双月刊，当时是由陕西省文艺创作研究室主办的以发表文学作品为主的综合性文艺期刊。1977 年 1 月，《陕西文艺》改出月刊，同年 7 月，恢复原名《延河》，为月刊。如此看来，刊物名字也有变，但实质未变，这就是《延河》或《陕西文艺》这份刊物是陕西省最高级别的文学刊物。

陕西文艺社当年位于西安市东木头市 172 号。这也是当时的“陕西省文艺创作研究室”的办公地。这是一座貌不起眼的小院，当年西安城里像这样的老院子很多。大门是老式的高门槛木门，坐南朝北，院内有几进土木结构的房屋。这个院落，历经时代的变迁，在原格局的基础上或拆或盖，已不那么整齐了，有门窗敞亮的高大正房，也有低矮简易的青灰平房，这里凸出来，那里凹进去，与普通居民的大杂院差不多。院里有个东跨院，青砖铺地，老树葱郁，一排坐南朝北的老式平房古色古香，《陕西文艺》就在这个小跨院里办公。《陕西文艺》编辑部人员大多数是原《延河》的班底：主编王丕祥，副主编贺鸿钧、王绳武，编辑部主任董得理，副主任杨韦昕，小说散文组组长路萌，副组长高彬，诗歌组组长杨进宝，评论组组长陈贤仲。

1972 年冬天，西安市的工人业余作者徐剑铭把陈忠实的一篇散文推荐给正在筹办《陕西文艺》的路萌和董得理。次年 7 月，在《陕西文艺》1973 年第 1 期亦即创刊号上发表，陈忠实由此跨进了陕西最高级别文学杂志的门槛，从而也进入了全省和全国的文学视野。

1971 年"九一三"事件之后，到了 1972 年，时局有所松动和变化，党的文艺政策有所调整，文艺界开始恢复文艺机构和文艺创作。上海当时是中国文化和思想爆发新火花的重镇，文艺上也领先一步。1973 年 5 月，上海文艺丛刊第一辑《朝霞》由上海人民出版社出版。1974 年 4 月，《朝霞》丛刊第一辑《青春颂》出版。《朝霞》杂志 1974 年 1 月 20 日出刊。这个时期的文学写作也有所恢复，但是作者基本上都是新人，称为"工农兵作者"。老作家不写或不能写了。以陕西为例，郑伯奇这样的在 20 世纪二三十年代影响较大的作家新中国成立后就基本上不写作了，柳青、王汶石这样的在 20 世纪五六十年代红极一时、影响很大的作家也不写了，杜鹏程还没有被平反。但是文学要恢复，要有新人和新作品，与时代文化氛围相适应，"工农兵业余作者"就应运而生。"工农兵业余作者"中有的人从此步上文学之路，甚至成为后来中国文学的中坚。这是中国文学史上一个重要的现象。前无古人，也许后无来者。

1972 年，陈忠实所在的西安郊区，由文化馆召集本区内的业余文学作者开会，大家热情很高，创办了一份自编自印的内部文学刊物《郊区文艺》。创刊号在 1972 年出版，陈忠实的一篇散文《水库情深》刊登其上。这一年下半年的一天，陈忠实收到徐剑铭的一封信。徐剑铭在信中说，他刚刚参加过一个重要会议，中国作家协会西安分会原来被下放到农村的作家和编辑又回来了，被砸烂的作家协会要恢复工作了，只是不能再用“文革”前的旧称，改成了“陕西省文艺创作研究室”；同时，《延河》也即将复刊，但是为了与当年的“文艺黑线”决裂，也不能用旧名，改名为《陕西文艺》。他参加的这个重要会议，就是省文艺创作研究室和《陕西文艺》共同召开的，与会者都是西安地区的一些工农兵业余作者。会议让与会者向新的编辑部推荐各自认识的业余作者。徐剑铭说，新刊物需要作品，那些声名赫赫的老作家有的虽然从流放地回来，但思想改造的过程还很长，有的未被“解放”，有的虽被“解放”了，但仍心存余悸，无法进入创作，能否重新发表作品一时还很难说，这样，工农兵业余作者就备受重视，刊物主要靠他们写稿，业余的“工农兵”作者一下子成了香饽饽，极受器重。《陕西文艺》希望大家给刊物写稿，并推荐工人农民解放军（工农兵）新作者。徐剑铭在“文革”前已是西安地区卓有影响的工人诗人。徐剑铭向董得理、路萌等编辑推荐了陈忠实，董、路两人此时均表示对陈忠实还毫不知晓。徐剑铭同时推荐了陈忠实刊登在《郊区文艺》上的散文《水库情深》，徐剑铭把这篇散文剪贴好送到了编辑部。陈忠实对此极为感动，感动这种文友间真诚而无私的帮助。

时隔不久，陈忠实接到《陕西文艺》编辑部的一封信，里边装着他的散文《水库情深》，这是发在《郊区文艺》上的剪贴样稿，在样稿的边角上，编辑用红笔做了很多修改和勾画，样稿呈现出一片红色。陈忠实当时刚刚从村子里下乡回到公社机关，看了附信，得知此稿将在《陕西文艺》创刊号发表，兴奋异常，下乡一天的劳累烟飞云散了，饥肠辘辘的感觉消失了，居然情绪慌乱，无法静下心坐下来阅读修改的文字。直到吃过晚饭，他才静下心来，把自己的作品再读一遍，而对编辑那些以红笔修改过的字句，更是细细琢磨，反复推敲，以求获得启示，同时他也把自己的散文再行打磨，进一步完善。

两三天后，陈忠实借到郊区开会进城之机，顺便到《陕西文艺》编辑部送去他的修改稿。他兴奋而又有些慌恐地走进东木头市文创室的院子，问到一间屋子，见了董得理和路萌。董得理和他说了几句诚恳的见面话之后离开了，路萌和他谈稿子。陈忠实这时才得知，用红笔修改他散文的人，正是当面坐着的这个名叫路萌的编辑。陈忠实感觉路萌很客气，很和悦，很谦逊，文质彬彬又热情洋溢，总之，印象好极了。初中二年级的时候，陈忠实的语文老师曾把他的一篇作文亲自抄写并投寄给《延河》，后来音信全无，此后许多年，陈忠实在他的业余文学创作操练和投稿过程中，一直对《延河》怀着一种敬畏的心理，从来没有敢给《延河》投寄一篇稿子。陈忠实事后回忆说："在我的感觉里，说文雅点，《延河》是全国大作家们展示风采的舞台；说粗俗点，那门槛太高了。"此时此刻，陈忠实最深切的感觉是：我终于进了早就仰慕着的这个高门槛了。

《水库情深》刊《陕西文艺》1973 年第 1 期即创刊号。这一期的《陕西文艺》在这一年的 7 月出版。

亮相《陕西文艺》之前，陈忠实共写诗歌和快板计三篇，散文、特写计六篇，故事计三篇，除两篇故事刊于陕西省工农兵艺术馆的内部刊物《工农兵文艺》之外，其余全部刊于《西安日报》或《西安晚报》。计有：

诗歌、快板：

《钢、粮颂》，刊 1958 年 11 月 4 日《西安日报》。

《一笔冤枉债——灞桥区毛西公社陈家坡贫农陈广运家史片断》，刊 1965 年 1 月 28 日《西安晚报》。

《巧手把春造》，刊 1965 年 3 月 6 日《西安晚报》。

散文、特写：

《夜过流沙沟》，刊 1965 年 3 月 8 日《西安晚报》。

《杏树下》，刊 1965 年 4 月 17 日《西安晚报》。

《樱桃红了》，刊 1965 年 12 月 5 日《西安晚报》。

《迎春曲》，刊 1966 年 4 月 17 日《西安晚报》。

《闪亮的红星》，刊 1971 年 11 月 3 日《西安日报》。

《雨中》，刊1972年10月22日《西安日报》。

故事：

《春夜》，刊1966年3月25日《西安晚报》。

《老班长》，刊《工农兵文艺》1972年第7期。

《配合问题》，刊1972年8月27日《西安日报》和《工农兵文艺》（1972年第9—10合刊）。

《水库情深》虽然只是一篇散文，但意义重大，毕竟，陈忠实迈入了他向往已久而且对之颇感神秘的高门槛。单是对增强文学自信心一项来说，都是极为重要的。

二、《接班以后》一炮打响

紧接《水库情深》亮相《陕西文艺》，陈忠实的第一个短篇小说《接班以后》又刊《陕西文艺》1973年的第3期，且发于小说栏目头条。这篇小说一炮打响，反响强烈。

《接班以后》写于1973年的春天。这一年的春天，陈忠实到西安郊区党校参加为期一个月的“学习班”，郊区党校位于纺织城。至此，从临时到正式，陈忠实已在公社机关工作五年，对关中乡村生活和农民世界有了进一步的了解。在公社的工作，除了参加会议，多是跑甚至住在生产队里，一来忙，二来作息不由自主，很少有相对安定和清闲的日子。在学习班这一个月，作息规律，空闲时间较多，陈忠实利用早起的时间和晚上看电影的机会，躲开大厅通铺的人，写成了他平生的第一个短篇小说《接班以后》。这篇小说近两万字，首先在字数上突破了他以往单篇文章的字数，更重要的是，他在结构故事和塑造人物方面也完成了一次自我突破。此前，他写过叙事性的革命故事《春夜》《老班长》《配合问题》，其中《老班长》是当散文写的，后来被刊登在小说栏目。故事和小说是有区别的，故事基本是叙述，而小说要展开描写，前者重在情节，后者重在塑造人物。

《接班以后》寄到《陕西文艺》编辑部不久，陈忠实便收到编辑部主任董得理用毛笔写来的长信，信中对这篇小说完全肯定，多有赞美，还说到被编辑部传阅，大家反映热烈。最后，董得理约陈忠实到编辑部交换一些细节处理的意见。陈忠实利用到城里开会的机会，走进东木头市《陕西文艺》编辑部的大门。陈忠实当时还弄不清董得理在编辑部的身份，但能够觉察到他在编辑部负有重要责任。董得理本身是作家，又是一位职业的老编辑，他和陈忠实谈稿子，显得很兴奋，这是一个职业编辑发现一篇好稿子时由衷的欣喜。谈到小说存在的问题，董得理谈得又很仔细，他对小说的细部包括一些不恰当的字词都一一谈到，和作者陈忠实交换意见，以期修改。陈忠实发现，董得理很坦率，谈到了真正的文学和当下流行的“假大空”文艺的区别，与一个作者第一次谈话，董得理就敢对“假大空”文艺表示鄙夷，这让陈忠实感到此人真诚而有胆识。

陈忠实感觉很准，董得理确实是一位既懂文学又敢于直言并拍板的编辑部负责人。《陕西文艺》编辑部曾收到两首诗歌，篇前注明系农村妇女在田间劳动时所唱。其一曰：“毛主席是太阳，江青同志是月亮。太阳照的是白天，月亮照的是晚上。”其二曰：“毛主席是父亲，江青同志是母亲。父亲母亲都一样，永远都在我的心。”编辑看了虽然觉得是扯淡，但两首诗主要是歌颂江青的，江青其时炙手可热，编辑部一审二审无人敢退，最后送到董得理手中。董得理其时负责终审，他看了后一拍桌子说：“×他妈，退！出了问题我负责!”董得理这段故事一时传为佳话。多年后笔者听同在《陕西文艺》当过编辑的李星笑谈这一往事，心里却不禁为董先生捏一把汗，心想，人家歌颂江青是“母亲”，你竟敢骂一声“×他妈”，真是胆大包天，叫人抓住如何吃罪得起?好在当时《陕西文艺》编辑部也没有人告状，大家只是暗自觉得痛快。笔者记得，1976 年毛泽东逝世后，北京开追悼会，电视直播，西安草滩农场有一女性农工，看电视时看见江青，知其为毛泽东夫人，小声嘟囔了一句，“这女人还能配毛主席”，被人告发，当夜抓起，打成了“现行反革命”，关进大牢。

此女性农工笔者亦认识，此事乃亲闻。而董先生当年居然敢以“×他妈”大骂歌颂江青之为“母亲”诗，让人不能不感佩。

《接班以后》的插图是王西京所配，王西京其时供职于《西安日报》，为美术编辑。小说发表后产生了广泛影响。许多人读了，说陈忠实的语言像柳青。《陕西文艺》的编辑把这篇小说送给柳青看，柳青阅读后，对这篇小说有多处修改。关于柳青对《接班以后》的阅读修改稿，陈忠实回忆说，他是在《西安日报》文艺编辑张月赓那里看到的。张月赓告诉陈忠实，和他同一个部门的年轻编辑张长仓是柳青的追慕者，也很得柳青的信赖。张长仓从柳青那里看到了柳青对《接班以后》的修改手迹，拿回来让张月赓看。陈忠实在张月赓家里看到了柳青对《接班以后》第一节的修改文字，多是对不大准确的字词的修改，也删去了一些赘词废话，差不多每一行文字里都有修改圈画的笔迹墨痕。陈忠实和张月赓逐字逐句斟酌掂量那些被修改的字句，深受感动，也深受教育。柳青追求文字准确、形象、生动的精神令他震惊。陈忠实认为，这应该是老师对学生的一次作文辅导，让他难忘。

新创刊的《陕西文艺》，很快团结起来一批青年作家。不过，这个时期的作家皆自称或被称为“作者”，同时在名字之前标明社会身份，如工人作者、农民作者、解放军作者等，以区别于“文艺黑线”，表明“工农兵”占据了文艺阵地。邹志安、京夫、路遥、贾平凹、李凤杰、韩起、徐岳、王晓新、王蓬、谷溪、李天芳、晓雷、闻频等，先后都在《陕西文艺》上崭露头角，进行了最初的文学操练。新时期开始，这些青年“作者”更加活跃，而各人都初具自己的文学姿态，一时成为荒寂十年之后文坛上耀眼的新星，形成中国文坛令人瞩目的陕西青年作家群现象。1981 年，中国作家协会选择陕西和湖南两省，作为新时期中国南北两个形成作家群体的省份进行经验交流。

陈忠实后来回忆总结认为，《陕西文艺》从创刊到恢复为《延河》的四五年间，即“文革”中后期，受极左政治及其文艺政策影响，他们这些青年业余作者由于文学基础薄弱，文化视野和艺术视野狭窄，各人不同程度都受到了当时的“三突出”观念的影响。所幸的是，《陕西文艺》聚集着一批懂得艺术规律的编辑，而其中有人又是作家，如董得理、王丕祥、路萌、贺抒玉等，有了这些编辑兼作家的指导，青年作者们得以在文学创作实践中不断摸索和体悟文学的本真。陈忠实创作中最初的三篇小说，都发表于《陕西文艺》：1973 年第 3 期发表《接班以后》，1974 年第 5 期发表《高家兄弟》，1975 年第 4 期发表《公社书记》，一年一篇。这些作品的主题和思想，都是按当时的要求跟着潮流走，都在阐释阶级斗争这个当时社会的“纲”，陈忠实自己都说事后简直不敢再看。但是，这些写作实践让他锻炼了直接从生活中选取素材的能力，锻炼了语言文字的表达能力，更重要的是，演练了结构和驾驭较大篇幅小说的基本功。《接班以后》等三篇小说每篇都在两万字左右，写这样较长一些的短篇，单是结构这一点，陈忠实认为，对他来说，都是一种前所未有的突破。

由此看来，《陕西文艺》是当年包括陈忠实在内的一些工农兵青年业余作者的文学演练场——戴着镣铐的演练。还好，指导演练的有一些人是行家。他们在此学习，在此演练，也从此起步。

三、三见柳青

陈忠实一直视柳青为自己文学上的老师。柳青生前，陈忠实前后只见过他三次。三次见面，由于不在一个位置和层面上，两人没有对过话。柳青是文学前辈，陈忠实是文学后生，后生见前辈，印象深刻，内心的感受很多，影响也很深远。陈忠实走上文学之路，从文学的角度观察生活，认识社会，体味人生，后来再以文学描写生活，反映社会，表现人生，最初的文字中，都留有柳青的影子。

陈忠实第一次见柳青是“文革”时期。1967 年春天的一个日子，天气还很寒冷，陈忠实从乡下进西安城，为学校养的几头猪买面粉厂的麸皮饲料，在大街上，偶然看到了他日夜崇仰的作家柳青戴着纸糊的高帽子，被押在卡车上沿街游斗。陈忠实心中十分震撼：柳青这样的作家都被打倒了，自己这个爱好文学刚刚起步的人还能弄啥，还想弄啥呢？

第二次见柳青是1973年2月27日下午，在陕西省出版局召开的业余作者创作座谈会上。这是“文革”以来柳青第一次在公开场合讲话。柳青谈了自己近几年的生活、学习和思想，谈了自己关于艺术构思的见解，在谈艺术构思时他以《创业史》四部的总体安排为例展开。陈忠实当时只是一个听众，坐在人丛中用心地听，不敢问话，也不敢上前与柳青攀谈。柳青在这个座谈会上的讲话，后来经整理，题为《在陕西省出版局召开的业余作者创作座谈会上的讲话》，收入陕西人民出版社1991年5月第1版的《柳青文集》第二册和人民文学出版社2005年5月第1版的《柳青文集》第4卷。

柳青这次讲话，商洛籍学者高信2007年6月8日写了一篇回忆文章，叫《卅四年前画柳青》，写他当年参加这个会议所见到的柳青的情况，回忆当时还为柳青画了一幅速写像。高信回忆说，陕西省出版局当年召开的，是“陕西省‘三史’、小说、连环画业余作者创作座谈会”，“座谈会在当时最高等级的西安人民大厦举行，局长朱语今主持，从2月20日开始到28日结束，整整开了9天。因为是‘文革’闹起来后的头一次创作大会，领导十分重视。省委常委的项南、文化厅的军人厅长庾喆吉都亲临指导，先传达中央首长讲话精神，再宣讲国内外‘不是小好’的大好形势，那时开会必先讲这两样，一样都不能少”，“主持大会的朱语今同志，曾是中国青年出版社的社长，在他任上，中青社出版了轰动一时的长篇小说‘三红一创’：《红旗谱》、《红日》、《红岩》、《创业史》。而《创业史》的作者就是柳青，这回邀请柳青出来和大家见面，很可能就是朱语今的面子”。2月27日下午，“柳青上台了，一身旧旧的黑裤褂，一顶旧黑布帽，脸黑且瘦”，“如果没有上唇留着的引人注目的一撮短须和那一副过时的黑框眼镜，也就是农村里到处可见的一个老汉。百十人的会场鸦雀无声。他讲话，没有稿子，提纲也没有，一口陕北吴堡的土腔，声又不高，有点难懂，表情严峻，眼镜下的双眼神色凛然，有威仪”，“柳青每讲几句话，就掏出口袋里喉头喷雾器，扬起头，张开嘴，一次又一次地喷药。显然气短，咽喉又发炎，说话困难”（高信：《书房写意》，上海远东出版社2009年版）。

据陈忠实讲，他第三次见柳青是在 1974 年 6 月，陕西省文化局在西安西大街的省文化局招待所召开的一个文学创作座谈会上。柳青被请去在会上讲话，陈忠实是参加这个会议的业余作者。陈忠实说，他当时在延安南泥湾“五七”干校锻炼，接到上边通知，要他参加这个会。他特地赶回来，听柳青谈文学创作。陈忠实说，这是一个配合当时形势宣扬“反潮流”精神的会，柳青的话，他记得很清楚。柳青先是引用毛泽东的话说，“潮流有正确潮流和错误潮流之分”。陈忠实分析说，柳青先引述毛泽东的话，别人抓不住把柄，找不出问题。然后柳青谈了自己的意见说，对正确潮流和错误潮流有没有认识，分得清分不清，这是一个认识水平问题；而认识到了错误潮流，反还是不反，这是一个品质问题。陈忠实说他对这个话印象极为深刻。因为当时“四人帮”在搞“反潮流”，柳青说这个话，大家都可意会，但谁也挑不出什么毛病。陈忠实说，这一次，他也只当了一个听众，不敢与柳青攀谈。

柳青的这次讲话没有见到收入公开出版物。据与柳青是忘年交的李旭东回忆，在陕西省出版局和陕西省文化局招待所召开的这两次创作座谈会，大会的发言都印成了材料，唯独柳青的讲话没有印。但是，参加这两次会议的人有记录。李旭东摘引了一些柳青在省文化局招待所会上的讲话：柳青说，“‘实事求是’就是反潮流”，“革命工作者，无论搞什么的，包括搞文艺工作的，在任何情况下，要坚持实事求是。‘实事’就是客观存在。不能不承认客观存在。要主客观一致，这是很不容易的事情。举例来说，要搞创作，就要深入生活，改造思想，这是‘实事’，谁也脱不开。要扎扎实实、老老实实地去做，不要弄虚作假，不要欺骗自己和别人”，“要实事求是，有的时候比较容易，有的时候不容易，要牺牲自己的利益，甚至要牺牲生命。要坚持实事求是，有时剩下一个人了，也要坚持，不动摇。要坚持你自己认为是正确的东西。‘识时务者为俊杰’这句话，在我看来，不符合实事求是，是带着市侩哲学气息的。凡是要实事求是，凡是不惜一切地坚持真理的人，就不能有投机心理。投机，有投大机的，有投小机的，投机心理是由个人主义产生的一种精神状态。两千年以前的诗人屈原，是封建社会的，他敢于坚持一种信念。要坚持真理，一定要是为人民的，而不是为自己的。如果为自己坚持什么，那是非倒霉不可。屈原当时是站在祖国人民的利益上的。我们今天要站在最大多数人民的一面。鲁迅在当时上海的文艺界中，他坚持真理，他完全是为人民和革命的。我也是一个文艺工作者，我觉得，像在泥泞道路上走着一样，要一步一个脚印，要经得起一切考验”（李旭东：《与柳青谈戏》，《大写的人》，中国青年出版社1982年版，第204、205页）。这些话，在那个万马齐喑的红色恐怖的年代，的确是空谷足音，给人以震撼，也促人以深思。所以多少年以后，陈忠实依然能回想起当时的情景，说他印象极为深刻，对柳青极为敬佩。

三次见柳青，陈忠实都是一个观众或听众，没有和柳青直接面对面地交流过。

2005年5月21日，陈忠实写成了一个短篇小说，名为《一个人的生命体验》，这是他的“三秦人物摹写”系列小说之二，写的对象是柳青。这篇小说刊于当年第11期的《人民文学》，后来收入重庆出版社出版的《吟诵关中——陈忠实最新作品集》等多种个人文集中。小说写了柳青生命历程中的三个细节：一个是“文革”中被关在“牛棚”，手握电线企图触电自杀而不得；一个是被造反派押上批斗台批斗，造反派要他自报家门“反党反人民反社会主义的三反分子柳青”，柳青却报为“正在接受审查的共产党员柳青”，而且在拳打脚踢的暴力威胁下拒不改口；三是在1958年“大跃进”高潮中，文艺界人士也跟着开大会放“卫星”，柳青却一言不发，领导再三启发引导，他就是不表态。传神的细节是，柳青在听放“卫星”大会时居然自己把自己的手抠破了皮，露出了红肉渗出了血，由此可见他当时的内心状况。领导发现了他的手，若有所思，再不逼他表态了。小说通过三个细节和一段关于“反潮流”的讲话，着力塑造的，是一个宁死不屈、坚守信念、坚持真理的人格形象。陈忠实虽然标明写的是小说，但显然是根据他所了解到的柳青的真实生活写出来的。三个生活细节都是真实的，没有虚构，只是在具体的艺术描写和展开过程中，加入了小说家必要的合理想象。小说最后，陈忠实写到了他两次见柳青的情况，显然这是他的回忆性文字。从中我们可以一定程度还原他当时见柳青的情景。

小说中这两次见柳青，考以我们已经掌握的史料，可以认定，第一次就是1973年2月27日下午那次，第二次就是1974年6月那次。

关于第一次，陈忠实写道：

> 大约是上世纪七十年代初，“林彪事件”之后一年多，“文革”的气候似乎暂时缓和了一阵儿，出版界在西安召开第一次集会，我有幸作为业余作者参加了。得知这天下午柳青要来作报告，竟然兴奋得等不到开会。……柳青从会场的通道走向讲台，步履悠缓，端直走着，不歪向左边也不偏向右边，走上讲台时，我和与会者才正面看清一张青色的圆脸，最令人惊讶的是那双圆圆的黑白分明力可穿壁的眼睛的神光。开头所写（邢注：指小说开头）的十万人里也未必能找到这样犀利的一双眼睛的印象，就是我第一眼看见柳青时有感而出的。柳青还留着黑色整齐的短髭，和善而又严谨……他在不过一个小时的讲话过程中，有三次从黑色对襟棉袄里掏出一个带着尖头的圆形橡皮喷雾器，张大嘴巴，把尖头伸进嘴里对准喉眼，用手一捏一放那个橡皮圆球，发出哧啦哧啦的响声。整个会场里鸦雀无声，一声咳嗽都没有，空寂的会场里就响着哧啦哧啦的喷气声。百余双眼睛，紧紧盯着这个心中偶像的右手一捏一放的动作。他大约已经不足七十斤体重了，我记得我只看了他第一次往喉咙喷雾剂，到第二次第三次，他从口袋里掏出那个圆环尖头的器具时，我就低下头去了……那哧啦哧啦的声音无法躲避，一直到现在还清晰在耳。

关于第二次，他写道：

> 再见到柳青是两三年后（邢注：应该是一年后），还是文艺界的一次会议，那时候不称会议称“学习班”。又有新的政治口号指示下来，“文革”又掀起一个新的浪潮，叫做“反潮流”，反“复旧复辟”的潮流，据猜测是针对复出不久的邓小平的。柳青被请到场讲话，还是青布褂子，对门襟，不过是单

衣，还是整齐的短髭，还是锐可透壁的眼光。借着时兴的“反潮流”的话题，柳青有几句话震响：“在我看来，反潮流有两层意义，首先要有辨认正确潮流和错误潮流的能力，其次是反与不反的问题。认识不到错误潮流不反，是认识水平的问题；认识到错误潮流不反或不敢反，是一个人的品质问题……”

语惊四座。会场里又是鸦雀无息的静寂。所有眼睛都紧紧盯着更频繁地从口袋里掏取喷雾剂的那只手，所有耳朵都接受着那哧啦哧啦的响声的折磨……

陈忠实通过所见柳青的形、神、话语与给口中喷雾的细节，着墨不多，就画出了一个独具风神的作家柳青来。

其实，陈忠实自己给人印象最深的，也是他那一双与其师“神光”相似的眼睛。

四、《无畏》之畏

1976年，这在中国历史上无疑是一个重要的年份。这一年，天灾人祸不断，中国的政治形势也跌宕起伏，政治气候阴晴不定。1月8日，周恩来总理逝世；4月5日，因悼念周总理而爆发了史称“四五运动”又称“天安门事件”的群众性政治运动，后被镇压；4月7日，复出不久的邓小平被撤销党内外一切职务；7月6日，朱德委员长逝世；7月28日，河北省唐山、丰南一带，发生了强度为里氏7.8级的地震；9月9日，毛泽东主席逝世；10月6日，“四人帮”被粉碎。

就是在这一年的上半年，陈忠实写了一个短篇小说，名叫《无畏》，刊于1976年第3期的《人民文学》。这篇小说，随着当时政治形势的云谲波诡，先是被肯定，紧接着又被否定。甚至，还成了陈忠实的一条“罪状”，对陈忠实的个人命运，带来了非同寻常的影响。

当然，这篇小说，也被当作了“文革”后期文学上的一个代表作，成为人们研究的对象。时隔35年后，学人李清霞还写了一篇研究性的文章，发表在《唐都学刊》2011 年第 4 期上，叫《历史的真实与悖谬——从〈机电局长的一天〉和〈无畏〉看“文革”后期的文学生态》。

陈忠实的第一个短篇小说《接班以后》发表以后，他每年都创作和发表一篇短篇小说，《无畏》惹事之后，他停了下来，几年未写小说。

《接班以后》发表以后，在当时引起较大反响，西安电影制片厂拟拍成电影，请陈忠实到西影厂改编剧本。据西安电影制片厂编的《西影 30 年》所载“大事记”所记，1975 年“3 月 12 日，文化部党的核心小组派钱筱璋等五人到达西安，当晚即向西影厂党委传达关于故事片创作生产的重要精神”（西安电影制片厂：《西影 30 年》，第 227 页）。可见当时因形势所迫，电影故事片的生产已成为当务之急。但陈忠实考虑再三，却对西影厂的人说，他不能去，原因有二：一是他对电影不熟悉，不会写剧本；二是他刚被提拔为毛西公社革委会副主任，紧接着又到南泥湾“五七”干校学习，刚学习回来，既然是毛西公社的人，就要好好为公社做一阵子工作，不然啥都没有干，说不过去。西影厂说服不了他，就找到中共西安郊区组织部部长杨立雄——陈忠实被提拔为毛西公社副主任，就是杨立雄主的事——让他给陈忠实做工作。他把陈忠实叫到组织部，说：“你咋还会弄这事，我咋不知道？你要去写剧本。公社干部要多少我都能配多少，但会写小说、写剧本的，郊区还没有一个人。你要去。”

既然是组织上的安排，1975 年 8 月，陈忠实就名正言顺地到了西影厂，按西影厂的要求，将自己的两个短篇小说《接班以后》和《高家兄弟》改编为电影剧本。他被安排住在西影厂后边的简易招待所，进行改编工作。

《接班以后》从小说到电影剧本，陈忠实下了很大功夫。据陈忠实回忆，1976 年年初，《接班以后》电影已经拍摄完成。根据资料，这一年的 3 月 2 日，文化部电影局艺术处向各电影制片厂传达了“要拍摄反映‘文化大革命’新生事物，特别是反映和‘走资派’斗争的影片”的指示。据陈忠实后来对笔者说，拍竣的电影送审后，西影厂的剧本责任编辑给他传达的审查意见是，电影里的“‘走资派’怎么只是一个生产队长，官太小，‘走资派’走不动”，要求把“走资派”起码改成一个县一级的领导。陈忠实一听头大了，说，都已经拍完了，怎么还要改？原来的内容就是写的一个村子的事，现在要加县级领导，他改不了，怎么能这样改？厂方说不改上边通不过。陈忠实坚持不改。双方几乎闹僵，陈忠实要卷铺盖走人。这时，厂领导来了，找他做工作。来的领导叫田炜，时任西安电影制片厂革命委员会主任。田炜是一个老革命，原是新疆电影制片厂厂长，1964 年底任西影厂党委书记兼厂长，是西影第二任厂长。他找到陈忠实，说："你不改怎么办？我已经投入 30 万了！只要通过就行，再加两个镜头补上一个大一点的领导就可以。"再劝陈忠实：这是陕西年轻一代作家中第一部根据小说改编的电影，大家都很关注，改好后上映了影响很大；改不好就通不过，通不过就发行不了，这个影响也是很大的，很不好的啊。又慷慨许诺："你改了，我让你坐飞机去一趟北京。"陈忠实对老厂长是尊重的，但对按上边要求修改感到还是很为难，所以没有松口。几经商量，双方达成妥协：作为编剧的陈忠实同意修改，但自己不执笔，由厂方找人改。

1976 年 3 月，刚刚在 1 月 20 号才复刊的北京的《人民文学》，办了一个短期创作培训班，通知陈忠实去参加。这个班共有八人，全是当时在全国有一定知名度的业余作者。名曰创作培训，实际上是应约给《人民文学》写稿。陈忠实当时正为电影改稿的事焦头烂额，不想去。当时的陕西文坛，在刚刚起步露头的青年作家中，陈忠实文学创作的综合实力还是很强的，他的几个短篇小说，当时影响很大，所以创作班一定要他去。陈忠实说，他不是那种坐下来就能写出小说的人。创作班说，小说写不了，写一篇散文也行。在与西影厂达成电影修改的妥协意见以后，厂里的同志也对陈忠实说，你出去散散心也好。田炜主任还答应让他坐飞机去一趟北京。陈忠实还从来没有坐过飞机，图新鲜，也想坐一回飞机，就去了北京。

陈忠实到北京的时候，《人民文学》办的这个创作班已经开办十天了。开头两天，因为说好的不写小说，陈忠实感觉很轻松，一直在闲转。转了两天觉得乏味，也觉得整天闲转不合适，他心想，既然来了，还是好好写篇东西。尽管说好的是只写一篇散文，但陈忠实当时的短篇小说影响很大，他原来也计划每年能写一篇小说，同时，《人民文学》极其响亮的牌子，对于一个业余作者来说，还是极富诱惑力的，能在上边发一个小说，效果自然比散文要好，因此陈忠实调整思路，重新构思，然后用了一个星期时间，写了一篇小说，题为《无畏》，交给创作培训班。

《人民文学》很快将《无畏》刊登于1976年第3期首篇。

关于《无畏》的创作过程，以上说法来自陈忠实本人。还有另外一个说法，录以备考（为了方便叙述起见，以下笔者以第一人称“我”讲述）。

2011年11月26日下午，我应《西安晚报》读书版之邀，在汉唐书店为读者做《中国书院的现代启示》讲座。这一天下午，还有一个活动，这就是画家江文湛先生在他的终南山沣峪口里边的红草园举办终南道院的首场讲道活动，江先生提前一个星期邀我参加。但因与《西安晚报》读书讲座的时间冲突，而且我的讲座已经先期登报预告，无法更改，就先在汉唐书店与读者朋友座谈，5点结束后，我驱车到沣峪口外的吴胖子石锅鱼与参加终南道院活动的几位朋友见面。此前与江先生及其夫人程黛说好，读书活动一结束，就去与他们一起吃晚饭。终南道院的这个讲道活动筹备的时候，江先生及夫人要我代他们邀请仵埂和沈奇先生一起上山，因我有车，还要我带他们上山。我因另有活动，仵埂带车上山，我就托仵埂带上沈奇。晚上6点，沣峪口外已经很黑，我和下山的仵埂、沈奇、方英文以及江文湛等朋友在吴胖子石锅鱼会合。

吃饭过程中，沈奇和大家聊起了他近期的诗歌创作。我说他早先就是写诗的，我在上个世纪70年代中期也就是“文革”后期的《陕西文艺》上看到过他的诗作。沈奇讲，他1975年到1976年，在《陕西文艺》当过编辑（借用），还退过陈忠实的一篇短篇小说稿，叫《反击》，写反击右倾翻案风的。他当时在诗歌组看诗歌稿，但是这篇小说不知怎么分到了他的手里，也许是门房弄错了，他一看，觉得不行，就退了，还给陈忠实写了一封退稿信。后来，这篇小说在《人民文学》发了，还发了头条。主编王丕祥得知此事，很是恼火，批评沈奇擅自做主，把一篇头条稿子退了，弄得《陕西文艺》想找这样一篇稿子而不得。我听了奇怪，说，《人民文学》发的小说不叫《反击》，叫

《无畏》，而且，陈忠实自己所讲的关于这篇小说的写作过程和你说的不一样，老陈说他是在北京《人民文学》办的创作学习班上用一个星期写的，没有说是旧稿。沈奇说，这事你不信，可以去问王丕祥，还有，那个退稿信，陈忠实当时还保存着，后来见了我还说起过这事。我说，怪不得，我还纳闷，陈忠实先给《人民文学》说，他不是那种可以在几天之内就能按命题作文的人，他去北京，先是闲转了几天，后来怎么就突然坐下来，一个星期就写成了一个小说，原来有旧稿或是有旧稿做底子。沈奇突然又说，那就依老陈所说为准，我说的这个事不能写，不要公开。我很奇怪，说，这是事实，怎么不能写？我最近正在写《陈忠实评传》，老陈曾对我说，“放开写，大胆地写”，写传应该以事实为依据，况且，我最近编了《陈忠实集外集》，把老陈“文革”前和“文革”中所写的作品全收了进去，包括《无畏》，老陈对于编入《无畏》也未见有异议，都是历史了，怎么不能写，不敢公开呢？沈奇说，小利你单纯。我说，这有什么复杂的吗？老陈有时对有些旧事记忆有误，也是常有的事，而且，这事公开了也不会影响老陈的什么前程啊。后来，我问沈奇，你当时退稿是觉得这篇小说主题有问题还是艺术上有问题。沈奇笑着说，他当时倒没有觉得主题有什么问题，因为当时社会就是那样，他是觉得小说艺术上较差。

据此可见，陈忠实的《无畏》创作，应该是先有一个旧稿，在北京又有所修改，最后成形的。

话说《人民文学》短期创作培训班的八名业余作者中，有一个是傅用霖，后来与陈忠实创作上还有来往。傅用霖是满族人，1941 年生，比陈忠实长一岁，在工厂当过工人和工会干部，属于工人业余作者。在这个创作班上，傅用霖也许是住在北京比较方便，没有住编辑部安排的旅馆，因此陈忠实和傅用霖见面不多，但彼此之间的感觉都非常好。陈忠实感觉傅用霖为人谦和，待人诚恳，可以信赖。到了后来，1979 年，傅用霖调入《北京文艺》当了小说编辑时，写信向陈忠实约稿，陈忠实心中颇为激动，一来这是陈忠实生平收到的第一封约稿信，二来陈忠实当时处境不好，包括创作处境不好，他写的东西正愁没处投寄，有人约稿，就有了着落。1979 年 4 月，陈忠实将写成的短篇小说《徐家园三老汉》寄给了傅用霖，很快就在《北京文艺》1979 年第 7 期发表了。这是后话。

在北京写稿的时候，“四五运动”爆发。写稿之余，陈忠实也到天安门广场看热闹。

1976 年 7 月 2 日到 4 日，文化部电影局局长亚马到西安电影制片厂，审查了西影厂摄制的《接班以后》样片和另外几部准备上戏的剧本。《接班以后》的电影名字改了，叫《渭水新歌》。《西影 30 年》一书中是这样记载的，“西影在 1975 年 11 月上报的 1976 年五部影片生产计划中，原来一部也没有写‘走资派’”，1976 年 7 月，“当时的电影局长亲自赶来西影，审查了拍摄的影片和准备上戏的剧本，对西影进行了严厉批评”，局长“指出：‘写与“走资派”斗争是长期的斗争’，‘在反击右倾翻案，深入批邓的斗争中，要考虑究竟电影的根本任务是什么’，‘不能有了影片就算’。告诫西影‘低调作品不行，反调作品更不行’。该电影局长还指示要把当年的电影生产扭到‘写“走资派”’的轨道上去，‘题材规划该变就得变，上影、北影、长影都改了计划，已经大变’”。《渭水新歌》本来“写的是农村干部接班以后，新老干部间的思想斗争”，局长“指出影片中的阶级斗争‘根子追到地主刘敬斋，这就有问题，而且问题就大了’，要在‘老支书身上做文章，省里、县里有人，往上捅一捅就好。时代背景上要加加工，特别是反击右倾翻案风以来，毛主席作了一系列重要指示，指出资产阶级就在共产党内。要有和走资派斗争这条线’”（西安电影制片厂：《西影 30 年》，第 43— 44 页）。关于亚马局长来西影审查以及所提意见，陈忠实后来回忆说，局长这一次所提意见，西影厂没有人告诉他。

《渭水新歌》几经周折，几多修改，最后终于正式发行，时在 1977 年 1 月。这部电影是彩色影片，编剧是陈忠实，导演是刘斌，摄影是林景，美术是王菲，作曲是李耀东，演奏、演唱是陕西省歌舞剧院，独唱是冯健雪。影片内容是：1973 年，青年刘东海担任刘家桥村党支部书记后，在他带领下掀起

"农业学大寨"的新高潮。地主分子刘敬斋勾结坏人，妄图破坏"三结合"领导班子。刘东海以阶级斗争为纲，大批资本主义，揭穿了敌人的阴谋，使"农业学大寨"取得了成绩。《西影 30 年》关于《渭水新歌》的发行情况有如下记载：《渭水新歌》《奥金玛》《长河奔腾》"这三部影片按照'四人帮'的'写与"走资派"斗争'的图谋改写拍摄后，弄得面目全非，不堪入目，于 1977 年先后完成后，其中两部不能发行，《渭水新歌》虽然勉强发行，效果极为不好"（西安电影制片厂：《西影 30 年》，第 44 页）。

1976 年 10 月底，《接班以后》已基本拍完，根据《高家兄弟》改编的电影剧本也写出了打印稿，任务完成，陈忠实回到了原单位毛西公社。

关于"写与走资派斗争的作品"的政治背景，1976 年 11 月 23 日《人民日报》发表的署名"文化部批判组"的文章，对此介绍得很清楚，这篇文章题为《"四人帮"鼓吹"写与走资派斗争的作品"的反动实质》。读了此文，我们会明白很多问题，为什么当时会出现"写与走资派斗争的作品"，陈忠实的《接班以后》电影拍摄中途为什么也会被要求写入"与走资派斗争"的内容，陈忠实在北京参加《人民文学》创作培训班，为什么会写出《无畏》。由这篇文章我们可以看出，原因无他，乃当时政治气候使然。

"文化部批判组"的这篇文章将有关过程讲得很详细，也颇为好看。以下为笔者的节录：

今春以来，在"四人帮"控制的文坛上，突然掀起了一阵所谓"写与走资派作斗争的作品"的喧嚣。"四人帮"亲自策划，亲自发布黑指示；"四人帮"的亲信则奔忙不迭地四处活动，死心塌地贯彻执行。他们召集会议，举办座谈，组织创作，撰写文章，上蹿下跳，熙熙攘攘，忙得不可开交。

一九七六年二月六日，"四人帮"迫不及待地采取行动，张春桥把他们安插在文化部的亲信叫了去，面授反党机宜，布置"写与走资派作斗争的作品"，对写什么和如何写，也一一作了黑指示。他还叮嘱说，你们要理解这个任务的重要性。与此同时，江青下令要赶快写与走资派作斗争的戏。

主子一声令下，奴才倾巢而出。“四人帮”在文化部的亲信立即着手大干。“四人帮”在上海和北大、清华的亲信也遥相呼应，通力合作。

为了贯彻“四人帮”的旨意，他们首先召开了一系列会议。三月二日，召开了几个剧团负责人会议。三月十八日，又开了一个所谓重点创作题材的座谈会。在这两个会上，“四人帮”在文化部的亲信以个人谈体会的方式，传达了江青、张春桥的黑指示，反复强调“写与走资派作斗争的作品”是“当前的迫切任务”，“是一项十分重要的政治任务，不是一般的任务”，指令到会的创作人员都要订出创作计划，并煽动说：“要写的高一点”，“可以写到省一级、部一级”，叫嚷“不要怕”，要冲破“阻力”。他还声称：“中央负责同志（按：这里指“四人帮”）最近特别关心这个工作，我们必须坚决完成！”凡此种种，清楚地说明“四人帮”是所谓“写与走资派作斗争的作品”的幕后策划者；他们鼓吹“写与走资派作斗争的作品”，有着见不得人的罪恶目的。

接着，就抓创作。根据江青的旨意，他们立即着手炮制反动影片《反击》，并指定改编四部影片为现代京剧，准备在塞进他们的私货后树为所谓“写与走资派作斗争的作品”的黑样板。他们下令把这些戏里的走资派一律都要改成不肯改悔的，而且原来是副职的改成正职的，级别低的改成级别高的，以体现“四人帮”的反革命政治意图。

再有，就是抓评论。他们根据“四人帮”的旨意，指令一个御用的写作班子，炮制出一篇署名“初澜”、题为《一项重大的战斗任务》的黑文，拼凑了一套十分反动而又不通的“理论”，企图为他们的所谓“写与走资派作斗争的作品”立论。此稿虽经政治文痞姚文元几番指点，终究由于漏洞百出，马脚太露，以致三易其稿亦未敢公之于世。但是，黑文中所包罗的种种谬论，他们已通过各种渠道，在评论、创作人员中广为传播，而且已经付诸实践了。

此外，“四人帮”及其亲信还把文化部的一切工作都绑上他们的战车，纳入他们的轨道。“四人帮”在文化部的亲信曾明确提出：农业学大寨专题文艺节目都要反映与走资派作斗争。全国二十九个省市都要照此办理，重新组织节目。他们还指使文化部各司局和一些办事机构派人以“调查”为名，外出搜集各地领导阻碍“写与走资派作斗争的作品”的“材料”，特别强调“要地委以上的材料”，哪怕是道听途说，只言片语，也要上报。有的不经整理打印，就将原始材料直报“四人帮”。这样不择手段地摸动态、搞情报，又怎能使人相信他们是在抓什么“文艺创作”呢?!

什么是他们心目中的“走资派”呢?像王张江姚反党集团这些党内资产阶级的典型代表，这类货真价实的不肯改悔的正在走的走资派，他们是不准你写的。他们提出，写走资派重点要写“当年的民主派，今天的走资派”。什么是“民主派”呢?“四人帮”在某学院的一个亲信说得更加露骨：“走资派就是民主派。民主派就是民主革命时期参加革命的人，他们过去只是党的同路人，社会主义革命时期就是革命对象。”这就露出了他们的狐狸尾巴，亮出了他们的底牌。原来，他们把我们党成千上万的在民主革命时期参加革命的、坚持毛主席革命路线的老干部，通通都要打成“走资派”。换句话说，他们与之不共戴天的“走资派”，就是我们党的大批革命老干部，就是这些中国革命的宝贵财富。“四人帮”与党为敌的反革命真面目，不是昭然若揭了吗?

对于走资派，他们嫌写“小”的不过瘾，提出要写“大”的，要写“大走资派”。这里，他们又抛出了那套被他们弄得玄而又玄、混乱不堪的所谓“广度”和“深度”的理论，出来招摇撞骗。张春桥在谈到一个写走资派的电影时说，“只写一个公社，概括的广度不大，思想深度也差”，“要写一个省，一个部”。“四人帮”在文化部的亲信拾起主子的牙慧，叫喊“广度就是要写的高一点”。说什么“不一定写一个工厂，一个公社，敢不敢写一个县，一个市，一个省，一个部！敢不敢写党委书记是走资派?”他们所谓的“广度”和“深度”，就是要把县以上的党委书记，国务院的部长，甚至中央领导同志，都写成走资派，把矛头指向那些长期跟随毛主席南征北战、坚持毛主席革命路线的一大批从中央到地方的党政军负责同志。

更有甚者，他们对于走资派的结局，一律都要求写成不肯改悔的。胡说什么“一般的走资派，改的少；大的走资派，改不了”，甚至叫嚷什么如果把犯走资派错误的干部，写成“犯错误的好人”，这就是“混淆了两类不同性质的矛盾”。他们把党的各级领导干部都打成“走资派”还不甘心，还要捏造出荒唐的“理论”，把各级领导干部进一步打成“不肯改悔的走资派”，一律下台，统统打倒，必欲置之死地而后快，又何其毒也！

影片《反击》是在“四人帮”亲自策划下赶制出来的。于今年三月开始炮制剧本，至九月即全部摄制完成。

《反击》摄制前，“四人帮”反党集团的亲信麇集一处“审查”提纲，要求尽快写出剧本。随后，“四人帮”在某大学的一个亲信，亲自督阵，叫喊“抓《反击》是大局”，“要快点搞出来”，“总之要快”，迫不及待地为“四人帮”篡党夺权的“大局”制造舆论。在创作和摄制过程中，他指令创作人员，“要写大走资派，一直写到中央”，把矛头直接指向以华国锋同志为首的党中央。他大叫大嚷地说，“走资派不光是邓小平一人，是有一层人，是有一个资产阶级司令部，还有邓大平，还有王小平，唐小平”，明目张胆地同毛主席亲自批准的、华国锋同志根据毛主席指示提出的关于批邓的方针唱对台戏，丧心病狂地鼓吹在批邓、反击右倾翻案风运动中要揪“一层人”的反动谬论。他们妄图用这部片子煽动各省都来揪省委第一书记，矛头直指中央。怪不得片子一出，“四人帮”在文化部的另一亲信就手舞足蹈起来，说这是一部“好片子”，叫嚣“好钢要用在刀刃上”，准备到适当的时机放映。到时候，《反击》一放，天下大乱，玉玺到手，他们的主子从此黄袍加身，登基即位，而他们自己似乎也可以加官晋爵了。

粉碎“四人帮”以后，全国开始揭批“四人帮”。区委领导在揭批“四人帮”报告中说，“我们区有人以小说反党”。虽然没有点名，但谁都知道，本区除了陈忠实以外，没有第二个人。散会以后，区文化馆一位文学辅导干部一见陈忠实，显得比陈忠实还着急，说：“这是点你的名哩。”陈忠实说：“我也不知该怎么办。”该干部说：“咱们一起去找领导。”拉着他找到领导，领导对陈忠实说：“没有呀，我没有说你。”领导虽然不承认，但是各种压力都指向了陈忠实。有传言说，陈忠实到北京，是江青亲自叫去的，写《无畏》也是江青“钦点”的。在当时的政治形势下，与“四人帮”特别是与江青能直接挂上钩，那可是要命的事。区上还两次派人入京，到《人民文学》编辑部调查陈忠实写作《无畏》的政治背景。尽管调查无果，但在当时年代，一个人被组织进行调查，调查结果又不公之于众，人们不明真相，不知所以，于是各种传言乃至谣言就像蝙蝠一样趁着夜色向四处流窜。

陈忠实一时之间感到了无边的夜色和巨大的压力。

陈忠实回忆说，包括当时的中国作协西安分会对他的态度也明显冷淡了下来。

俗话说祸不单行，雪上加霜的是，除了《无畏》之外，当时还有这样的一个背景：把陈忠实提拔为毛西公社副主任，当年找陈忠实谈话的那个中共西安郊区组织部部长杨立雄，如今也被上下串线，打成了“四人帮”的人，因此，凡是经他之手提拔的干部也都在被审查之列。

在陈忠实倍感压力和困难的时候，《人民文学》的崔道怡亲自到了西安。崔道怡先向西安市和西安郊区有关方面就陈忠实创作《无畏》的过程和背景做了解释，再到中国作协西安分会找到《延河》编辑路萌，由路萌陪同找到了毛西公社。崔道怡代表《人民文学》向公社领导把陈忠实写作《无畏》的情况进行了说明。他讲，当时《人民文学》就是搞了一个创作培训班，陈忠实在学习期间，自己构思，写了《无畏》。崔道怡讲，可以对《无畏》这篇作品进行批判，但这件事跟江青无关。这之后，崔道怡还找到陈忠实下乡驻队的村子，一边安慰陈忠实，一边说：“如果有人再找你的麻烦，你打电话给我，我立即从北京坐飞机来向他们解释。”听了这话，陈忠实极为感动。

后来，经调查他与“四人帮”无任何干系，也未在其工作中发现有任何错误。中共灞桥区委对此事的考察结论是：这篇小说“有严重错误，但不属在组织上与‘四人帮’帮派体系有牵连的人和事”。

尽管如此，这篇《无畏》在当时还是使陈忠实的工作和生活发生了变化：他被撤销了公社党委副书记职务。

这样的经历，对30来岁依然年轻的陈忠实来说，打击还是相当重的。心理上的压力尤其大。从一个民请教师，到借调到公社帮忙，后来成为正式的国家干部，当了公社副主任，再当了公社副书记，陈忠实以文字工作起家，后来的工作中也多与文字打交道，但他这个时期，还一直只是把文学创作当成一个业余爱好，最多是当成改变个人命运的一个工具，并没有把文学当成一个可以安身立命、可作终身追求的大事业来对待。如今，公社副书记之被撤，看似少了一顶帽子，其实背后的真实含义是，他的政治命运——换个说法就是仕途就此被终结。不管事实是否真的如此，至少，陈忠实当时就是这么认识的。他认为，在一个强调政治甚至过度强调政治的体制内，一个人在政治上被组织质疑，他的政治前途还会有希望吗？当时，在毛西公社内部甚至整个郊区，关于陈忠实，也有纷纷的议论。有些话也飘到了陈忠实的耳朵里，这使陈忠实感到了空前的压力。

前途既无望，继续待在公社，一种无形的压力和氛围，也使陈忠实感到烦闷。

陈忠实开始考虑他未来的前途和命运。

“此孰吉孰凶？何去何从？”

此时的境况是一种挑战，同时又何尝不是一个转机？

归去来兮，还是回到文学吧。陈忠实想来想去，觉得还是干一个接近文学的工作比较适合自己。“悟已往之不谏，知来者之可追；实迷途其未远，觉今是而昨非”。以文学始，还是回到文学吧。

五、“文革”后期的写作：戴着镣铐跳舞

陈忠实文学之路第一个时期的第二个阶段是“文革”后期，从 1973 年 11 月在《陕西文艺》第 3 期上头条发表生平第一个短篇小说《接班以后》亮相文坛，至 1976 年在《人民文学》第 3 期小说栏目头条发表短篇小说《无畏》，连续四年发表的四个短篇小说均在当时文坛和读者中引起较大的反响。《接班以后》（《陕西文艺》1973 年第 3 期）、《高家兄弟》（《陕西文艺》1974 年第

5期)、《公社书记》(《陕西文艺》1975年第4期)和《无畏》这四个短篇小说，单从短篇小说的结构、形象塑造和语言这些技术层面来看，都显得较为成熟，可以看作是陈忠实在文学创作道路上跃为较为自觉时期的作品。

写这几个短篇小说时，陈忠实30岁出头，由民请教师身份转为国家正式干部不久，不仅在人民公社的工作热情积极，业余的文学创作也有一种期望不断向前的激情。他在这一阶段的小说写作，其内容和人物塑造明显受到当时意识形态和文艺政策的影响。内容的一个重点就是农村的阶级斗争以及无产阶级和资产阶级两条路线的斗争，这样的政治主题最后往往归结于一个核心问题，这就是围绕权力的斗争。“文革”的实质是权力斗争，是谁掌权、权为谁用以及怎么用的问题，这种时代的政治特点以及意识形态要求直接影响了当时的文艺创作。《接班以后》《高家兄弟》《公社书记》《无畏》作为当年引人关注的小说，其故事主线基本都是正反两面的人物围绕权力进行的斗争情节。小说着力塑造普通人中的英雄人物形象，特别是青年英雄人物形象，这些人物一般富有大公无私的优秀品质，工作出色，尤其勇于斗争，善于斗争，很有一股闯劲。《无畏》写公社年轻干部与县上“走资派”做斗争，这自然也是在当时思想氛围影响下、文学潮流要求下按政治需要写的跟风和听命文学，带有那个时代的鲜明印迹。

这几个短篇小说，在“文革”后期那样一种万木萧索的文化荒原上，显得异常醒目，当时在社会上和读者之间都引起了强烈的反响。从《接班以后》到《无畏》，陈忠实成为陕西省工农兵业余作者中的佼佼者，是最亮的一颗星。这个时期，陈忠实刚刚（1973年）被提拔为毛西人民公社革命委员会副主任，继而（1975年）又被任命为毛西人民公社党委副书记，是人生的一个新起点，也是一个辉煌期，从“落第”青年、乡村民请教师变成了国家干部，也算青年得志。他精神焕发，意气昂扬，一年写一个短篇小说，皆紧扣时代的重要命题，发表后又都引起强烈反响。陈忠实的短篇小说处女作《接班以后》被西安电影制片厂投入30万元拍成电影，并请陈忠实为编剧；第二个短篇小说《高家兄弟》也拟拍为电影，并请陈忠实等改编为电影文学剧本；《接班以后》还由茹桂、王韶之改编，华山机械厂王三县、《延安画刊》记者绘图，陕西人民出版社出版为连环画，于1975年8月第1版第1次印刷，印数高达25万册；《高家兄弟》也由何忠社、王永祥改编，陕西省艺术学院美术系连环画学习小组绘画，陕西人民出版社出版为连环画，于1976年6月第1版第1次印刷，由于未标印数，印数不详，但也肯定不会少。

这个时期的文学写作，不单是陈忠实，几乎是所有的文学作者，都是“戴着镣铐跳舞”。陈忠实当然也不例外，他在当时一方面自觉地学习“三突出”写作模式，在表达既定政治与思想规范的同时，另一方面也表现了一定的关于农村生活的观察，但很少当然也难以表达属于自己的生活感受。

《陕西文艺》1973年7月出刊的创刊号封底，有一个“稿约”，对来稿有如下要求，“内容革命、形式健康的短篇小说……要求：以深厚的无产阶级感情，热情歌颂伟大领袖毛主席，歌颂伟大、光荣、正确的中国共产党，歌颂毛主席无产阶级革命路线的伟大胜利，以路线斗争为纲，反映我省以及全国人民，在党和毛主席的英明领导下，半个世纪以来所进行的伟大革命斗争，特别是无产阶级专政下继续革命的斗争生活；以革命样板戏为榜样，努力塑造战斗在各条战线上的工农兵英雄形象”。

这个稿约对无论是文学作品还是音乐、美术作品，内容上都要求是歌颂。在歌颂中反映“半个世纪以来所进行的伟大革命斗争”，这是指历史；“特别是无产阶级专政下继续革命的斗争生活”，这是指现实。无论是历史还是现实，都是“斗争生活”。写人的话，则是要“塑造”“工农兵英雄形象”，一般人写不得，写了也不用。

2012年9月11日晚，笔者和作家雷电陪同陈忠实一起去北京，参加人民文学出版社和中国人民大学文学院联合举办的《白鹿原》出版20周年纪念会。我们坐的是火车，晚上睡不着，闲聊。话题不知怎么扯到了“文革”，也记不清说到了“文革”中的什么，陈忠实突然激动了，说：“那个时代就是那个样子，当时谁都不觉得那是不正常。‘文革’中人都疯了，我也疯了！”说到这里，他把头猛地一摆并向后一仰，双眼怒睁，显出激烈状。然后喃喃地说："我现在也想不通，我当时怎么会写出一篇与'走资派'做斗争的小说！我就没有与'走资派'做斗争的生活么……"

六、《信任》获奖

1979 年的春天似乎来得早一些。刚刚复苏的中国文学界也像自然界一样春潮涌动。

春节刚过不久，农历还在正月里，公历的 2 月 21 日至 27 日，中国作家协会西安分会第二次会员代表大会在西安市和平门外的胜利饭店召开。这里离建国路的作协西安分会大院很近。这是"文化大革命"之后，作协西安分会恢复工作以来的第一次会员代表大会。出席这次代表大会的代表共有 83 人。陈忠实是代表之一。在这次会上，王汶石、杜鹏程分别致开幕词和闭幕词，胡采做了题为《解放思想，总结经验，更好地为四个现代化服务》的报告。中共陕西省委第一书记马文瑞、书记李尔重接见全体代表，发表了讲话。会议选举出理事 29 名和王汶石、王丕祥、王绳武、杜鹏程、李若冰、胡采、张光、贺鸿钧、黄悌、寇效信、傅庚生、韩起祥、魏钢焰等 13 名常务理事。理事会选举胡采为主席，王汶石、傅庚生、杜鹏程、李若冰为副主席，秘书长由李若冰兼任。作协西安分会恢复后，机构设置有办公室、会务工作室（后改名为创作联络部）、专业作家创作组和 1977 年 7 月原在陕西省文艺创作研究室时即已恢复原刊名的《延河》文学月刊编辑部。《延河》组成了新的编委会，王丕祥任主编，贺鸿钧、董得理、余念任副主编。专业驻会作家有王汶石、杜鹏程、李若冰、魏钢焰、李小巴、毛锜、任士增。

会议最后一天，陈忠实的住房里来了一位客人，此人是《陕西日报》文艺部编辑吕震岳。

"你是陈忠实吧？"吕震岳问过之后自报家门，"我是吕震岳，陕报文艺部的。"

陈忠实急忙让座倒水。吕震岳是老编辑，比陈忠实年长，头发已显得稀疏。头一次见面，陈忠实手忙脚乱的礼仪中显出了敬重。吕震岳坐下以后，没有寒暄，直接表明来意，约陈忠实给陕报文艺版写篇小说。吕震岳说："你以前的几篇小说我看过，很不错，有柳青味儿。"

陈忠实应诺下来。

吕震岳又叮嘱说："一版顶多只能装下 7000 字，你不要超过这个数就行。"说罢就告辞了。

吕震岳的约稿，让陈忠实心里暖暖的。三年过去了，但《无畏》的阴影还多少留在心里，没有完全挥去。

1976 年复刊（文化部的报告并获中央批准的决定，则是"创办"，意在明确"十七年"和"无产阶级文化大革命"时期的区别）的《人民文学》是双月刊，逢单月出版。《无畏》5 月刊出，10 月"四人帮"被粉碎，在翻天覆地的政治变化中，小说《无畏》的遭遇和评价也经历了天翻地覆的变化，而陈忠实的心理，也经历了巨大的冲击。一方面是"四人帮"倒台之后普遍欢欣鼓舞的政治氛围和社会心理，一方面是因了《无畏》的写作而产生的严重挫败感，两者在陈忠实内心形成剧烈的心理冲突。这个心理过程很长，直到 1978 年的冬天，陈忠实在对自己创作的反思中，仍然陷入深深的自责和羞愧。

1977 年冬天，陈忠实被任命为毛西公社灞河河堤水利会战工程的主管副总指挥，组织公社的人力在灞河修筑八里长的河堤，住在距河水不过 50 米的河岸边的工房里。这个工房是河岸边土崖下的一座孤零零的瓦房，他和指挥部的同志就住这里，生着大火炉，睡着麦秸做垫的集体床铺。大会战是紧张而繁忙的。紧接着，1978 年的春天到来了。积雪融化，寒冰解冻，春汛汹汹。在紧张的施工之余，陈忠实在麦秸铺上先后读到了两篇短篇小说。第一篇是陕西业余作者、时为西安铁路局宝鸡东站装卸工人的莫伸发表在 1978 年 1 月号《人民文学》上的《窗口》，第二篇是北京业余作者、时为北京一所中学教师的刘心武在 1977 年 11 月号《人民文学》小说栏头条发表的《班主任》。莫伸比陈忠实年轻，刘心武与陈忠实同龄，两人都是崭露头角的文学新人。这两篇小说在当时影响都很大，陈忠实读了，有三重心理感受：一是小说都很优美；

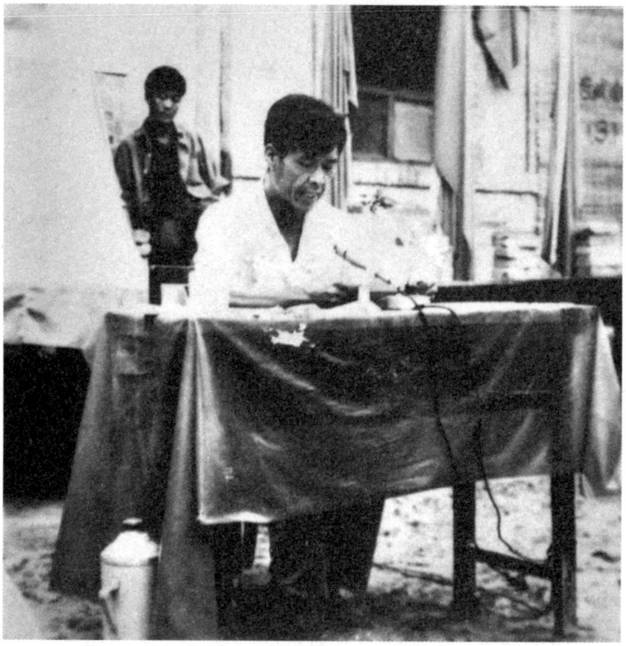

1978 年夏。西安市郊区洪庆公社平整土地战区。陈忠实在誓师动员大会上做动员报告（照片由惠维忠提供）

二是不由得联想到自己的写作，更深地陷入羞愧之中；三是感到很振奋。特别是读了《班主任》，他的感受更复杂，也想得更多。当他阅读这篇万把字的小说时，竟然发生心惊肉跳的感觉。“每一次心惊肉跳发生的时候，心里都涌出一句话，小说敢这样写了!”陈忠实作为一个业余作者，尽管远离文学圈，却早已深切地感知到文学的巨大风险。他是在麦草地铺上躺着阅读的，读罢却在麦草地铺上躺不住了。他敏锐地感觉到：文学创作可以当作事业来干的时候终于到来了！在陈忠实看来，《班主任》犹如春天的第一只燕子，它的发表具有文学“解冻”的意味，它又是文学从极左文艺政策下解放出来的第一声雄鸡报晓，预示着一个新的时代开始了，而他的人生之路也应该重新调整。陈忠实后来称这个阅读为引起他“关键一步的转折”的阅读。

1978 年，陈忠实 36 岁。他对自己的前途和未来进行了分析和谋划，再三地审视自己、判断自己，还是决定离开基层行政部门，放弃仕途，转入文化单位，去读书、去反省从而皈依文学，真正全身心地进入文学领域。6 月，基本搞完灞河这个八里长的河堤工程之后，陈忠实觉得给家乡留了一份纪念物，7 月就申请调动到西安市郊区文化馆工作。

组织上经研究，安排他担任西安市郊区文化馆副馆长。

10月，陈忠实开始到文化馆上班。这个时期的西安郊区是一个大郊区，1965年10月，西安市区划调整，撤销灞桥、雁塔、阿房、未央四个郊区的建制，合并为西安市郊区，驻地在西安南郊的小寨。郊区文化馆驻地也在小寨，有两处办公用房，一处在小寨工人俱乐部的小楼里，那里住着大多数文化领导和干部，另一处是“文化大革命”前的老文化馆所在地，全是平房，这时已经破落残损，院子里荒草尽情疯长。陈忠实图清静，选择了平房。好点的平房也被人挑了，他便选了东南角一间无人居住的残破屋子。收拾好安身之处，陈忠实很满意，然后坐下来静心读书。

窗外是农民的菜地，生长着白菜，白菜地的畦梁上插长着绿头萝卜。图书馆里获得解禁的小说，刚刚翻译出版的外国小说，包括诺贝尔得奖作品，或借，或买，陈忠实一概抱来，从早读到晚。再后来，他的兴趣集中到莫泊桑和契诃夫身上。这一个时期，他的创作处于写短篇小说阶段，所以对短篇小说艺术非常重视。在读了所能借到的这两位短篇小说大师的作品之后，他又把注意力重点集中到莫泊桑身上。他在阅读中比较了两位作家的艺术特点，认为契诃夫是以人物结构小说，莫泊桑是以故事结构小说并塑造人物，前者难度较大，后者可能更适宜于他的写作实际。这样，他就在莫泊桑浩瀚的短篇小说里，选出十余篇结构形式不同的小说，反复琢磨，拆卸组装，探求其中结构的奥秘。他这次阅读历时三个月，为其一生中最专注、最集中的一次阅读。这次阅读，陈忠实提前做了时间上的精心规划和安排，是他在认识到“创作可以当作一项事业来干”的时候，对自己进行的一次必要的艺术提高。

陈忠实从《班主任》发表后得到的热烈的反响中，清晰地感知到了文学创作复归艺术自身规律的趋势。“文革”的极左政治和极左文艺政策，对社会、对人的精神破坏性极大，早已天怨人怒；而“文革”前十七年中越来越趋于“左”的文艺指导教条，也需要一番认真的清理。他在这个时期冷静地反思自己，清醒地认识到，从喜欢文学的少年时期到能发表习作的文学青年时期，他整个都浸泡在这十七年文学的影响之中，而十七年的文学及其经验，很需要认真反思了。因此，他认为，自己关于文学、关于创作的理解，也应该完成一个如政治思想界“拨乱反正”的过程。他觉得，这个反思和提高的过程，最为得力的措施莫过于阅读。阅读很明确，那就是读外国作家作品。与世界性的文学大师和名著直接见面，感受真正的艺术，这样才可能排除意识里潜存的非文学因素，假李逵只能靠真李逵来逼其消遁。他后来把这个过程称之为“剥离”。

窗外的白菜日渐硕大，萝卜日渐粗壮，陈忠实的收获也日渐丰盈。阅读使他进入了真正的又是五彩缤纷的小说艺术世界，非文学的因素基本被廓清了，他正在逼近真正的文学殿堂。1979 年春节过后，陈忠实觉得自己羞愧的心理得以调整，信心也恢复了，洋溢着强烈的创作欲望。他在那间小房子里重新开始小说写作。

就在这个时候，吕震岳向他约稿。陈忠实感激的同时，自然十分珍惜。他想尽力写好一篇小说送上。此时他正在构思一篇小说，篇幅较大，原计划写好后给《人民文学》，便想写完这个短篇之后，接着为《陕西日报》写。不久，吕震岳来了一信，催问稿子。读罢信，陈忠实改了主意，决定把即将动笔要写的拟给《人民文学》的这个短篇给吕震岳。他按照 7000 字的篇幅，调整结构，锤炼语言，甚至一边写着一边按页计算字数，写完正好 7000 字。这篇小说就是《信任》。

稿子写成以后，陈忠实心里又有点不踏实，担心自己所写的内容不合时宜，进而引起误解。《信任》以后辈的恩怨矛盾以至殴斗为切入点，写一位曾经挨整蒙冤的农村基层干部，在新时期复出以后，以博大的胸襟和真诚的态度对待过去整过他的“冤家仇人”，意在化解过往政治运动所带来的人与人之间的怨恨情绪，团结一心向前看。这个小说的切点和主题，与当时的伤痕文学潮流形成反差，其时伤痕文学正势如怒潮，汹涌澎湃，文学在控诉“四人帮”祸国殃民罪行的同时，重在展现历次政治运动给人心灵带来的严重伤害，而社会情绪亦与此一致，平反冤假错案激起社会各阶层强烈的反应。在农村，包括当年“四清”运动的历史矛盾，在新时期又激起新的涟漪，矛盾复杂而尖锐。《信任》则是表现挨过整的农村基层干部重新掌权后却既往不咎，冰释前嫌，这与要清算历史旧账的控诉性时代情绪不大合拍。对这样的内容和主题，陈忠实一时把握不准，于是拿着稿子去找老朋友张月赓，想让他给把把脉。

张月赓住在西安晚报社两层楼的简易居室里，一大间屋子，卧室书房会客三用。陈忠实到的时候，部队作家丁树荣已经在座。陈忠实先说了自己的担心，再拿出稿子，丁树荣和张月赓先后读过，肯定了这篇小说。陈忠实看他们表情认真，心里有了些自信。丁树荣很热情，说他和吕震岳很熟悉，正好还要去找吕震岳，愿意替陈忠实捎带上稿子。陈忠实把稿子交给丁树荣，第二天就在自行车后架上捆绑着被褥卷儿，前车筐里装上洗漱用具，到西安北郊下乡参加夏收劳动去了。

一周之后，《信任》在《陕西日报》文艺版刊出，时间是 1979 年 6 月 3 日。

《信任》发表后，陈忠实先是听到周围一些熟识的行政干部赞扬性的议论，还不敢完全相信，以为多是鼓励。过了十来天，他从乡下归来，回到文化馆，看到报上发表的《信任》，眼中不由得发热。这是他第一次在《陕西日报》文艺副刊上发表作品。但他的眼热并非因此，而是忽然间感慨习作的道路是如此艰难，自己这时多么需要得到鼓励，借以恢复写作的自信，而《信任》的发表无疑给了他最真实也是最迫切需要的自信。同时，他也接到吕震岳一封信，说作品发表后引起强烈反响，已收到不少读者来信，让他到报社去看看那些读者是怎么评说的。陈忠实很看重普通读者的意见，他骑上自行车沿着雁塔路直奔东大街，到了陕西日报社。吕震岳见了他很高兴，拿出一摞读者来信，高兴而感慨地说："看看，刚发表十来天，来了多少信说这个作品。"

陈忠实一封一封读着来信，禁不住热泪盈眶。他这时的激动，不完全是因了读者对于小说的好评，更多的是他太需要读者对他的"信任"了。《无畏》造成的不良影响，陈忠实一直期望以新的创作来挽回，挽回那些可能弃他而去的读者，重新建立他和读者真诚的信赖。陈忠实手中那一封封热情洋溢的信，这时向他证明了，他最期望的信赖随着《信任》不期而至。

不过，还有一封信，是另外一种态度和调子。这封信以不屑的口气评说

《信任》，更以不屑的口气讥讽陈忠实，说陈忠实在“文化大革命”期间写过一些跟风小说，现在却倒过来写什么《信任》，表示不以为然。读了这封信，陈忠实心态平和，并没有不快或恼火，他真心认为，这个人所说的基本上是客观事实，这个人肯定读过他过去写的几篇以阶级斗争为主调的短篇小说。咎由自取，自作自受，怪不得别人。从这封表示不屑甚至讥讽的来信中，陈忠实也认识到，对人生和文学，自己还应该做更进一步的反省。

由于王汶石等人的推荐，7 月号的《人民文学》迅速转载了《信任》。那时候，还没有《小说月报》一类选刊，《人民文学》辟有转载各地刊物优秀作品的专栏，每期转载一两篇。1980 年春天到来时，《人民文学》的女编辑向前给陈忠实写来一封信，告知《信任》已获 1979 年度全国优秀短篇小说奖。这个评奖采用读者投票的方法，计票结果一出来，前 20 名得奖作品便被确定下来。全国优秀短篇小说奖作为新时期最早设立的全国性文学奖项之一（另一项是全国优秀中篇小说奖），这是第二届评奖。1978 年是第一届，那一届获奖的陕西作者作品，一个是莫伸及其《窗口》，一个是贾平凹及其《满月儿》，这一届陕西作者是陈忠实一人。颁奖仪式很隆重。但陈忠实因为夫人突然生病没有去成，他只是在报纸上看到了发奖的消息。

七、大树的风格

中国民间有一种说法：读万卷书不如行万里路，行万里路不如阅人无数，阅人无数不如高人指路。初学写作的人，除了观察、研究生活，认真读书学习，勤于思考，多写多练之外，还有一个非常重要的方面，那就是要开阔文化视野。开阔文化视野的一个重要办法，就是一定要与文学高人交流。高人如果还是一方的名望，则对后生小子更有荫庇之幸。名望高人，实为一方之大树，对后生小子，一可荫庇，不使太受风摧雨残；二来树立多项标高，风神独具，是为后进之所学所向；三来高可参天，自挡风雨，能安宁一方。

陈忠实在其文学追求过程中，主要是自学，但也不乏高人指点和关怀。陈忠实少年时期喜欢上文学，对文学有一定的认识，得之于赵树理和柳青，也得之于王汶石。王汶石是陈忠实自小崇拜的一个文学前辈，读高中二年级时，他与“文学摸门小组”的两个同学常志文、陈鑫玉合资订了一本《人民文学》，读到王汶石发表在该刊上的短篇小说《沙滩上》，激动不已，三人相约着到灞河水边的沙滩上，围坐下来，热烈地讨论起《沙滩上》。1973 年 2 月，在陕西省出版局召开的“陕西省‘三史’、小说、连环画业余作者创作座谈会”上，他以“工农兵业余作者”身份见到了柳青、杜鹏程、王汶石等小说大家，极为兴奋。不过，这个时候，陈忠实与王汶石，一个在台下听讲，一个在台上讲课，受教是有的，交流还谈不上。

1979 年 6 月 3 日，陈忠实的短篇小说《信任》在《陕西日报》发表。6 月中旬，他从西安北郊参加夏收劳动归来，到《西安晚报》参加一个座谈会，见到了杜鹏程。杜鹏程谈到他的《信任》，喜形于色，多有赞扬。末了，杜鹏程对陈忠实说，《信任》王汶石也看了，认为很不错。当天晚上，陈忠实回到西安南郊小寨的郊区文化馆，看见自己门上贴着一张字条，是《人民文学》编辑向前留的。向前是一位女编辑，与陈忠实同龄，1964 年毕业于武汉大学中文系，慧眼识人，当年就是她从几麻袋的自然来稿中发现了莫伸的《窗口》，当着铁路装卸工的莫伸就此凭着《窗口》为世人所知，走上文坛，莫伸因此对向前崇敬有加，感激不尽。陈忠实找到向前的住所看向前。向前说她见过王汶石，王汶石一见面就给她谈《信任》，肯定的同时建议《人民文学》转载。向前说她已经找到《信任》读了，感觉确实不错，她已经向编辑部打了长途电话，转达了王汶石、杜鹏程的意见。编辑部也找到了《陕西日报》，看过了《信任》，决定 7 月号转载。陈忠实算了一下日子，此时已是 6 月中旬，7 月号的《人民文学》怎么来得及转载呢？见陈忠实疑惑，向前说，这很简单，抽掉一篇已排好的稿子就成了。陈忠实骑着自行车返回小寨的路上，心里一直不能平静，他被王汶石和杜鹏程等前辈们对他的关心着实感动了。

1976 年的《无畏》之后，陈忠实一直感到有一种无形的压力，自觉尴尬而羞愧。《信任》是他沉寂三年后的又一次重要的亮相之作，能得到陕西文学两棵“大树”的肯定，陈忠实心里感到一些踏实的同时，更多的是感动。他感到了老一辈作家身上那种令人敬重的人格魅力。

《无畏》作为小说发表之后，引起了不小的反响，但随着“四人帮”的覆灭和政治情势的变化，《无畏》对陈忠实的影响，已经超越了文学范围。陈忠实自己也开始了反思和反省，其深刻程度他自称为“自虐式的”，时间长达两年。直到 1979 年春天，他才从沮丧的情绪中舒缓过来，重新铺开稿纸写小说了。他一口气写了三篇小说：3 月，写成短篇小说《小河边》；4 月，写成短篇小说《幸福》和《徐家园三老汉》，但一下都还没有发表。5 月应《陕西日报》编辑吕震岳之约而写成的《信任》，交给《陕西日报》一个星期就发表了出来，对他无疑是一个巨大的鼓舞。在这样的处境和心境之中，杜鹏程的鼓励和支持，王汶石的肯定和推荐，使陈忠实除了恢复文学创作的自信心之外，更重要的，是他在感到文学前辈人情温暖的同时，意识到了与文学品质紧密相关的文学人格的重要性。陈忠实自己也认为他是“走了弯路的青年作者”，一个自学的文学青年，一个主要在农村基层工作的业余作者，确如在黑暗中摸索前行，个人和时代的多种复杂因素汇集一时，“走了弯路”几乎不可避免。世俗的嘲笑、冷眼甚至打击可以料到甚至也不可避免，但大树就不一样了。大树脚踩大地，头顶苍天，自然高瞻远瞩，胸怀博大。陈忠实由此而参悟到了作家的人格与境界的内在联系，境界与思想高度的内在关系。陈忠实后来形成的关于作家人格精神与思想境界密切关联的观念，大约就肇端于此时的感受和思考。

陈忠实后来回忆说：“我更想到另外一层，他们早已是文学大树，这样关注一个走了弯路的青年作者，在他最需要支持和处于羞愧心境的时候，做出如此热诚的举动，足够我去体味《风雪之夜》创造者的胸怀、修养和人格境界了；具有这样的人格境界的人，才能酿制出《风雪之夜》这样的蜜来。我要接受的显然不单是《风雪之夜》书的艺术，而是创造者本人的人格魅力了。许多年以后，我经历了更多的创作实践，也多多少少经历了新时期以来的文学进程，也许是增长了不少的年岁，愈来愈觉得作家自身精神境界和人格修养对于创作的关键性作用了。制约作家感受生活挖掘素材深层提炼的因素中之最关紧要的一条，便是人格精神；人格精神的错位，往往会把良好的艺术天性矮化了，令人惋惜。”（陈忠实：《为了十九岁的崇拜——追忆尊师王汶石》，《陈忠实文集·陆》，广州出版社2004年版，第137页）

王汶石对陈忠实创作的关注和关心不限于一时一篇。陈忠实历经数年、多次修改的中篇小说《初夏》在《当代》1984年第4期发表后，王汶石阅读之后很快给陈忠实写了一封长信，细致地评说这部小说的优长与缺憾。1990年，陈忠实和田长山合作的报告文学《渭北高原：关于一个人的记忆》在《陕西日报》刊出以后，王汶石又以写信的方式给以评点。这一切，都如春风化雨，滋润着陈忠实的心田，使他得以更稳健的姿态走自己的路。

八、灞桥区文化馆的日子

1980年的春节刚刚过罢，西安市郊区分为雁塔、未央和灞桥三个区。陈忠实所在的郊区文化馆亦随之一分为三。陈忠实选择了离家较近的灞桥区文化馆。妻儿老小还在乡下，依赖生产队生活，他回到灞桥，关照家里方便。而且，家里的自留地还得他务弄。

新设立的灞桥区党政办公地在西安东郊纺织城，一时缺少办公房舍，就把文化馆暂且安排到距区政府机关约十里之外的灞桥古镇上。灞桥古镇有一家电影院，据说是1958年“大跃进”年代兴建的文化娱乐设施，是以木材和红瓦构建的放映大棚。放映棚后边，有一排低矮的土坯墙平房，是电影院工作人员宿舍兼办公的地方。如今这里腾出一半，给文化馆干部入住。门前挂出一块白底黑字的招牌：灞桥区文化馆。陈忠实是副馆长，分到一间小屋，里边配备了一张办公桌，两把椅子，一块床板，宿办合一。陈忠实给自己买了一只小火炉，用以烧水做饭。煤按统购物资，每月定量，到灞桥南边的柳巷煤店去购买。陈忠实此时还兼着灞桥区文化局的副局长（西安市灞桥区党委1980年4月5日任命），本来可以在区政府给文化局分配的稍好的办公室办公，但他选择了和文化馆干部搅和在一起。

陈忠实选择到文化馆，一是图这里清静，二是喜欢这个千年古镇。此地乃古人折柳送别之地，能让人生出诸多文化联想。灞桥南头又是他的高中母校，他于此曾读书三年，平添了一缕温情。重要的是，陈忠实觉得这个古镇富有文学情调，合于自己的心性。

这个时期的陈忠实，生活习性、生活方式与当地的农民差不了多少，但内心深处，却还是有一种不同于一般农民的文化情调的。农民的生活基本上是实用的，而陈忠实，一般的也讲究实用，但对自然与生活，无疑多了一重审美的眼光。早春时节，灞河刚刚解冻，陈忠实喜欢到长堤上漫步，探看杨柳枝条上春色着未；夏日傍晚，他喜欢把脚伸进水里，静静地看长河落日，看它如何由灿烂归于淡漠；深秋时分，他徜徉于灞河滩里，眼看着杂草野花一日一日变得枯黄，也会有悲秋之感；隆冬时节，柳细河瘦，望远处雪原茫茫，心绪亦随之悠远。而灞桥古镇每逢集日，男女乡民推车挑担，拉牛牵羊，拥挤着，吆喝

1980 年。**在家乡菜园和老农交谈**（照片由陈忠实文学馆提供）

着，又是一番生动的生活景致。时代刚刚跨入20世纪80年代，古镇周边的乡民有一种春回复苏的气象，他们纷纷聚集于集市，脸上有一种刚刚获得喘息的轻松，脚下却是奔向好日子的急迫。古镇也呈现着先前未有的活力，牛马市场，木材市场，小吃摊前，市声嘈杂，人声鼎沸，陈忠实时常徜徉于此，沉迷于此，内心激荡着，思绪飞扬着。

傍一湾灞河，依一堤柳绿，古镇灞桥近连城市，远接乡野，西望长安，东眺关外，闹中有静，僻而不陋，陈忠实觉得此地甚佳，非常切合他的生活习性和生存心理。

这一年的夏天，陈忠实落脚古镇半年之后，一个酷暑三伏最难熬的日子，有一个小伙子走进电影院后院的平房，来找陈忠实，此人是《北京文学》的编辑刘恒。一见之下，陈忠实急忙让座，递茶。陈忠实知道，从西安城里到灞桥，来一趟不容易。两者之间只有一辆13路公交汽车，一小时一趟，人拥挤，路不平，行车很慢。一个来自北京的编辑，居然冒着酷热造访，陈忠实自是感动不已。刘恒喝着粗茶，说他来约稿，是《北京文学》小说组组长傅用霖让他来的。陈忠实与傅用霖1976年相识于北京的《人民文学》创作培训班。有了这层关系，陈忠实觉得与刘恒一下子亲近了许多。

俩人聊了一会儿，中午饭时，陈忠实说去吃牛羊肉泡馍，刘恒说好。原来陈忠实早已在脑子里把灞桥镇上的饭店盘算了一遍：电影院对面，有镇上的供销社开办的一家国营食堂，虽有几样炒菜，但味道不怎么样；然后就是面条了，有8分钱一碗的素面条和1角5分一碗的肉面条，镇上有多家，但拿不出手，不能招待远方客人；最有地方风味特点的饭食，在西安，那就应当数羊肉泡馍了。其时经济政策刚刚松动，古镇上先有了一副卖豆腐脑的挑担，紧跟着就是这家牛羊肉泡馍馆开张。这家仅有一间门面的泡馍馆乍一开张，就引起争议，而且这个争议旷日持久。所议者乃是重大是非，关乎两种制度和两条道路的问题。争议不断，而牛羊肉泡馍馆生意日隆，从早晨开门到天黑很久，食客盈门，排队编号，店伙计粗着嗓门呼喊着号码让客人领饭的叫声从早到晚响个不停。午饭时间，一间门面四五张桌子，无法容纳汹涌而来的食客，门外的人行道上，食客便或站或蹲，黑压压一片。

陈忠实领着刘恒走出电影院的敞门，走到熙熙攘攘吃着喊着的一堆人跟前。陈忠实要了优质泡馍，俩人便蹲在街道边的人行道上，掰馍，等叫，然后大热天吃泡馍，大汗淋漓，后来干脆站起来吃，十分畅快。事隔 26 年，直到 2006 年 11 月，在中国作家协会第七次全国代表大会期间，陈忠实和刘恒在豪华的北京饭店过厅相遇，双方刚握住手，刘恒便笑着说起这一顿午餐。正说着，围过来几位作家朋友，刘恒还向朋友们着意强调是站在街道边上吃的。

陈忠实在灞桥区文化局任副局长，分管的是农村业余文化，主抓农村业余文化创作活动。从 1981 年开始，他连续办了九期“文学创作讲习班”，为灞桥区农村培养了一批业余创作人才。有一次，文化馆要举办一期创作讲习班，陈忠实到西北大学中文系当面去请蒙万夫来讲课。路上，陈忠实担心“庙小难安大神”，没想到给蒙万夫一说，蒙万夫满口应承。陈忠实又抱歉地说，文化馆没有车，他也借不来车，到时候只好委屈蒙老师坐公共汽车去。蒙万夫说：“你这人，作那个难干啥哩！你给我说清去灞桥该坐哪路车，在哪儿乘车、换车就行了，再就甭管了，保证误不了讲课。”陈忠实一一说了。到了讲课的日子，陈忠实早晨起来还没有来得及吃早点，蒙万夫已经走进他的屋子。蒙万夫进门轻松地说：“汽车方便得很嘛！路也不远。”陈忠实知道，蒙老师是以轻松的话来解除他的窘迫，他心里很感激。

蒙万夫的讲演大获成功。蒙万夫不用讲稿，不坐椅子，一直站着讲，一口气讲了三个多小时。蒙万夫从法国的巴尔扎克、雨果讲到俄国的托尔斯泰，然后又讲到中国的柳青，讲到 1980 年中国文坛那些活跃的中青年作家及其作品、陕西的中青年作家及其作品，视野开阔，旁征博引，深入浅出，趣味盎然，艺术理论与创作分析紧密结合，非常适合业余作者的接受能力。灞桥地区的农村、工厂、学校等单位的五六十名文学爱好者听了这场讲演，感到很有收获。有几个学员还直后悔没带录音机，说把这次讲演录下来再整理出来，就是一篇很好的关于创作的论文。

日子是散漫的，但陈忠实心中有明确的目标。在文化馆，他的目标就是读书和写作。以下是一笔他在1981年的创作和与创作有关的流水账：

1月，写成短篇小说《土地诗篇》。刊《长安》1981年第6期。

1月18日，写成短篇小说《短篇二题》。刊《延河》1982年第5期。

1月11日草，2月改，写成短篇小说《乡村》。刊《飞天》1981年第6期。

3月26日，写成言论《短篇小说集〈乡村〉后记》。

4月，写成散文《面对这样一双眼睛》。刊7月12日《西安晚报》。

9月，写成言论《看〈望乡〉后想到的》。刊《银幕与观众》1981年第11期。

1980年7月。太白县招待所。《延河》编辑部召开的农村题材短篇小说创作座谈会。前排左起：京夫，蒋金彦，邹志安，贾平凹。后排左起：路遥，徐岳，陈忠实，王蓬，王晓新（照片由陈忠实文学馆提供）

10 月 14 日，写成报告文学《崛起》。刊《延河》1982 年第 1 期。

其他具体月日不详，但是在本年写成的有：

特写《可爱的乡村》。刊 11 月 8 日《陕西日报》。

短篇小说《正气篇——〈南村纪事〉之一》。刊《北京文学》1981 年第 10 期。

短篇小说《征服——〈南村纪事〉之二》。刊《奔流》1982 年第 1 期。

短篇小说《丁字路口——〈南村纪事〉之三》。刊《奔流》1982 年第 12 期。

共计：短篇小说 6 篇，散文、特写 2 篇，报告文学 1 篇，言论 2 篇。

另有往年写的三篇短篇小说《尤代表轶事》《苦恼》《回首往事》分别刊于《延河》1981 年第 1 期、《人民文学》1981 年第 1 期、《长安》1981 年第 2 期。

4 月中旬，参加由“笔耕组”组织召开的农村题材创作座谈会。老新闻工作者、评论家杨田农在发言中说：“究竟当前农村生活的主要矛盾是什么，‘左’的东西还是不是主要的东西？应该说，当前生活中的种种矛盾，还是来源于‘左’。陈忠实的作品，受到人们的重视，一个总的主题，就是批判农村中‘左’的错误思想。前几年，他的作品揭露批判‘四人帮’的‘左’的路线的危害；这几年则是清理‘左’的流毒，像最近发表的《第一刀》等就是这样。广大人民要求从中国国情出发建设社会主义，当然要清理这些‘左’的错误思想。”陈忠实在发言中说，这几年在写作中，他的最大苦恼就在于对农村生活中主要矛盾和矛盾的各个方面摸不准，看不透，常常陷入就事论事的境地。他认为，只有更深入地认识我们这个变革的时代，才能更深刻地表现我们这个时代的变革。

6 月 25 日，中国作家协会西安分会在西安举行茶话会，祝贺陕西 30 多位作家的 36 篇（部）文学作品获奖。陈忠实近年获奖的作品是：短篇小说《信任》，原刊 1979 年 6 月 3 日《陕西日报》，获中国作协 1979 年全国优秀短篇小说奖；短篇小说《立身篇》，原刊《甘肃文艺》1980 年第 6 期，获《甘肃文艺》1980 年短篇小说奖；短篇小说《第一刀——冯家滩记事》，原刊 1980 年 11 月 2 日《陕西日报》，获《陕西日报》1980 年好稿奖一等奖。陈忠实在会上发表了获奖感言《回顾与前瞻》。

夏天，在与青岛隔海相望的黄岛上，参加由《北京文学》小说组组长傅用霖组织的文学笔会。

1981 年，陈忠实 39 岁，临近不惑。他感觉生命已到了中年，自觉有一种紧迫感。他强烈地意识到，应该在文学上寻求一种突破了。

九、一个“业余作者”的精神面影

1982 年 11 月，陈忠实调入中国作家协会西安分会（1993 年 6 月，更名为陕西省作家协会）从事专业创作，成为一名专业作家。这一年，他 40 岁。在此之前，也就是他 40 岁之前，虽然写作，但他只是一个“业余作者”。

从中国文化和精神的谱系上看，陈忠实既不属于传统意义上的文人，也不属于现代意义上的知识分子。他的经历，他所受的教育，以及由经历和教育所形成的生活观念和思想观念，都更接近于中国农民的生活观念和思想观念。传统文人的生活方式、价值观念与艺术趣味，在中国历史上，几千年来，有源有流，自成一条源远流长、博大汹涌的江流，独具空间，自成体系，有自己的“文统”，也有自己的“道统”，上与朝廷官府迥异其趣，下与黎民百姓截然有别，它是“士”阶层的文化与精神。中国传统文人虽然也做官，成为朝廷官府之一员，但他们在思想和精神上与朝廷官府之习气始终保持着相当的距离，邦有道则仕，邦无道则可卷而怀之，他们在朝廷与山林田园之间进行价值选择，或进或退；他们也可能出自草野民间，但他们与普通百姓的生活方式和趣味也存在着一定的距离，这就使他们对普通百姓的态度，既有关怀、同情的一面，也有劝导、批判的一面。知识分子是一个现代性的概念，它与工具理性相区别，注重价值理性，是社会的良心，上对权力保持警惕和批判态度，下对民众负有启蒙和引导的责任。总之，无论是文人还是知识分子，都有一个共同点，那就是坚持独立之人格，自由之精神。说陈忠实既不属于传统意义上的文人，也不属于现代意义上的知识分子，着眼点就在于此。差不多在40岁以前，陈忠实基本上还没有或者说尚缺乏独立人格、自由精神的意识。受自身的文化背景、教育以及时代观念的影响，他的意识中，还是觉得自己是人民大众的一员，即使是一个作家（作者），也应该是人民大众的代言人，他的眼光基本是向人民大众看齐的，对上，则是要听从党的领导和指挥，而对于文学的认识，也是除了认同文学的“真”（真实地反映生活）和“美”（艺术地反映生活）这两条原则之外，也认同文学是党的事业，是代人民大众说话的工具，换句话说，是认同文学“为政治服务、为人民服务”这个时代的口号的。对于这个强有力的时代的口号，陈忠实在意识深处是相信并认同的，因而也不可能产生怀疑的念头。

他在当年的一些言论性文章中也鲜明地表达了这一点。

1976年9月9日，毛泽东逝世。陈忠实写了一篇怀念毛泽东的文章，发表在《陕西文艺》1976年第6期“毛主席啊，延安儿女永远怀念您”专辑中，题为《努力学习，努力作战》。“学习”当然是学习毛泽东思想，“作战”这个提法，一是当时阶级斗争观念的深刻反映，一是对当时针对“党内走资派”讨伐话语的套用。这篇文章的思想结构是当时那个年代的典型文本模式，虽然是对当年“文革八股”的因袭和套用，但其中的一些内容，也不全是虚言，甚至给人的感觉，有些话还是“心里话”，还是很真挚的。从中，我们可以看到作为一个人的陈忠实和作为一个业余作者的陈忠实，在那个时代较为真实和清晰的精神面影。

此文开头写道：“伟大领袖毛主席与世长辞的噩耗传来，我无法控制自己悲痛的心情，与我身边的同志抱头放声大哭。抬头望着我们敬爱领袖慈祥的面容，我思潮如涛，有多少心里话要对毛主席讲啊！”接着是抒发自己对毛主席的感恩：“是毛主席拯救了我这样一个贫农的儿子出火海，给了我做人的权利，祖祖辈辈如牛如马的奴隶子孙，开始呼吸自由的空气，可以大声说话，放声笑了。作为一个自由人，我才感到我们灞河两岸，是这样的美好。”接着又是感恩：“是毛主席给了我读书的权利，可以不再像父辈那样扛长工，打短工，或者卖身资本家去当‘相公’，（而是）坐在党办的简易小学里去念书，识字。”他上初中一年级时，因家贫辍学，是他所在公社的党委书记给学校打电话让他上学，不仅上了学，从那以后，学校每个月还给他六元钱（后来又升为八元钱）的生活补助，后来多次转学但补助依然，一直到他高中毕业。这样的恩情他怎么能忘记呢？而且，“是毛主席教给了我做人的道理，指给我们青年生活的道路，革命的道路，我逐渐懂得了人活着为共产主义奋斗才有意义，要走与工农相结合的道路，当人民的勤务员，在毛主席的阳光雨露滋润下，我从一个只会割草、拾柴的小奴隶，成为党的干部”。然后，又“是毛主席给了我一支笔，一支在上层建筑领域斗争的笔”，“今天才能写出一点文艺作品”。总之，自己的一切，都是党和毛主席给的。

因之，陈忠实对毛主席自然就无限热爱，无限崇敬，“最难忘，一九六六年十一月，在伟大的无产阶级文化大革命的进军声中，我作为一个红卫兵，在天安门前，华灯之下，受到了伟大领袖毛主席的检阅”，“那是多么令人心花怒放的幸福时刻！”“四时，广播里响起雄浑的《东方红》乐曲，整个广场变成一个欢腾的海洋，毛主席来了！”“我看见毛主席了！我看见日夜想念的毛主席了！”“我踮着脚尖，不住口的呼着‘毛主席万岁’的口号”，“我看见毛主席满面红光，向我们微笑着，不禁热泪盈眶，幸福的泪水挡住了视线。我一直目送着毛主席向东长安街的红色波涛中驶去……”然后，“我坐在地上，打开语录本，在毛主席像下，记下了这一永生最难忘的时刻：‘敬爱的伟大领袖毛主席，一九六六年十一月七日（邢注：应为11日）下午四时十七分，我在天安门广场东侧的华表下，看见了您慈祥的面容’”。这是那个时代，一个普通青年对毛主席最真实也最为普遍的感情。

他对文学是怎样认识的呢？在这篇文章的后边，他回到了文学，说，“作为一个业余作者”，我们要“充分发挥革命文艺团结人民、教育人民、打击敌人、消灭敌人的有力武器的战斗作用”。文艺是“有力武器”，因之要发挥它的“战斗作用”，然后发誓：“牢记毛主席‘为工农兵所创作，为工农兵所利用’的教导，努力塑造无产阶级英雄形象，鼓舞人民，团结人民，同心同德地与党内外阶级敌人作坚决的斗争！……牢记毛主席‘到火热的生活中去’的谆谆教导，永远扎根农村，投身三大革命斗争的火热生活，首先做一个与贫下中农实行三同的基层干部，才能使自己获得取之不尽、用之不竭的创作源泉，也才能使自己不断改造世界观，防止演变为资产阶级的俘虏。”再表态：“我要努力学习，努力作战，沿着毛主席指引的革命文艺的方向，坚定不移地前进!”

陈忠实这样的认识和思想，是当时那个时代，一个工农兵“业余作者”普遍的认识和思想。它是真实的。当时的陈忠实，还跳不出时代和环境的局限。他当时努力跟上时代的脚步，企望走在时代的最前列，其实就是紧跟当时的政治形势，并和当时的意识形态保持高度一致。他以为这样做就是“进步”的。主观上他不是要做一个紧跟形势的跟风派，但是他的思想认识，在当时，缺乏更为宏阔的文化的、精神的和价值的参照坐标，他只看到了当时的历史现实，只受到了当时的主流意识形态的影响，所以，他信了。

他在另一次颁奖活动中的表态性发言，也能映现他当时的精神面影。即前文所提到的1981年6月25日中国作家协会西安分会在西安举行的茶话会。参加会议的“文革”结束后几年间获得全国优秀短篇小说奖、中篇小说奖和新诗奖的中青年作家，有莫伸、贾平凹、陈忠实、京夫、路遥、李凤杰、毛锜、刘斌等，还有获得各省（市）、有关系统文学创作奖的作家贺抒玉、李天芳、王晓新等。陕西省党政领导对会议十分重视，省委常务书记章泽、省委书记陈元方、省委常委兼宣传部部长黄植、省人大常委会副主任孙作宾、省人民政府副省长谈维煦到会祝贺。参加会议的还有省委宣传部、中共西安市委、《陕西日报》、省文化局、省出版局、省社会科学院、《西安晚报》、省美协、省音协、省剧协、《延河》编辑部的负责人以及省工、青、妇、文艺宣传单位的负责人或代表。正在西安访问的中国科学院文学研究所涂代生、《光明日报》记者李准、《文学报》记者陆行良也应邀出席了会议。参加会议的共有100多人。会议可谓隆重热烈。

章泽、陈元方、黄植在会上做了讲话。章泽在讲话中提出三点要求：要很好地培养扶植中青年作家，希望有更多的中青年作家成长起来，接好我们文学事业的班；作家要意识到自己责任的重大，当提笔写一部作品的时候，要想到这部作品告诉群众什么？应该供给群众高质量的精神食粮；在新的历史条件下要很好学习、提高文学创作水平。陈元方在讲话中说：一个作家在创作中付出了辛勤的劳动，创作了有益于人民的作品，产生了好的社会效果，就应该受到鼓励。批评是一种武器，奖励也是一种武器。文艺之需要批评犹如人们之需要洗脸。希望今后的文艺批评犹如真正的洗脸一样，洗了之后，被洗者感觉良好，感到是对他的帮助与提高，而不是“伤脸”“丢脸”。陈元方强调指出：陕西地区在中国历史上曾长期是政治文化中心，有着光辉灿烂的古代文化。特别是我党中央在延安时期，创造了优秀的革命文化，我们要很好地继承这个传统。黄植说：我省的文学作品生活气息较浓，有浓厚的泥土味，这个特点要继续保持下去。我们的作品有泥土味，还要有时代味，要深刻地反映我们的时代，正确深刻地表现我们新的时代精神和新时期的新生活、新矛盾，塑造社会主义新人的典型形象，塑造“四化”建设中创业者的形象。要发展提高作家队伍，办好文学刊物，培养更多作家，创作出更多更好的文学作品。中国作协西安分会主席胡采代表协会讲话，肯定几年来陕西文学创作所取得的成绩，介绍培养中青年作家工作的主要方法和经验，然后对作家和文学工作者提出希望。胡采说：我们面临着社会主义现代化的伟大任务。广大人民群众向我们提出了更高的要求。我们相信有党中央的英明领导，有我们省委的热情关怀与支持，有我们同志的紧密团结和同心协力，我们今后的创作一定会更加繁荣，更加旺盛。希望大家以更好的成绩，来回答新的历史时代对我们所提出的新的要求。（中国作家协会西安分会：《文学简讯》，1981 年第 3 期，1981 年 7 月 15 日出版）

陈忠实、贾平凹、路遥代表获奖作者发表获奖感言。陈忠实的题目是《回顾与前瞻》。他说：“我的创作，无论数量或质量，都是令人脸红的。作品少，思想艺术水平也不高，基本上属于习作的小故事，还不是真正剖析生活、剖析社会的艺术品。但不管怎样，我这样的‘丑小鸭’，能够写出这样一些作品，却是我的父母那一辈庄稼人无论如何无法做到的。这不是他们没有天资，而是他们没有我这一代人的学习和追求某种事业的社会条件。而这个条件，是中国共产党领导中国人民，经过半个多世纪的浴血奋战取得的，这是铁铸一般的事实。人总不能忘本。”先是客观地认识自己，剖析自己，然后话题一转，开始感恩。紧接着一段又是感恩：“在纪念我们党诞生六十周年的时候，回顾自己成长的历史，自然地想到党的恩情。没有党所领导的中国革命的胜利，我的一切，包括现在从事的文学事业，都是无法设想的。”

谈到对于文学的认识，陈忠实谦卑然而又不无坚定地说：“在文学创作这条道路上，我是一个初学者，谈不到什么经验，但亲历的事实和教训，却一再启示和教育我，使我深信，在一些基本问题上，不能任性，不能动摇。否则，是会吃大亏的。”他接着谈了“一些基本问题”，这其实也是他在当时关于文学创作的一些基本认识：

第一，要“坚持我们文学的鲜明的党性原则”。他认为，“我们的文学事业，是我们党的事业的一个组成部分，这就规定了它的社会主义的性质，无产阶级的性质”。接着，他也人云亦云地讲，“我们的先辈们，譬如鲁迅、郭沫若、茅盾等等，他们的光荣道路，他们的不朽业绩，可以说是坚持文学的党性原则的道路，是实践这个原则的业绩”。然后说，“我们今天的社会主义文艺，是他们事业的继续和发展，理所当然地要申明它的为社会主义服务、为人民服务的性质。马列主义、毛泽东思想，作为党所领导的各项事业的指导思想，当然也是我们文学事业的指导思想。这是中国革命历史发展选择的结果。谈出这个结果，不能认为是老生常谈的套话”。接着，他强调了文学创作要关心政治，认为社会政治“是人们生活的重要的甚或是核心的影响一切的内容”，作家要离开政治是困难的，也是不可能的。他其实强调的是，“文学家不一定要做政治家”，但是，要以政治的眼光看待生活，描写生活。

第二，要“坚持深入生活”。“离开生活，无法创作”，“我至今信用不惑”，“回想起来，自己虽然生活在农村，但自幼就上学，一直上到成年，对农村和农民的了解，仅仅是一些表象而已。真正对农村、对农民有一点了解，那还是在公社工作的十余年间。这段生活是难忘的。如果没有这一段生活阅历，很难想象我能写出现有这些作品来”。

第三，要“永远虚心学习”。都要学习什么呢？他说，“学习社会，学习马克思主义，学习我们民族文学的优秀传统，学习‘五四’以来现代和当代的优秀文学作品，学习外国著名作家的优秀作品，加以消化，为我所用，不断地永不满足地丰富自己的文学库存，加深文学修养，提高艺术技巧，走出自己的路子，闯出自己的风格”。

最后，他借用柳青的一句话说，“文学是愚人的事业”，认为创作要“老老实实，埋头苦干，不务虚名，更不能投机取巧。谁以为自己已经得到了‘宝葫芦’，洋洋自得，不可一世，那么文学生命就可能是短暂的”。（中国作家协会西安分会：《文学简讯》，1981 年第 3 期，1981 年 7 月 15 日出版）

陈忠实这里所谈，虽然可以说全部是当时的流行话语和主流观念，但是可以看出，在这个隆重而热烈的奖励性的茶话会上，他当着 100 多位文学同行、各界人士以及有关领导，显然还是要谈出一些真正属于自己的心得的。说的是“套话”，但却也是“加以消化，为我所用”的。因此，也可以说，这里所谈，也应该就是陈忠实当年作为一个工农兵“业余作者”，关于文学的一些基本见解。

文学是党的事业的一部分，作为一个工农兵“业余作者”，自然是党领导下的一兵，属于整架革命机器上的一颗“螺丝钉”。传统文人和知识分子认为“人”或“我”是独立的“个人”，而作为工农兵“业余作者”时期的陈忠实，与传统文人和知识分子对人的认识不同，他认同的是那个时代的普遍意识，没有独立的“个人”的存在，只有作为“人民”一员的“群众”的存在。文学当然也不是甚至绝对不是关于“自我”的表现，而是革命事业的一部分，是党的事业的一部分，因之，文学创作，要服从党对革命事业的统一领导和指挥。文学是按照党的意志对人民生活和群众“意愿”的反映，当群众的“意愿”与党的意志一致时，它就是正确的，反之，就是错误的甚至是反动的。而在当时的文化语境里，任何背离党的意志，表达自己所认为的群众“意愿”，要么被认为是“不真实”的，要么被视为“自我”“小我”的表现，是要受到批评甚至批判的。这种关于文学的认识，在当时，不仅仅是陈忠实一个人的理解，它简直就是一个时代的“文学意志”。

这个时期以至以后的陈忠实，反复强调文学与生活的关系，认为生活是创作的唯一源泉，因此，特别强调要深入生活。比如他在1980年4月写的《我信服柳青三个学校的主张——〈信任〉获奖感言》、1982年5月写的《和生活的创造者一起前进》、1982年12月写的《深入生活浅议》，都从不同角度反复地谈到了这一点。他的这个观点或者说是认识，主要来自两个方面。一个是理论方面，这个理论就是毛泽东的《在延安文艺座谈会上的讲话》（以下简称《讲话》）。毛泽东在这个《讲话》中说：“一切种类的文学艺术的源泉究竟是从何而来的呢？作为观念形态的文艺作品，都是一定的社会生活在人类头脑中的反映的产物。革命的文艺，则是人民生活在革命作家头脑中的反映的产物。人民生活中本来存在着文学艺术原料的矿藏，这是自然形态的东西，是粗糙的东西，但也是最生动、最丰富、最基本的东西；在这点上说，它们使一切文学艺术相形见绌，它们是一切文学艺术的取之不尽、用之不竭的唯一的源泉。这是唯一的源泉，因为只能有这样的源泉，此外不能有第二个源泉。”另外一个是创作实践方面，陈忠实在创作方面，很长一段时期特别是早期一直以柳青为榜样，而柳青为实践毛泽东《讲话》精神，从北京到西安，再从西安城市到了长安县农村，扎根农村14年，写出了《创业史》，《创业史》对陈忠实影响极大极深，同时也令陈忠实钦佩不已。陈忠实认为，《创业史》的创作成功，一个重要的原因，就是柳青坚持了“深入生活”。文学与生活的美学关系问题，文学艺术源于生活高于生活理念的普及，始于20世纪40年代的延安时期，新中国成立后更是成为权威的文学观念。这个观念追根溯源，乃是源自周扬翻译的俄国文艺理论家车尔尼雪夫斯基的《艺术与现实的审美关系》，这本书早期也被译为《生活与美学》。《艺术与现实的审美关系》提出“美就是生活”的论断，要求文学再现生活、说明和评判生活，做“生活的教科书”。陈忠实对车氏的理论知之不多，但对吸取了车氏理论某些重要观点的毛泽东的《讲话》，则是要时时学习，至少在那个年代，每年到了 5 月 23 日前后，文艺界都要掀起一个学习或者是重温《讲话》的热潮，因此，对其内容无疑极为熟悉，其中的基本观点应该是耳熟能详，牢记在心的。潜移默化，影响自然就深了些。

假如我们一般地理解“美就是生活”，简单地理解艺术要反映或者表现生活，其实是没有真正地理解毛泽东的讲话。如果我们仔细研读毛泽东的《讲话》，我们就会发现，毛泽东讲话中所说的“生活”，是有特定指向和范畴的，它不是一般所言的泛泛的生活，也不是胡风所言的“到处都有生活”的“生活”，它指的是中国共产党领导下的工人、农民、士兵以及“革命的干部”的生活，特别是人民革命“火热的斗争”生活。这是写什么的问题。接下来是为谁写的问题，毛泽东指出，“我们的文艺，第一是为工人的，这是领导革命的阶级。第二是为农民的，他们是革命中最广大最坚决的同盟军。第三是为武装起来了的工人农民即八路军、新四军和其他人民武装队伍的，这是革命战争的主力。第四是为城市小资产阶级劳动群众和知识分子的，他们也是革命的同盟者，他们是能够长期地和我们合作的”。一句话，它不是为所有人的，更不是为地主阶级和资产阶级的，而是为中国共产党领导下的“革命的阶级”和“革命的同盟军”“革命战争的主力”以及“革命的同盟者”的。明白了这些，才算是基本读懂了毛泽东的《讲话》。而毛泽东所要求的文艺家也不是一般的文艺家，而是在中国共产党领导下的“革命的文艺家”。

第四章　“我”的自觉与文学的自觉

一、“剥离”与“寻找”

从一个工作之余的文学爱好者，变为体制内专业的作家，是一种幸运，同时，也带来了压力。明白人都知道，在文学创作上，身份的变化并不能说明什么问题，说明问题的是你的创作质量和作品达到的艺术高度。从爱好文学，到写出了一些有影响的作品，包括引起一些批评的作品，陈忠实对于文学的理解渐趋深化。他明白，他自身需要一个蜕变，一个文化心理上的和艺术境界上的深刻蜕变。

这个蜕变是自觉的，但需要一个过程，一个生命的和精神的演化与蜕变的过程。这个过程用陈忠实自己的话语来说，就是“剥离”与“寻找”。

“剥离”与“寻找”是陈忠实后期创作，特别是《白鹿原》创作必要的艺术创造心理过程，没有这个“剥离”与“寻找”，就没有后来的作家陈忠实，当然也就没有《白鹿原》。仔细考辨这个“剥离”与“寻找”，我们会发现，这其实是一个问题的两面，亦即没有“剥离”，就没有“寻找”，或者说，没有洗心革面、脱胎换骨的“剥离”，就没有真正意义上的“寻找”；而要“寻找”——寻找到陈忠实借用海明威的话来表述的“属于自己的句子”，就必然要经历这个“剥离”过程，“剥离”是“寻找”的必要前提，或者说是

“因”，“剥离”与“寻找”之间有着一定的因果关系。因之，陈忠实的“寻找”过程，同时也是一个“剥离”过程；“剥离”的过程，同时也是一个“寻找”的过程。

1985 年 11 月，陈忠实写成了 8 万字的中篇小说《蓝袍先生》。这部小说与他此前创作的小说的区别是，他一直紧盯着乡村现实生活变化的目光转移到 1949 年以前的原上乡村，由关注新的农业政策和乡村体制在农民世界引发的变化，转移到关注人的心理和人的命运的思考，他认为，这是他思想上的一次突破和创作上的一个进步。关键是，他在创作过程中解析蓝袍先生的精神历程并揭示其人生轨迹时，也在解析自己；他以蓝袍先生为参照，也在透视自己的精神禁锢和心灵感受的盲点与误区，为的是“打开自己”，进行自己的“精神剥离”。

“精神剥离”是一个心理过程，也是一个思想过程，它需要冷静的理性思考。陈忠实说他的“剥离”概念得于植物种子的“分离”概念。他讲，在当时“思想解放”的时代大背景下，他作为一个决心以文学为此后立身和事业的作家，不期然而然和必然而然地发生了“精神和心理剥离”。他所谓的“剥离”，就是他面对现实生活发生的某些事象或变革，面对一些新的思潮和新的观念的兴起，受到一种精神的触动或心灵的震动，特别是现实生活发生的某些事象或变革以及一些新的思潮和新的观念，同自己原来的“本本”即固有观念和意识发生了“冲突”“冲撞”，他就静下心来进行必要的“回嚼”或曰“反思”，对新事物和新观念更多地以比较的方式进行审视，辨析判断，择其优劣，同时伴之以或艰难或痛苦的感情变化历程，最后完成思想观念的转变、精神上的新生和心灵上的回春。

他的这种“剥离”意识始于 80 年代初。从 1982 年春节因现实生活触动开始，尔后则贯穿整个 80 年代，“这种精神和心理的剥离几乎没有间歇过”。当胡耀邦总书记在中央会议上号召党的各级领导带头脱下中山装换上西装，他看着电视荧屏上胡耀邦着西装打领带的形象，脑海里浮现出毛泽东等第一代领导人一律着中山装的形象，意识到这不仅仅只是换了一身装束；灞桥古镇上，逢集时那些牵牛拉羊挑担推车卖货买货的男女农民中，突然现出三四个穿喇叭裤披长发的男孩女孩，他们旁若无人地晃悠，引发整条街上的行人驻足观赏，惊呼为怪物；无主题无情节无人物甚至无标点小说和朦胧诗在文坛引发激烈争议，则使陈忠实同灞桥镇上第一次出现喇叭裤时乡民的惊诧联系起来；他被朋友引去看摇摆舞，第一次看见屁股绷紧胸部更为绷紧的妙龄女子疯狂地扭摆肢体的时候，他发胀的脑子里忽然浮现出“文革”中跳“忠字舞”的场面；而看到县长给全县第一个“万元户”披红戴花的电视画面时，他则又一次想到吃着自带干粮为农业社换稻种的梁生宝，想到梁生宝的生活原型王家斌，也想到柳青；当城市和乡村刚刚冒出一批富裕户，引起“造导弹的（收入）不如卖茶叶蛋的”惊呼，以及文坛上关于“文人要不要下海”的争论；如此等等，这些生活事象触动着他，引发他持续地思考。“这些接踵而来撞人耳眼的事，在我都发生着‘剥离’的过程，首先冲击的是我意念里原有的那些‘本本’，审视，判断，肯定与否定，淘汰与选择，剥离就不是轻易一句话了，常常牵动感情。以上不过是随意列举 80 年代发生的生活事象，我既不能看了听了权作不见不闻，甚至没有一件会轻易放过，曾经怀疑自己心胸是否太窄，有些毫不关涉自己的事又何必较真；又怀疑自己是不是因为既有的‘本本’影响太深，剥离就显得太艰难，甚至痛苦”。改革开放初期各种新生的社会事象和生活变革都给陈忠实心理、情感和思想以巨大而深刻的冲击，可谓“触目惊心”，促使他不得不思考。这种思考并且由此及彼，由现实生活事象进入历史的深层和思想的深层，“还有比这些生活事象更复杂也更严峻的课题，譬如怎样理解集体化三十年的中国乡村，譬如如何理解 1949 年新中国之前的中国乡村，涉及到思想、文化、革命、传统与现代，社会主义和资本主义，等等”。这个“剥离”也真如同陈忠实自己所说是“一种剥刮腐肉的手术”，“剥离这些大的命题上我原有的‘本本’，注入新的更富活力的新理念，在我更艰难更痛苦”（陈忠实：《寻找属于自己的句子——〈白鹿原〉创作手记》，上海文艺出版社 2009 年版，第 102、103 页）。这个不断“剥离”的过程，是作家面对新的时代而发生的思想观念的改变和更新，通俗地说，就是“思想上的转弯”。当然，比单纯的思想观念发生改变和更新更为深刻和复杂的是，这种“思想上的转弯”连带着感情的转弯。思想上通了，感情上未必通，感情上的转弯和通过需要有一个过程。

尽管陈忠实一再说这个过程很“痛苦”，但还必须“剥离”，何以如此？因为陈忠实明确意识到“剥离”与创作的进步有着密切的关系，“剥离的实质性意义，在于更新思想，思想决定着对生活的独特理解，思想力度制约着开掘生活素材的深度，也决定着感受生活的敏感度和体验的层次”，“是上世纪八十年代不断发生的精神和心理的剥离，使我的创作发展到《白鹿原》的萌发和完成”（陈忠实：《寻找属于自己的句子——〈白鹿原〉创作手记》，上海文艺出版社2009年版，第103页）。陈忠实明白，如果没有这个“剥离”或这个“剥离”不够彻底，对他能否成为一个真正的作家和成功的作家关系巨大并且深远。对此，他有着清醒的意识。他说，这种“精神和心理剥离……既涉及现实和历史，也涉及政治和道德，更涉及文学和艺术”，“我此时甚至稍前对自己做过切实的也是基本的审视和定位，像我这样年龄档的人，精神和意识里业已形成了原有的‘本本’的影响，面对八十年代初生活发生的裂变，与原有的‘本本’发生冲撞就无法逃避。我有甚为充分的心理准备，还有一种更为严峻的心理预感，这是决定我后半生生命质量的一个关键过程。我已经确定把文学创作当作事业来干，我的生命质量在于文学创作；如果不能完成对原有的‘本本’的剥离，我的文学创作肯定找不到出路”（陈忠实：《寻找属于自己的句子——〈白鹿原〉创作手记》，上海文艺出版社2009年版，第104页）。“剥离”的过程也是一个“拷问”自己的过程，这个“剥离”过程，其实我们还可以用西方宗教上的一个词语来表述和理解，这就是需要经过“炼狱”的洗礼。这真是精神和心灵所经历的一次“炼狱”之路。“炼狱”一词有精炼之意，在西方教会的传统中，“炼狱”是指人死后的精炼的过程，是将人身上的罪污加以净化，是一种人经过死亡而达到圆满的境界——天堂过程中被净炼的体验。当然，这里所说的经过“炼狱”的洗礼，是指作家的精神和心灵，而非肉身。从某种意义上说，“剥离”就是精神上的死而复生，心灵上的枯木逢春。

陈忠实第一次发生“剥离”意识是1982年。这一年早春，陈忠实到渭河边的一个人民公社协助并督促落实中共中央1982年一号文件，这个文件的精神用一个词概括就是“分田到户”（包产到户）。有一天深夜，他一个人骑着自行车从一个村子往驻地赶，突然想起了他所崇拜的柳青，想起了记不清读过多少遍的《创业史》。一想之下，忽然惊诧得差点从自行车上跌下来。一个巨大的疑问号和惊叹号横在他的心里：你在干什么？你如今在渭河边的乡村里早出晚归所做的事，正好和30年前柳青在终南山下的长安乡村所做的事构成一个反动！这是怎么回事？为什么会这样？他思考着，追问着，一时想不清晰，就索性推着自行车在田间土路上一边行走一边任思绪漫卷。

陈忠实虽然长期生活和工作在农村，但他对于农村的思想认识，特别是对农村社会发展的认识，主要有两个来源，一个是当时的观念教育特别是党的各项农村政策和文件，一个是从少年时起就喜欢阅读并被潜移默化影响的赵树理、柳青以及李准等人的文学作品，后者可能来得更为具体而深刻一些。从合作化到人民公社化，这是农村走向繁荣富裕的康庄大道和必由之路，单干、私有，这是资本主义落后的东西，陈忠实的这种思想认识包括情感认知，既得之于当时的观念教育，更得之于赵树理、柳青和李准有关小说作品的教育。陈忠实喜欢上文学，就是因为读了他们的作品受到了感动，才决心走上文学之路的。而他后来这20年的农村基层工作，主要就是为人民公社体制服务。现在，时代变迁，人民公社消亡了，这对他来说，确实是一件意想不到的大事变，而要思想特别是感情转过弯来，一时还不是那么容易。直到第二年，看到分给自家的地里打下来那么多的麦子，他心中一些困惑了很久的疙瘩才有所解开。这个“剥离”的过程生动而具体，也很说明问题。观念的转变不是说变就变的，它需要反思，也需要时间。关键是，由于对这个巨大事变事先既缺乏思想准备，事后思想和情感又一时未能转过弯，陈忠实显然对自己思想的某些“迟钝”或者说是“滞后”有所警觉。他坦然承认，他的“剥离”性反思都是在现实生活的触动下发生的，而且“几乎都是被动的”（陈忠实：《寻找属于自己的句子——〈白鹿原〉创作手记》，上海文艺出版社 2009 年版，第 104 页）。这说明，对于生活和历史，他并不是一个先知先觉者，他甚至还深切地感到了自己“思想的软弱和轻”。细味“思想的软弱和轻”这个形象化的表述，其实就是指思想对现实缺乏穿透性，对历史缺乏前瞻性。而这对于一个必须具有思想者素质的作家来说，特别是对于一个仍然要坚持现实主义创作方法的作家来说，显然是一个致命的软肋。反映历史，穿透现实，走向未来，是现实主义文学作品的基本要求。经过反省，他深刻地意识到，自己从精神到心灵都很有必要经历一个自觉的“剥离”过程。是的，是“自觉”。犹如蚕蛹之蜕变为飞蛾，不经历这个过程，不能完成这个过程，只能仍是一条爬虫，长不出翅膀，也就飞腾不起来。

陈忠实当年同时具有三个社会角色：农民，农村基层干部，作家——业余作者。陈忠实说他当年时常陷于三种角色的“纠缠”中。直到亲眼看到自家地里打下了那么多意想不到的麦子，这一夜他睡在打麦场上，却睡不着，听着乡亲们面对丰收喜悦的说笑声，“我已经忘记或者说不再纠缠自己是干部，是作家，还是一个农民的角色了”（陈忠实：《寻找属于自己的句子——〈白鹿原〉创作手记》，上海文艺出版社 2009 年版，第 99 页）。三种角色对生活的态度和看取生活的视角不同：农民，是生活者；农村基层干部，是党的政策的执行者；作家——业余作者，则要对生活进行冷静的观察和深入的思考，更要有思想的穿透性和前瞻性。不必讳言，在 80 年代初以前的陈忠实，他的作家的思想者素质还相当薄弱。正因为如此，他后来才对作家的思想者素质极其看重。从陈忠实自述的在 80 年代引起他产生“剥离”意识的生活现象，诸如穿西服着喇叭裤等事象看，陈忠实当年要“剥离”的，第一是狭隘的农民的精神视野，或者说，不能仅仅以一种传统的农业文明的意识看取生活，一个现代作家同时还要具备一定的都市视角和现代文明意识。第二是政策执行者角色，最后还自己一个作家的角色。政策执行者角色，从某种意义上说，是一个“君要臣死，臣不得不死”的角色，这是被动的和被支配的，容不得有自己的个性特别是有自己的思考。第三是非文学的和伪文学的“文学观念”。第四，陈忠实还要“剥离”如同他已经意识到的比生活事象“更复杂也更严峻的课题”，诸如“思想、文化、革命、传统与现代，社会主义和资本主义，等等”。在这些问题上，几十年来沿袭下来的观念，可谓根深蒂固，“剥离”起来既复杂严峻，也不是说“剥离”就能“剥离”净尽的。无论如何，应该说陈忠实还是比较早地意识到了“剥离”这个问题，而且是“自觉”的，“自觉”到了它的必要性和重要性，这是非常重要的，也是非常了不起的。因为从某种意义上说，所谓“剥离”就是自己“否定”自己，“觉今是而昨非”，这对很多人特别是作家来说，是非常难的。

一般的作家似乎只有“寻找”的过程，而没有也不需要经历这个“剥离”过程。陈忠实为什么要“剥离”？从背景和经历看，陈忠实之所以走上文学道路，先是因为课余、业余爱好，后是因为当时政治的需要，有关文艺机构扶持工农兵业余作者，陈忠实受当时文学实践和文学思潮的影响，早期的创作，大体上是沿着“讲话”的方向和“政策”的指导往前走的。这种创作，在当时的陈忠实自己看来，也是因为喜爱文学而过的一把“文字瘾”。他从模仿自己喜爱的作家到自觉与不自觉地成为政策的传声筒，要一变而成为具有独立思想、独立艺术个性的作家，不经过“剥离”就不能脱胎换骨。“剥离”是精神和心理上的“洗心革面”和“脱胎换骨”，具体说，是一种思想上的“脱胎换骨”，也是某种程度上的情感上的“洗心革面”。陈忠实说，“我相信我对乡村生活的熟悉和储存的故事，起码不差柳青多少。我以为差别是在对乡村社会生活的理解和开掘的深度上，还有艺术表述的能力”（陈忠实：《寻找属于自己的句子——〈白鹿原〉创作手记》，上海文艺出版社 2009 年版，第 9 页）。“艺术表述的能力”与文学禀赋和艺术经验的积累有关，而“对乡村社会生活的理解和开掘的深度”则无疑与作家的思想素质和思想能力有关。而这思想素质和思想能力的培育，对陈忠实个人来说，就非得经历“剥离”这个“脱胎换骨”的过程不可。陈忠实反思，他从 1973 年到 1976 年四年里写了四篇小说，这几篇小说都演绎阶级斗争，却也有较为浓厚和生动的乡村生活气息，当时颇得好评，第一个短篇小说处女作《接班以后》还被改编为电影，但是随着时间的推移，这几篇小说致命的问题就暴露出来了，不用别人评价，陈忠实自己都看得很清楚。

站在历史的角度看，70年代末到80年代初，确实是一个历史发生大转折的时代。在这个代际转换的重要时刻，从过去时代一路走过来的作家，精神和心理上“剥离”与不“剥离”，对其后来创作格局与发展的作用，效果还真是不一样的。有的老作家，在50年代，写过一些引起广泛影响当时也颇获好评的歌颂合作化、人民公社化的文学作品，到了80年代，面对时移世变，思想认识和感情态度基本上还停留在当时的基点上，而且对新的东西一时还不习惯，接受不了，对现实失语，也就对历史和未来失语，就很难再进行新的创作，只好写一写“艺术技巧谈”之类的文章。这说明，不是任谁都能“剥离”的，也不是任谁都愿意“剥离”的，更不是任谁都有这个必须“剥离”的思想自觉的。当然，“剥离”不“剥离”，完全是作家个人的一种自觉和自愿选择，绝对不是一条所有作家都必须要走的必由之路。笔者和陈忠实闲谈得知，陈忠实对于有的作家在新时代面前，不能适应和无法适应，思想和创作陷入进退两难，看得很清楚，他以这些作家为镜，反思，自审，再一次确认自己的“剥离”很有必要。

“剥离”也不完全是放弃、扔掉，有的则是坚持中有所更新，类似哲学上的一个概念“扬弃”。比如对待现实主义创作方法。1984年，陈忠实参加中国作协在河北涿县召开的“全国农村题材创作座谈会”，会上关于现实主义和现代派的讨论与争论就对他极有启示，现实主义创作方法可以坚持，但现实主义必须丰富和更新，要寻找到包容量更大也更鲜活的现实主义。这之后，陈忠实开始自觉地反思自己的现实主义写作历程。他想到了柳青和王汶石，这两位陕西作家，既是他的文学前辈，也是当年写农村题材获得全国声誉而且影响甚大的两位作家，陈忠实视二人为自己创作上的老师。但是到了1984年，当他自觉地回顾包括检讨以往写作的时候，首先想到的就是必须摆脱柳青和王汶石的影响。但他又接着说，“但有一点我还舍弃不了，这就是柳青以‘人物角度’去写作人物的方法”（陈忠实：《寻找属于自己的句子——〈白鹿原〉创作手记》，上海文艺出版社 2009 年版，第 44 页）。

对陈忠实来说，“剥离”之后的“寻找”，主要的就是重新寻求意义世界，包括艺术的意义世界。旧的精神世界被逐渐“剥离”了，必然需要新的意义世界来“丰富”。“寻找属于自己的句子”，既是寻找属于自己的艺术表现方式，更是寻找属于自己的意义世界。小说，特别是长篇小说，最重要的还是写人。陈忠实在小说艺术上寻找的结果，最终问题的归结点，还是集中在人物描写上。新文学从 1942 年即从毛泽东发表《在延安文艺座谈会上的讲话》以后，文学作品写人物，主要是把人物简单地按阶级划分，表现在小说作品中，人物主要就是两大类，一是剥削者和压迫者，一是被剥削者和被压迫者，然后就是按“剥削压迫，反抗斗争”的模式结构情节，设计人物冲突。陈忠实在“寻找”之后认识到，写人，要从多重角度探索人物真实而丰富的心灵历程，要避免重蹈单一的“剥削压迫，反抗斗争”的老路，要从过去的主要刻画人物性格变换为着重描写“人的文化心理”，从写“典型性格”转变为写人物的“文化心理结构”。性格不是不要写了，典型性格也不是不要写了，还是要写的，但已不是自己创作的着眼点。过去的小说是以塑造性格为目的，他现在要以挖掘和表现人物的文化心理为鹄的，在挖掘和表现人物的文化心理的同时塑造人物性格，自己要写出的是人物的文化心理性格，这样，才能写出真实、完整而且丰富的人。

二、读书兴趣与文学接受

陈忠实谈到自己的读书时说，他的“几乎所有阅读都不过是兴趣性的阅读而已，都只是为了增添知识，开阔视野，见识多种艺术风格的作品”（陈忠实：《生命里的书缘》，《海燕》2008 年第 9 期）。对于一个作家来说，阅读，既是一种如陈忠实所言的生活兴趣，同时也或隐或显地包含着某种程度的关于创作的准备。要完全弄清一个作家的阅读情况是困难的，因为他的一生阅读范围可能太广，根本无法准确把握。但是，通过对这个作家曾经产生过特别影响的阅读情况进行一定的梳理，可以看出文化传统包括文学传统以及时代的文化背景和氛围是如何对一个作家产生了重大影响的，可以探知这个作家的某些精神来源和脉络。

（一）中国传统文学对陈忠实影响不大

2008年10月16日，笔者和陈忠实一起去宁夏银川，一路闲聊。笔者问他对中国古典名著的看法。他说他不爱看《三国演义》，因为“不喜欢看打仗的故事”；《水浒传》也不喜欢，同样的原因，“不喜欢打打杀杀”（2010年11月22日晚上，为中央电视台《大家》栏目的记者饯行，席间聊到读书情况，陈忠实谈对《水浒》的印象是：前边写鲁智深、武松、林冲等人的情节觉得还好看，后面主要写怎么把一些有本事的人“日弄”上梁山，给人“挖坑”，不是逼上梁山了，就觉得没有意思，没有好好看）；对于《西游记》这样的离现实生活更远的神魔小说那就更不用说了，不喜欢；至于《红楼梦》，陈忠实老实说他没有看完过，因为那种写贵族生活包括爱情生活的小说，距离“咱的生活太远”。这样看来，他不喜欢中国古典小说，那么中国古典小说的艺术传统对于他的影响应该说是微乎其微。

他在创作《白鹿原》之前，对于中国古典文学中的诗词文章接受得也不多。阅读过一些，但显然不是太感兴趣，也没有下过功夫琢磨研究。《白鹿原》之后，他也写一些旧体诗，也填过词，但没有下过太大的功夫研究旧体诗词的形式特点，他只是利用旧体诗词这种形式来表达他当下的思想感情。由此并对照陈忠实一贯的文字风格，可以看出，中国古典文学对陈忠实的文学思维和文学创作没有太大的影响。

（二）陈忠实早年喜欢和接受的，都是与他的生活即农村生活体验密切相关的小说作品

陈忠实生长于他的故乡西安灞桥农村，也是在乡村读的小学和中学，他对乡村生活有特别深刻的体验和感情。一个人的阅读兴趣，与其生活经历和生命体验有着密切的内在关系。陈忠实由于他早年的生活范围，由于他的文化视野，由于当时的时代背景，除了上学的课文之外，他自己选择阅读和接受的都

是当时描写农村生活的小说。赵树理、刘绍棠、柳青、王汶石等，当年都是他喜欢的作家。现代作家及作品也读过一些，高中时期到毕业回乡，他先后读过茅盾的《子夜》《蚀》，巴金的《家》《雾》《雨》《电》等，郭沫若的《少年时代》等，还有李广田的散文集等。

值得注意的是，陈忠实早年的读书，主要是小说，很少见他提过散文、诗歌和戏剧，更不要说文学理论、文学批评以及历史、哲学、文化一类的书籍了。这一点非常重要。诗歌和散文或者干脆说诗文，从某种意义上说，更多地属于文人或者说是知识分子型作家的雅好。陈忠实的文学趣味不在这里。陈忠实似乎从一开始，就在潜意识里给自己定位为一个小说家。

陈忠实早年的文学阅读塑造了他的文学理想，也塑造了他的文化心理和审美心理，文化心理和审美心理最终凝结为一点，那就是乡村——乡村生活和乡村情结。1982 年 7 月，陈忠实结集出版的平生第一本书也是第一个短篇小说集就名为《乡村》。

（三）陈忠实文化心理和文学思维的嬗变：对世界文学的关注

第一阶段，少年。1958 年的暑假，陈忠实阅读的第一部外国长篇小说，是肖洛霍夫的《静静的顿河》。这也是一部与乡土有关的小说。肖洛霍夫及其创作的顿河哥萨克乡村小说给陈忠实的文学思维和文学气质以极其深刻的影响。

进入青年，1962 年，陈忠实高考名落孙山，回到老家做乡村教师。当他确定把文学创作正经作为理想追求的时候，从灞桥区文化馆图书室借到肖洛霍夫的另一部长篇小说《被开垦的处女地》。这部作品描写苏联实行农业集体化的生活故事，陈忠实读起来感到一种可以触摸的亲切，其中一些情节常常让他和其身处的农业合作社的人与事联系起来，设想把作品中的人物名字如果换成中国人名，完全可以当作写中国农业合作化的小说。

第二阶段，青年。陈忠实的阅读视野从苏联移往西欧：法国，西班牙，英国。没有目的的阅读给他的审美判断和艺术思维带来潜在而深远的影响。

“文革”中期，陈忠实被借调到公社帮忙，遇见了上初中时的地理科任老师。这位老师已经升为他们公社唯一一所中学的校长，“文革”中惨遭批斗。公社现在要恢复瘫痪多年的基层党支部，这位老师也被借调来公社帮助工作。闲聊时，这位前校长说来此之前一直没有被重用，只分配在学校当图书管理员。听到这里，陈忠实心里一动，提出借些书阅读。老师说学校的图书早已被学生拿光了。陈忠实不甘心，说总还剩一点吧？老师不屑地说，偷剩下的书在图书馆墙角堆着。陈忠实说服了老师，晚上骑着自行车悄悄进入校园，打开图书馆的铁锁，也不敢拉亮电灯，用事先备好的手电筒照亮，找到墙角那一堆大多已被撕去了书皮的书。结果喜出望外，陈忠实居然找到了《悲惨世界》等世界名著。他把这些书装入事先准备好的装过尿素的塑料袋，拿出来捆绑到自行车后架上，骑车出了学校大门，一如做贼得手似的畅快。老师曾再三叮嘱他，绝对不能让任何人看见这些书，陈忠实发誓，即使不慎被谁发现再被揭露，绝不会暴露书的真实来处，打死都不会给老师惹麻烦。

这个时候，八个样板戏里的头几个样板已被推了出来。整个社会都挥舞着一把革命的铁扫帚，“封资修”已被全面扫荡。陈忠实后来回忆说，一天忙完之后，晚上洗罢脚，插死门扣，才敢从锁着的抽屉里拿出一本被套上“毛选”外皮的翻译小说来，进入一种最安静也最冒险的阅读。院子里不时传来干部们玩扑克为一张犯规的出牌而引发的争吵声。最佳的阅读，则是下乡住到农民家里的时候。那时候没有电视，房东一家吃罢晚饭就上炕睡觉了。在前屋后窗此起彼伏的鼾声里，他毫无戒备地进入并畅游于小说世界里。就是在这种没有功利之心而又颇具冒险意味的阅读中，他读完了《悲惨世界》《血与沙》《无名的裘德》这些世界名著。

这一阶段的阅读，陈忠实认为是他文学生涯里“真正可以称作纯粹欣赏意义上的阅读”。因为此前和后来的阅读，对他来说至少有创作“借鉴”的职业性目的。因为与以文学谋出路的功利目的没有关系，又处在一个文化禁锢的年代，他在此时此境下的阅读纯粹是欣赏，甚至是消遣，是一种长期形成的读书习惯所导致的心理欲望和渴求。陈忠实说，从“文革”开始，他就不再做作家梦了，四五年过来，没有写过任何与文学有关的文章。读着这些世界名著的时候，也没有诱发他的写作欲望或重新成为作家的梦想，他只是喜欢阅读。当他阅读这些当时被斥为“封资修黑货”的小说时，耳朵里灌进的是毛主席语录歌以及样板戏唱段，乡村树杈上的高音喇叭从早到晚都在向田野和村庄倾泻着红色音符，这两种不同的东西交织于陈忠实的心里，正好构成无产阶级文艺和资产阶级文艺全面对抗尖锐冲突“你死我活”的双方交战的场面。这真是一个有趣的交战场面。陈忠实那时并不是一个自觉地对当时主流文化进行反抗的人，也不是一个自觉的反思者和批判者，但两种不同的艺术——“黑”艺术和“红”艺术同时作用于他的时候，一个强势到白天黑夜铺天盖地，一个则属于被遮蔽的地下状态，一个推之以势，一个动之以情，居然是后者的影响深刻和久远。陈忠实说他那时不能判断以“样板戏”为代表的中国无产阶级文艺发展前景怎样，他只是从常识层面思考，从他的阅读体会思考，《悲惨世界》《血与沙》《无名的裘德》这一类作品，它们都是为劳动者呐喊的，而且被欧洲的无产阶级和穷人喜欢着，关键是这些作品和他的情感“发生过完全的融汇”。对陈忠实的审美判断来说，这可能是一次不自觉的关于真艺术和伪艺术的心理接受实验过程。

第三个阶段，文学阅读与现实生活的对照和比较，柯切托夫与其他苏联作家对陈忠实的影响。文学与现实，现实与文学，两相对照，交相辉映，文学照亮现实，并且是现实的镜子，现实是文学的注脚，现实比文学更为宽广。陈忠实在文学与现实的关系和文学如何反映现实这样的问题上有了深切的阅读体验并引发一系列思考。而柯切托夫创作上的几次巨大转变，更令陈忠实惊讶，这让他进一步思索一个作家的责任和使命，思考为什么写、写什么、怎样写等问题。

1975 年春天，陈忠实因改编剧本到西影厂以后，有业余作者给他透露说西影厂图书资料室有几本“内部参考”小说，是仅限高级领导干部阅读参考的，据说这几本小说揭露了“苏联修正主义”的内幕。陈忠实经过申请，得到有关领导批准，作为写剧本的业务参考，破例阅读“高干”的参考书。

陈忠实读的第一本苏联小说是《州委书记》（作家出版社 1962 年版），作者柯切托夫。这部小说写了两个苏共的州委书记，一个实事求是做着一个州的建设和发展工作，另一个则欺上瞒下虚报成绩搞浮夸风。前者不断受挫，后者不断得到表彰和升迁，结局是水落石出，后者受到惩治，前者得到伸张。陈忠实阅读之后感到震撼和兴奋。

1975 年，已经是“文革”末期，多年的社会动乱已经使中国社会濒于崩溃边缘，而这个时候一再加压的政治气氛，已经无法堵住国人私下的议论。夜色依然浓重，但是人们渐渐觉醒。人们在私下对于社会各个方面的黑暗已经有了一些直白的诅咒和谩骂。在陈忠实看来，这应该是施虐近十年的极左路线走向穷途末路的一个征兆。陈忠实这个时候也可以和几位朋友在私下里谈论《州委书记》。在陈忠实看来，如果把这部苏联小说中的人物名字换成中国人的名字，把集体农庄换成人民公社或生产队，读者的感觉是这些事情就发生在我们身边。柯切托夫当时所揭示的苏联社会问题，在中国的现实生活里更普遍也更尖锐，而中国社会当时却把一切问题归结于“路线斗争”。陈忠实惊讶的是，《州委书记》是作为揭露苏共修正主义的一个标本译介到我国的，但它在苏联却照常销售，大家能普遍阅读。试想，如果中国有作家写出类似作品，不仅不能出版，肯定连性命都难保全。

眼界打开了，陈忠实的阅读兴趣随之由作品转移到作家本身。他发现，柯切托夫创作历程中的几次转折似乎对于他更富于参照意义。他连续在西影图书馆借到了柯切托夫的两本长篇小说，《茹尔宾一家人》（金人译，人民文学出版社 1959 年版）和《叶尔绍夫兄弟》（龚桐、荣如德译，作家出版社 1961 年版），都是“文革”前翻译出版的。这两部作品从城市家族角度，描写产业工人在社会主义劳动中的英雄主义精神。这个以写和平建设时期的英雄而在苏联和中国都很有名气的作家，到 20 世纪 60 年代，却把笔锋一转，换了一个视角，揭示苏共政权机关里的投机者，以至他的《州委书记》等长篇成为中国“高干”了解“苏修”社会黑幕政权质变的参照标本。柯切托夫为什么会发生这样的转折？在陈忠实看来，这显然不是艺术形式追求而引起的变化，而是作家的思想发生了变化。作家的思想发生了怎样的变化？是什么东西促成了柯切托夫的这种变化和视点的转移，陈忠实当时没有找到可资参考的资料，也没有寻找到答案，他当时能做出的判断是，这既需要强大的思想穿透力，也需要具备思考者的勇气。

一是思想，一是勇气。这两点后来给陈忠实的启发甚大。

20 世纪 80 年代初，柯切托夫的作品重新出现在新华书店的书架上，包括曾经作为“高干”内参的《州委书记》。陈忠实买这本书时，有一种无名的感叹，不过六七年时间，世事竟有了如此巨大的变化。不久又见到柯切托夫的《你到底要什么》（上海新闻出版系统“五七”干校翻译组译，上海人民出版社 1972 年出版，内部发行），这是柯切托夫直面现实的思考和发问，尖锐而又严峻，令人震撼。“你到底要什么”这个书名也很快在中国传开，并被广泛使用。随后又买了柯切托夫的《落角》（草婴等译，上海人民出版社 1973 年版），柯切托夫在这本书里的变化再一次令陈忠实惊讶。陈忠实发现，无论是思想还是艺术形式，那个他曾经熟悉的柯切托夫的风格几乎找不到了，这本小说写得有点隐晦，有点象征，更多着一层迷雾，几乎与他以前的作品割断了传承和联系。面对这一切思想和艺术上的巨大转变，陈忠实思考，柯切托夫自己“到底要什么”？陈忠实说他虽然没有找到确切的答案，但却清楚地看到一个作家思想、情感以及艺术上的寻求轨迹，柯切托夫从早期立场鲜明、情绪饱满地歌颂英雄人物，变而为对生活里虚伪和丑恶的严厉批判与揭露，再到对整个社会和人群发出严峻的质问，“你到底要什么”，最后发展到晦涩的《落角》。这一切变化无疑是作家的思想和情感发生了变化，然而是什么东西促成了这种变化？陈忠实说他的直觉是，由热情洋溢、思想敏锐转而为晦涩，柯切托夫可能太累了，也许还有某种深深的失望。让陈忠实同样印象深刻的是，柯切托夫逝世时，苏共党魁勃列日涅夫亲自参加了他的追悼会。柯切托夫的创作历程特别是思想和艺术的转变显然给陈忠实以深刻的影响。

20 世纪 80 年代初，小到陕西作协院子大到国内，出现过一阵苏联文学热。当时中苏关系解冻，苏联文学作品被大量译介。国内编辑出版了《苏联文学》和《俄苏文学》两份专门译介苏联文学的杂志，陈忠实把这两本杂志连续订阅多年，直到苏联解体杂志停刊。陈忠实通过这两本杂志和购买苏联作家作品，结识了许多苏联作家。他这时候住在乡下老家，到作家协会开会或办事，常常在《延河》编辑兼作家王观胜的宿办合一的屋子里歇脚。路遥也是这个单身住宅里的常客。他们的话题总是集中到苏联作家的议论和其作品的阅读感受上。艾特玛托夫、舒克申、瓦西里耶夫，以及神秘的索尔仁尼琴，苏联与中国，他们与我们，关于这些作家和问题，陈忠实、路遥等作家互相交流阅读感受，互为补充，互相启发，倾心而谈。陈忠实认为这种作家朋友间的互相交流得到的收获胜过那些正儿八经的研讨会。陈忠实印象深刻的是，当大家谈到兴奋处时，王观胜会打开带木扇的立柜，取出珍藏的雀巢咖啡，这在当时称得上是最稀罕、最昂贵也最时髦的饮料，犒赏给每人一杯。烟气弥漫的小屋子里，咖啡浓郁的香气也浮泛开来，其乐融融。

阅读这些苏联作家及其作品，给陈忠实最直接的影响就是，他感到面对苏联的历史和现实，苏联不同的作家以其不同的思想视角和艺术形态，展示出各自独立的艺术思维和独立的生命体验，因而各自也呈现出自己独有的艺术风景，柯切托夫即属于其中的一景。陈忠实开始意识到，要尽快逃离同一地域同代作家可能出现的某些共性，要寻求自己独自的生活体验和艺术体验，这样才有可能发出自己富于艺术个性的声音。三春去后诸芳尽，各自须寻各自门。

三、寻求艺术突破的“蓄意”阅读

（一）寻求艺术突破的“蓄意”阅读

1978 年 10 月，陈忠实开始到文化馆上班。他在一个无人居住的残破的屋子里安顿下来，这里顶棚塌了下来，墙上还留着墨汁写的“文革”口号，诸如“打倒”“砸烂”之类。他用旧报纸把四面墙壁一糊，满屋子散发着油墨气味，他的感觉是书香四溢。他静下心来到图书馆借书阅读，兴趣集中到莫泊桑和契诃夫身上。这一时期，他的创作处于写短篇小说阶段，所以对短篇小说艺术非常重视。在读了所能借到的这两位短篇小说大师的作品之后，他又把注意力集中到莫泊桑身上。他在阅读中比较了两位作家的艺术特点，认为契诃夫是以人物结构小说，莫泊桑是以故事结构小说并塑造人物，前者难度较大，后者可能更适宜于他的写作实际。这样，他就在莫泊桑浩瀚的短篇小说里，选出十余篇结构形式不同的小说，反复琢磨，拆卸组装，探求其中结构的奥秘。他这次阅读历时三个月，为其一生中最专注最集中的一次阅读。这次阅读，陈忠实提前做了时间上的精心规划和安排，是他在认识到“创作可以当作一项事业来干”的时候对自己进行的一次必要的艺术提高。

20 世纪 80 年代中期，当陈忠实的创作酝酿着重大突破时，文学阅读给他带来了思想和艺术上的重大启迪。他这个时期的阅读主要分为两个方面：一个是当时广被介绍的拉美文学以及捷克作家米兰·昆德拉，一个是国内的“寻根”文学创作及有关的文艺思潮。

20 世纪 80 年代中后期，中国文学包括小说的读者阅读兴趣大大减弱。究其原因，这既与社会文化时尚的转变有关，也与当时中国文学太多形式和写法上的探索，与一般读者的阅读习惯和欣赏趣味拉开了较大距离有关。很多作家出版的小说甚至没有基本的订户，更不要说可观的销量。小说应该好读，书出版了必须能卖得出去，这是陈忠实当时一个基本的认识。思想上的探索，艺术上的创新，这都是必要的，但还得考虑小说的可读性。小说的可读性或者悦人之处在哪里呢？为此，陈忠实有选择地阅读了一些“好看”或者具有畅销因素的小说。

陈忠实阅读了加西亚·马尔克斯的《霍乱时期的爱情》，此作于 1985 年问世，没有用《百年孤独》（1967 年）时期的魔幻现实主义手法，这部小说“一切都是严肃的，有分寸”。小说写一个男人和一个女人之间爱的故事。他们在 20 岁的时候没能结婚，因为他们太年轻了；经过各种人生曲折之后，到了 80 岁，他们还是没能结婚，因为他们太老了。在 50 年的时间跨度中，马尔克斯展示了所有爱情的可能性，所有的爱情方式：幸福的爱情，贫穷的爱情，高尚的爱情，庸俗的爱情，粗暴的爱情，柏拉图式的爱情，放荡的爱情，羞怯的爱情……甚至“连霍乱本身也是一种爱情病”。透过这些爱情，小说表现了哥伦比亚历史。阅读了20世纪意大利著名小说家阿尔贝托·莫拉维亚的《罗马女人》，这部长篇小说于1947年出版，当时我国国内有几个译本，在读者中较有影响。他还专门选读了美国作家西德尼·谢尔顿的几部长篇。西德尼·谢尔顿52岁时才开始尝试小说创作，1970年，他的长篇处女作《裸脸》问世，次年就获得爱伦·坡奖提名和《纽约时报》最佳小说奖。从此，每隔几年都要发表一部长篇小说，其中许多作品名列畅销榜首。他的小说被译成50多种文字，遍布世界180多个国家，全球总销量逾3亿册。西德尼·谢尔顿的小说大多以西方上流社会的活动为背景，早期作品主角都是年轻美丽而聪明的坚强女性，着重描写她们混迹演艺圈的经历。自1978年的《血缘》起，西德尼·谢尔顿开始扩展自己的创作领域，描写社会的各种层面和各种人物，1985年的《假如明天来临》被认为是西德尼·谢尔顿的女性暴露小说的代表作。以后的作品多以女性为主人公，既有细腻的情感描写又充满了冲突悬念。西德尼·谢尔顿的小说具有极强的可读性，故事跌宕起伏，情节一波三折，悬念丛生，时空跨度大，人物多，涉足领域广，读起来酣畅淋漓。根据吉尼斯世界纪录的记载，他是世界上作品被翻译得最多的作家，同时也是唯一集奥斯卡奖、托尼奖和爱伦·坡奖于一身的人。他共出版了18部小说，我国陆续全部翻译，同一作品还有多个译本，当年流行的有《裸脸》《子夜的另一面》《血族》《天使的愤怒》《假若明天来临》等。陈忠实认为谢尔顿的作品不能称作俗文学，至少与中国当时那些所谓的“俗文学”——“地摊文学”不可同日而语。陈忠实认为他所读的几部小说不仅可读性强，而且对社会和人性的揭示相当深刻。陈忠实还读了当时刚被解禁的劳伦斯的《查泰莱夫人的情人》。社会与道德，暴力与犯罪，人性与感情，性与情色，这些西方文学和西方一些畅销书喜欢表现的元素，对陈忠实原来的文学观念有所冲击并引发他的思考。写什么是要考虑的，陈忠实自有自己的取舍，而通过对这些可读性强的小说的阅读，陈忠实对怎样写也有了更多的艺术体悟。

20世纪80年代中期的文坛，主义、流派、方法异彩纷呈，“各领风骚一半年”，而其中的“文化—心理结构”的创作理论，使陈忠实茅塞顿开。“文化—心理结构”这一概念，在我国大陆，最早是由李泽厚提出。李泽厚在美学、哲学和思想史诸方面进行研究时，提出的有关“主体性”的理论和“心理积淀”“文化—心理结构”等学术概念，对于我国的美学、哲学、思想史、文化以及文艺理论诸领域的研究都产生了较大的影响，直接或间接地引发了新时期美学和文学理论的更新和突破。1980 年，李泽厚在《中国社会科学》第 2 期发表《孔子再评价》一文，首次提出“文化—心理结构”概念，认为孔子学说为汉民族的文化—心理结构奠定了基础，在当时引起了很大的反响，对以后的思想文化研究以及美学、文艺学和文艺批评也影响深远。20 世纪 80 年代中后期，一批具有革新意识的文学研究者如刘再复等人把李泽厚在哲学、思想史、美学研究中提出的“主体性”“心理积淀”“文化—心理结构”等概念和理论引入文学研究和文学批评领域，对我国当时的文艺理论研究和文学批评形成强大的冲击，引起强烈的反响。刘再复在《人民文学》1988 年第 2 期发表的《近十年的中国文学精神和文学道路》一文中描述中国文学的演进过程，认为 1977 年之后的文学是反思文学，从政治性反思到文化性反思，再发展到自审性反思。在文化性反思的阶段，文学的眼光开始渗透到民族的传统文化心理结构和当代中国人的文化心理结构，探入中国人的集体无意识层次。而在自审性反思的阶段，达到了与民族共忏悔的精神层次。同时学界在研究人的现代化和国民性等问题时，也有人认为所谓国民性其实就是人的文化心理结构。陈忠实了解并接受“文化—心理结构”说，来自于他读李泽厚的《美的历程》和余秋雨的《艺术创造工程》，以及阅读当时的有关文学评论。“文化—心理结构”说从思想史研究引入文学理论和文学批评领域，再转入文学创作，再次说明了思想理论研究的力量。而陈忠实从文艺理论和文艺批评中得到启示并借鉴，也说明了“文化—心理结构”说持久和深刻的影响力。陈忠实并不一定要深入了解这个理论学说的来龙去脉及其理论价值和意义，他得到的创作启悟是，人的心理结构是有巨大差异的，而文化是人的心理结构形态的决定因素。认识到这一点，陈忠实的创作思想就从人的性格解析转为对人物心理结构的探寻。探寻对象就是他生活的渭河流域，这块华夏大地上农业文明出现最早的土地，它的历史和现实的文化对人的心理结构的塑造。“文化—心理结构”说影响陈忠实小说表现技巧的一点就是，他在《白鹿原》创作中，摒弃了传统现实主义小说对人物肖像的描写，而注重刻画人物的文化心理和精神气质。

（二）对同时代作家作品的阅读

陈忠实在几篇文章中谈到他读同代作家作品对他思想上的启迪作用。作家对同时代作家作品的阅读应该说是很有必要的，一来可以对当前文学形势有所了解和把握，二来互相之间也有一种良性的促进的作用。

读路遥的《人生》，使他的文学观念发生了重要变化。1988 年 7 月，作协陕西分会在秦岭山中的太白县召开长篇小说讨论会，陈忠实向一直关心他创作的蒙万夫透露了他写《白鹿原》的情况。蒙万夫对他写《白鹿原》的构想只谈了一个意见：长篇小说要重视结构艺术。长篇小说如果没有好的结构，就像剔了骨头的肉一样，提起来是一串子，放下来是一摊子。陈忠实觉得蒙万夫所谈，正好切中了他当时正在困惑并思考着的长篇小说结构问题。为此，他有目的地阅读王蒙的长篇小说《活动变人形》和张炜的长篇小说《古船》，着重看这两部作品的结构方式，研究结构如何使多个人物的命运逐次展开。同时，他也阅读并研究了一些外国长篇小说的结构。最后得出的结论是，没有一个最好的结构，只有适宜自己独自体验的内容和人物展示的一个结构形式，是内容即已经体验到的人物和故事决定结构方式，《白鹿原》必须有自己的结构形式。

（三）开阔视野，调整思维，对文学之外的历史哲学著作的阅读

一个具有丰富性和博大感的作家，仅仅阅读文学作品显然是不够的，而且是远远不够的。作家之创作，主要凭的是生活体验、生命体验和社会经验，这就是所谓的“生活”，艺术经验也是重要的，同时主体的思想水平、认识水平、知识结构和人格境界也极其重要。思想水平、认识水平、知识结构乃至人格境界都与作家的读书生活关系密切。读书，从其最为确切的意义上说，其实就是与高人相遇，人之所以要读书，必有自己所缺之处，而著此书之人，必有高出自己一筹之处，因之，读书即为得遇高人，倾听高人之高论，接受高人之教诲，同时也与高人进行对谈和交流，进而广视野，调思维，增见识，高境界。

陈忠实文学之外著作的阅读，据他所述，多与他的创作和写作准备有关。这其中，他可能为写《白鹿原》而读的历史哲学著作最为广泛。所读之书大略为：

1. 陕西关中地区的地方志、地方党史、文史资料。

2. 中国历史研究著作，特别是地域历史研究著作。如《崛起与衰落——古代关中的历史变迁》。此书为王大华著，陕西人民出版社 1987 年 9 月出版，全书 16 万字，算一个小册子，但是内容却不单薄，该书在对关中以及古代中国史实的精当分析中详细地论述了陕西关中在中国历史上的“三起三落”，上起“周族的崛起”，下迄“唐末天下大乱”，最后落笔于对关中实乃中国西部第四次崛起的历史展望。贯穿全书的基本观点，一个是历史跳跃式发展论，一个是历史东西南北观。这种从地域文化的深层原因及其发展和影响来看社会变化的观点，显然对陈忠实的创作思想产生潜在的影响，同时有助于他更为深入地把握关中农村社会的历史和现实。

3. 张载及关学有关著述的阅读。陈忠实是关中人，他的几乎所有小说包括《白鹿原》描写的都是关中农村生活和关中农民，因此，陈忠实对关中学派的创始人张载及其后来的关学代表人物，就有所关注。据笔者对陈忠实著作的阅读和同陈忠实接触的印象，没有发现陈忠实谈论过老庄著述和佛禅著述，道、佛似乎与陈忠实的思想和人格关系不大甚至没有关系，陈忠实思想观念中更多的是儒家的思想影响。

4. 其他关于历史、关于心理、关于艺术的理论著作。如范文澜的《中国现代史》，美国历史学家埃德温·赖肖尔的《日本人》，奥地利犹太人、精神病医生西格蒙德·弗洛伊德的《梦的解析》以及著者不详的《心理学》《犯罪心理学》等。

四、西蒋村老屋的藏书

一般而言，作家之读书，一是由着兴趣，故而看起来是信马由缰，散漫无羁；二是根据自己创作的需要，有选择地读书，故而看起来又有些偏窄，至少在某一个阶段是偏于一隅。在藏书方面，作家不像学者和研究者，专博兼备，作家是实用主义者居多，他们的藏（买而后藏，也有借而不还变为“藏”的）书一般都与自己的创作追求有关。因此，研究一个作家的藏书情况，既能看到一个作家的兴趣所在，也能发现一个作家的精神来源。

陈忠实有三个存书之所：西蒋村老家，西安建国路省作协的办公室，西安石油大学的工作室。后两个所在，一是他 1993 年以后进城，在省作协办公室所放之书刊，多为各方所赠；一是从 2003 年起至今，在西安石油大学工作室所放之书刊，亦多为各方所赠。在笔者看来，他真正意义上的书房，还是西蒋村老家那个。这个书房，是他 1992 年年底回城之前，也就是写完《白鹿原》之前，他的读书创作之所，其中存放着他数十年间所购、所藏书刊。这个书房共有三个两开门书柜，其中两个样式一样，稍宽一些，上边是花纹玻璃推拉门，里面分为三层，下边是木拉门；一个较窄，上边是木框镶透明玻璃拉手门，里面分为四层，下边是木拉门。陈忠实的读书情况是笔者的一个研究课题，笔者把他在这里的藏书全部拍了照片。他的藏书大致有一个归类，如中国文学，外国文学，但总体上没有很细致地分类存放，看起来是散乱摆放的。从藏书来看，书多，刊少。书主要是文学书，文学书里又多是外国文学作品。

这里做一个简单的归类介绍。

俄苏文学：屠格涅夫《猎人日记》，车尔尼雪夫斯基《序幕》，肖洛霍夫《静静的顿河》，柯切托夫《叶尔绍夫兄弟》《春回大地》《电击顶》，尼古拉耶娃《拖拉机站站长和总农艺师》，亚·索尔仁尼琴《古拉格群岛》，钦基兹·艾特玛托夫《一日长于百年》《断头台》，费·阿勃拉莫夫《普里亚斯林一家》，阿达莫夫《恶风》，伊凡·沙米亚金《夜幕中的闪光》，《俄国短篇小说选》《苏联短篇小说选》《苏联当代小说选》《苏联当代青年题材小说选》等。欧美文学：薄伽丘《十日谈》，卢梭《忏悔录》，左拉《金钱》，罗曼·罗兰《捕斗》，让·热内《小偷日记》，《茨威格文集》（1—7 卷），《斯·茨威格小说选》，詹姆斯·乔伊斯《一个青年艺术家的画像》，罗伯特·穆齐尔《没有个性的人》，狄更斯《大卫·科波菲尔》《荒凉山庄》，玛蒂纳·考尔《致命的冒险》，奥维德《变形记》，莫拉维亚《冷漠的人》，霍桑《红字》，斯坦培克《烦恼的冬天》，弗拉基米尔·纳博科夫《洛丽塔》，米兰·昆德拉《玩笑》，君特·格拉斯《铁皮鼓》，米洛拉德·帕维奇《哈扎尔辞典》，《欧·亨利短篇小说选》，《海明威短篇小说选》，以及《世界中篇名作选》《外国短篇小说》《美国短篇小说选》《诺贝尔文学奖获奖作家作品选》《荒诞派戏剧选》等选本。拉美文学有《当代拉丁美洲短篇小说集》。日本文学：大江健三郎《个人的体验》《水上勉选集》，村上春树《挪威的森林》以及《村上春树文集》数卷。

政治、文化、历史类：赫伯特·乔治·韦尔斯《世界史纲》，苏维托尼乌斯《罗马十二帝王传》，亚历山大·奥尔洛夫《斯大林肃反秘史》，斋藤荣三郎《中曾根首相的思想和行为》，埃德温·赖肖尔《日本人》，萨缪尔·亨廷顿《文明的冲突与世界秩序的重建》等。文艺理论、作家传记类：柳鸣九编选《萨特研究》，崔道怡等编《冰山理论：对话与潜对话》，陈众议《加西亚·马尔克斯评传》，格罗斯曼《陀思妥耶夫斯基传》，阿纳托利·耐曼《哀泣的缪斯：安娜·阿赫玛托娃纪事》，《巴纳耶娃回忆录》等。心理学、动物心理学类：柯林·威尔森《心理学的新道路——马斯洛和后弗洛伊德主义》，康萝·洛伦兹《攻击与人性》等。

刊物主要是《世界文学》，该刊为双月刊，每年 6 期，陈忠实的藏刊有 1979 年至 1981 年全年的，1985 年至 1988 年全年的，还有 1900 年和 2002 年的几期散本；《外国文艺》有 1985 年的几期散本。

相较外国文学，中国文学反而显得少了一些，有：《唐诗三百首》，《聊斋志异》，《柯仲平诗文集》，《创业史》第二部上卷，王汶石《风雪之夜》，张贤亮《男人的一半是女人》，莫言《檀香刑》，王安忆《69 届初中生》，古华《浮屠岭》，邵燕祥《无权者说》，浩然《中国农村小说大观》（3），《重放的鲜花》，《台湾作家小说选集》，几种 1980 年代前期全国短篇小说、中篇小说年选，一些陕西作家赠送的作品集。中国文学研究与评论的著作有：上海师范学院中文系编《文艺理论争鸣辑要》上下册，许子东《郁达夫新论》，蒙万夫等编《柳青写作生涯》，杜鹏程《我与文学》《胡采文学评论选》，晓雪《诗的美学》等。中国历史：胡绳《从鸦片战争到五四运动》，梁启超《李鸿章传》，斯诺录、汪衡译《毛泽东自传》等。

以上几乎是逐一录下了陈忠实在西蒋村老家的藏书。我的感觉，陈忠实没有多少藏书意识，他的藏书，主要是为了自己开阔视野和文学上的探索。当然，他的阅读范围绝不止于自己的藏书。他 50 岁以前基本上一直住在乡下即蒋村老家，即使当了陕西作协的专业作家也是如此。他当年生活上还是比较贫困的，应该没有多少闲钱去买书。60 岁以后，他在西安城里的位于二府庄的西安石油大学为自己安了一个工作室，读书兼写作，屋里堆了不少书刊，但多是别人送的，估计他看的时间也不会多。藏书意识可能仍然没有多少。当然，有人送给他的一些书，很有收藏价值，如清代孙温绘图的《红楼梦》，作家出版社出的，送了他一套，但送了也就送了，他未必就像藏书家那样对之特别当一回事。

五、蛰居乡村的写作生活

陈忠实曾经说，他的人生理想，就是能当一个专业作家。调入中国作家协会西安分会从事专业创作之后，这个理想实现了。户口和人事关系都进了城，陈忠实决定，还是回到原下的祖居老屋。写作，特别是写农村题材，原下的祖居老屋接地气，也更安静。没有人要求他，是他自己深思熟虑之后决定的。

此前，陈忠实是灞桥区文化局的副局长兼文化馆副馆长。区委领导关心、爱护他的创作，只让他参与文化局大事的决策和研究，他可以把更多的时间用在创作上。在文化馆期间，陈忠实的创作，实际上已处于半专业状态，读书和写作的时间是比较充裕的。因此，这个时期，他对自己的生活和创作状态还颇为满足，对进入省作协当专业作家不是太急切。1981 年，中国作协西安分会党组决定调他到专业创作组，但因为行政管辖范围问题一时没有调成，他也顺其自然，能泰然处之。一年之后顺利调入，他决定回归老家。他从1964年离开老家，近30年间，单位和职业都换过几个，但都是星期六下午放假回家，周日晚必须回到供职单位。如今当了专业作家，时间是充分自由了，他非常珍惜这个难得的自由支配时间的权利，觉得要尽量避免没有实际意义的应酬。在新时期跃上文坛的青年作家群中，他觉得他的年龄是偏大的，适值文艺复兴时期，自己不抓紧不行。在乡村工作整整20年了，必须安静下来，细细回嚼乡村生活的体验，反刍积累的素材，争取多出作品。要认真读一些书，进一步开阔艺术视野，调整艺术思维，争取更上一个境界。要躲开热闹，也要躲开文坛的是是非非，保持思考必需的沉静心境，把精力和用心都专注于对问题的思考和艺术的探索上。

成为专业作家的最初一年，陈忠实自己的户口进城了，但妻子儿女的户口还在农村乡里，他除了写作，还要作务庄稼。农业生产队实行了大包干责任制以后，分给陈家五六亩地，其中一半是原坡地。陈忠实的母亲和妻子有病，儿女还小，作务庄稼全靠陈忠实干。家里没有成年男劳，养不起牛，耕作是相当困难的。1982年10月，陈忠实就是自己在地里拉犁，播完了小麦。1983年5月，根据“专业技术干部的农村家属迁往城镇”的相关政策，陈忠实的妻子和子女一共四人的户口由灞桥农村迁到了西安市，生活好转了一些。

这一时期，陈忠实的级别为行政23级，月工资是52元。

陈忠实依然住在农村。他的生活与普通农民没有什么不同，唯一不同的，是他与农民作务的工作不同，农民是种地，他是写作和读书。

1985年4月下旬，作协陕西分会三届二次理事会（扩大）在咸阳召开。在这次会上，陈忠实被增补为副主席。同时增补为副主席的，还有路遥、贾平凹和杨韦昕。陈忠实的行政级别成为副厅级，工资达到158元，这使他一直过得很紧的生活一下子宽松了很多。这一年的夏天，作协陕西分会发扬作家挂职深入生活的传统，安排一批新时期出现的青年作家到农村和工厂去任职，陈忠实不想离开自己的生活基地，遂被任命为中共灞桥区委副书记。

又回到老家的辖区挂职，陈忠实原想多参加一些区上的工作，充分感受正处于农村变革最活跃时期的生活脉动，但是这一年的秋末冬初，他在写中篇小说《蓝袍先生》时，萌生了创作一部长篇小说的意向，便调整自己的安排，打算重点做长篇小说的先期准备工作，同时也不完全放弃对当下生活变化的关注。他同区委书记交换意见，就他挂职参加区上的工作提出自己的意见：一是每个星期一参加区委常委会议，了解区委的工作计划和大事；二是每开区乡村三级干部大会，他到各个小组听大家的发言，以便直接了解农村的发展动态和问题；三是区上的重大活动，争取参加；四是区上的日常事务不参与，以腾出时间写作。区委书记支持他的安排。

陈忠实不论挂职不挂职，其实都住在老家的村子里。在乡党眼里，陈忠实就是村子里的一员，只是工作特殊一些。大家种地，他是“作家”，坐在家里的凉房底下要笔杆子就能挣钱，干的是一个省力的好事。至于陈忠实当副主席还是当副书记，还是当着副主席又兼着副书记，他们觉得和自己的关系不大，也不关心。乡村社会是一个小的自足社会，遇事乡党都要互相帮忙。乡党要办事，凡是想到陈忠实能办的，也不管他是在读书还是正在构思或者写作，就径直进门找他说事。先是在破旧的厦屋，后来是在新建房子的写作间里，不管陈忠实是忙着读书思考还是弄他的“枕头工程”《白鹿原》，突然会有一位乡党走进来，眉眼里洋溢着不加掩饰的喜悦，以不容置疑也不许推辞的口气说：“明日给咱那个大货（大儿子）办事哩，今黑请执事，你今黑就得去。”作为乡党的陈忠实，不容许说半个不字，必得立刻应诺，还要表现出积极的情绪。乡党再叮咛一句“你还干你那一摊子事”，就又喜滋滋地忙着邀请别的执事去了。顷刻之间，陈忠实脑子中的有关文学的形象或思绪，统统消失，他当即要做的最切实的事，是给一家为儿子娶媳妇的乡党去做帮忙的执事，“那一摊子事”就是去做账房先生。

乡俗，村人红白喜事所请的账房先生一般要由村里最有文才、会计算而且正派公道的人充任。陈忠实做这个账房先生，从一个侧面说明了村人对他的认识。结婚喜事，他先一天下午要写好对联，并贴好。按讲究，一般需给临街大门、院子正屋和新房贴上三副对联，内容各有区别。大门对联是向全村的人宣示这户人家的某个小子结婚的喜事，正屋的对联一般是农家院主人胸怀和姿态的表白，新房对联则是对两个新人未来美满婚姻的祝福。再一个任务是协助总管安排好执事分工，总管一般由村子的书记或村长担任，喜事需要挑水的、洗菜的、端饭的、烧酒的、洗碗的等等活路，都要落实到人，然后由账房先生写到红纸上贴到院子最显眼的墙壁上，各司其职，哪一个环节出现漏洞，就可以找到具体的人。除此之外，先一天晚上，乡党好友接二连三向主家送礼祝贺，或一段布料，或一床被面，或不等数量的现金，他都要一一登记，再用红纸书写了张贴到主屋正面墙上，这个工作需要持续到深夜，直至再无送礼者上门。最忙活的时段，是结婚这一天的上午，各路亲戚来参加婚礼，送来的既有传统的各色花馍，又有绸缎被面、布料和现金，偶尔还有城里人时兴的花篮，他一件一件登记，再用红纸写了贴在墙上。账房先生经管最复杂的事是对烟酒糖果的支配，虽然喜事不能扫了乡亲的兴，不能伤了朋友的面，但为主家特别是家境不太宽裕的主家着想，这些东西都要合适地控制发放，以免支应不到终场。陈忠实洞明世事，人情练达，处理这种事原则中又有灵活，善于应对，主家满意，乡亲也都高兴。

埋葬老人的白事要复杂一些。这种复杂，一是要以对联的形式对逝者进行概括评价。从逝者咽气倒头直到下葬完毕，短则三天，隆重一些的要持续五天或七天。陈忠实还是账房先生，他要以对联的形式，把逝去老人一生的功德与性情概括在一副对联里，用白纸写了，张贴到大门门楼两边的门柱上，给以彰显。这样的对联往往能赢得乡村那些识字的人的赞赏。他们看了以后往往赞叹说，逝者能得到陈忠实所写对联的表彰，死亦瞑目。陈忠实每每听到村人这样的赞叹与言说，甚感欣慰，认为自己的一篇小说得到了好评也无非就是这样的感觉。常常，陈忠实当着他的账房先生，有位老头走进他的账房，接过陈忠实递给他的一支烟，一边感慨地评说陈忠实所写的总括逝者一生的对联如何之好，一边半开玩笑半认真地说，到爷（或叔）闭眼的时候，你给爷（或叔）也写上一副，爷（或叔）一辈子的苦就算没白受。陈忠实在感动的同时也深深地意识到，语言和文字的力量确实是很大的，即使一位最普通的农民老人，也需要在告别这个世界时获得一种客观的评价。复杂之二是，白事期间，主家多年因诸种原因甚至琐事累积的矛盾往往在老人去世后爆发出来，有的还发生打骂。陈忠实就得参与调解矛盾，以便逝者能如期入土为安。

乡党建房，陈忠实也被请去当账房先生。盖房对于农民来说，是一件大事。中国农村，在 20 世纪的 50 年代到 80 年代前期，建房的人家还是很少的，很多人住的还都是解放前盖的房。80 年代中期至 90 年代初，只有六七十户人家的西蒋村迎来了建盖新房最红火的时期。以前的房屋，好的是青砖青瓦房，次一点的是土坯墙青瓦房，最穷的是土坯墙茅草房，这个时期兴起的新房，一是红砖红瓦砖木结构房屋，一是红砖立墙水泥板盖顶的平房。农村盖房，破土动工和上大梁（或吊装水泥楼板）是两个重要日子，主家一般都要庆祝。陈忠实自然又受邀成为账房先生，“管那一摊子事”。

除此之外，乡亲们偶尔遇到一些急事，想着他有着“官家”的身份，外边关系广，人熟些，能帮忙，也会找他。谁家酒酿好了，猪养肥了，要给儿子结婚，不料却因这因那领不来结婚证，要他去给乡政府领导说情；或者是女方家里又提出来了不能接受的物质要求而陷入僵局，要他去给女方家长做调解工作，诸如此类，陈忠实都不推却。他也能自然地适应生活赋予他的若干反差颇大的角色。刚给一个女方家做了调解，又回到作家协会参加文学作品研讨会，同作家朋友交流创作体会，议论某个新的艺术流派，他既能适应也更有对比之后的新鲜感。

1986 年春天，陈忠实自己建房，满村的乡党几乎全部都来帮忙了。陈忠实一方面还做“管那一摊子事”的账房先生；另一方面，在活路紧张人手短缺的时候，也当一个劳力，或抬木头或搬砖瓦。西蒋村老家新房建成，他为自己辟出了一间书房，有十多平方米。新房建设时，他还在屋后廊沿两边的石子墙上，以深色石子各画了一幅画，一边是山，一边是水和海燕，算是山水画吧，镶在墙上。这是陈忠实平生第一次也是唯一一次作画。

在区上挂职期间，他除了每周一次要参加的区委常委会之外，其他诸种社会角色，一年也就是一二十回，不算什么负担。但是到了 1988 年春节过后，

1986 年春。西蒋村，陈忠实正在拆旧房建新房。左起：蒙万夫，张月庚，陈忠实（照片由张月庚提供）

构思完成的长篇小说《白鹿原》即将动笔，他请求终止了中共灞桥区委副书记的挂职。其他的文学活动该参加的还得参加，账房先生的角色是不能免除的，陈忠实也乐于继续其职。

删繁就简三秋树。蛰居乡间，陈忠实自觉心境踏实而且单一，心思只集中在写作上，几乎没有别的什么欲望。尤其是在《白鹿原》的构思完成开始草拟以后，他更是觉得，他对这个世界几乎再无任何个人欲望了。

事后回顾，从 1982 年到 1992 年，陈忠实认为这是他写作生涯中最好的十年。四季流转，心情恬静，偶尔忙一下，帮乡邻当一下账房先生，更多的时候是自己独处一室，面对自己笔下纷繁的人物世界和文学世界，上天入地，闪转腾挪，这里另有一个世界，别有一个宇宙。

生活则是闲散的，从容不迫的。气定神闲，写作起来更为心神投入。

冬来了，忽然一夜大雪，漫天皆白。陈忠实起床之后，顾不得洗脸，先掂起长柄竹条扫帚扫雪。扫了院子，再扫大门外的道路。出门听到的第一句话，是邻家扫雪的人不由自主地赞叹好雪，雪于麦子的生长太好了。扫了雪，回到小书房，赶紧捅开火炉烧开水。洗罢脸，水开了，沏上新茶，喝上一口，身热神爽。面对窗外白鹿原北坡上覆盖的耀眼的白雪，创作的激情便潮溢起来，他铺开稿纸，开始写作。

春天的一个早晨，打开窗户，忽然看到院子里自己手植的那株梨树花儿开了，心不由得一阵悸动。跑到树下，点一支烟，久久不忍离去。这是他栽的梨树苗儿，不经意间已然长大，春来第一次开花，不过十来串，却粉白娇丽，点缀在枝杈绿叶之间，竟是世界上最让他动心的花朵了。这以后就有了牵挂，梨树成为每天必赏的风景。眼看着一个个弹球大的小梨一天天长大，然后变成拳头大的青梨，再由青梨变成灿灿的黄梨，认识到生命的成长是一个怎样的过程。

三伏酷暑是一年里最难熬的季节。在乡下，不单空调是一个陌生的机械，电扇也是一种奢侈装备，趁着前半天凉快，陈忠实抓紧写作，午后便无法捉笔了。天太热时，他给桌下放一盆凉水泡脚降温。有时这个办法也不行，手心手背手腕上尽是汗水，弄湿了稿纸，无法写字，便只好等待次日早晨再写。这个时节，每当傍晚日落时分，他就到门前的灞河里先洗个痛快，再走上村背后的白鹿原北坡，择一处迎风地坎坐下，点一支烟。这里，顺坡而下的微风不时拂过，蚂蚱在整个坡地里此起彼伏地大声呼应着，间或有一两声狐鸣，仿佛一种变奏，偶尔还会看到一团鬼火忽起忽落飘移游走，像是逐声而去。陈忠实抽着烟，静静地沉浸在这野风和天籁之中。

1991 年初的一个早晨，中央人民广播电台在早间新闻联播中公布了第三届“茅盾文学奖”的评选结果，路遥的《平凡的世界》名列榜首。这天上午，陈忠实从乡下赶到西安市北大街参加陕西人民出版社的一个座谈会。由于路远，他晚到了一会儿，坐在路遥旁边。身旁的路遥正在发言，路遥那边是评论家李星。李星见他来了，隔着路遥将早晨刚听到的消息告诉他。陈忠实早上走得急，没有听广播，听到这个消息，他说："这是大好事。"李星问他："你的长篇写完了吗？"他回答："还没有。"李星说："几年了，你躲在乡下都干了些啥，咋还没有完？"他说："不急。"停了一会儿，路遥还在发言，李星又招手让他俯过头来说："今年再拿不出来，你就从这七楼跳下去。"陈忠实没有说什么。直到1993年，《白鹿原》火了之后，陈忠实才几次旧话重提："李星让我从出版社七楼跳下去，心急我了解，但我是不以为然的。自己还不满意的作品，匆忙拿出来又有什么意思？只能是又多了个印刷垃圾。"

陈忠实当了专业作家蛰居乡间写作的十年之中，最初是一家六口都住在农村。他的妻子和子女户口迁往西安之后，陈忠实和妻子基本住在农村。后来，老母亲陪着陈忠实的大女儿陈黎力在城里读书，二女儿和小儿子在中学寄宿读书。1991年深冬，在西安城里陪陈黎力读书的老母亲双腿因老年性病变，行走不便，无法支应买菜做饭的家务，妻子王翠英就进城代替老母亲，原下的小院便只剩下陈忠实一个人。陈忠实依然投入地写他的《白鹿原》，生活自己料理，自己打火做饭，洗锅刷碗。为图方便，王翠英走的时候给他擀下并切好一大堆面条，陈忠实吃饭时只需把面条下到锅里煮熟就行了；还留下不少的馍，饿了在火炉上把馍烤得焦黄，陈忠实感觉味美无比。得着空闲，王翠英还回来给他送馍，同时再擀些面条。王翠英如果太忙，陈忠实便赶到城里家中，再背馍回原下。陈忠实感慨，自己与背馍结下了不解之缘，少年时为读书从乡下把馍往城里背，中年时为写作又把馍由城里往乡下背。

1991年农历腊月，王翠英最后一次回原下给陈忠实送面条和蒸馍。临走，送妻子出小院时，陈忠实说："你不用再送了，这些面条和馍吃完，就写完了。"王翠英突然停住脚，问："要是发表不了咋办？"陈忠实没有任何迟疑，仿佛考虑已久地说："我就去养鸡。"王翠英没有再说话，转身出门，进城去了。

陈忠实给妻子说的长篇小说如果发表不了他就养鸡，不是一句随便说的话，还真是他的一种深思熟虑。《白鹿原》已经写了四年，到了这一年的冬天，已经接近完成，胜利在望了。但是，有一个问题，陈忠实不能不认真考虑，那就是出版的可能性。用他的话说，他很清楚，他“弄下了一个什么”，在当时的文学环境里，能不能出版真是一个谁也说不准的问题。陈忠实就得从最坏的方面着想。他暗自决定，假若不能出版，不管是因为作品本身不够出版水准，还是因为出版政策的原因，他都不会继续过以写作为专业的生活了。专业作家已经当了整整10年，已经摸上50岁了，年过半百，就算老人了，写出的长篇小说出版不了，一个专业作家就得考虑自我调整。靠写作过不上像样的日子，那就以养鸡为专业或者说主业，而把写作只当一种爱好。

人都有思退路的时候。退路已经想好，陈忠实的心态反而更为沉静了。

乡村十年，除了创作《白鹿原》，他创作上的其他收获也是不小的。这十年中，他出版了六本书：

1982年7月，短篇小说集《乡村》由陕西人民出版社出版。印数：3000册。定价：0.66元。这也是陈忠实出的第一本书。

1986年6月，中篇小说集《初夏》由上海文艺出版社出版。印数：3400册。定价：1.95元。

1988年4月，中篇小说集《四妹子》由中原农民出版社出版。印数：5460册。定价：3.50元。

1991年1月，文论集《创作感受谈》由陕西人民出版社出版。印数：1500册。定价：3.15元。

1991年1月，短篇小说集《到老白杨树背后去》由陕西人民教育出版社出版。印数：4600册。定价：2.70元。

1992年12月，中篇小说集《夭折》由陕西人民出版社出版。印数：1000册。定价：4.75元。

六、从追踪政治与人到探寻文化与人

中国文学经过70年代后期和80年代初的思想反思与艺术转型，到了80

年代前期，作家的创作开始进入艰苦的艺术实践与艺术探索。

陈忠实创作中的第二个时期，大约为 1979 年到 1986 年。这个时期陈忠实的创作也在进行着突破前的艰苦探索和转折。这个时期的创作特点，大致可以概括为从追踪政治与人的关系到探寻文化与人的关系。

1978 年春天，陈忠实在家乡灞河带领群众修筑河堤，在工地上读到了发表于《人民文学》1977 年 11 月号的刘心武的短篇小说《班主任》，这篇小说大胆触及时代给人带来的人格和心灵伤害所呈现出的那种全新文学视境，给陈忠实以极大震动。他敏锐地感觉到：文学创作可以当作事业来干的时候终于到来了！在陈忠实看来，《班主任》犹如春天的第一只燕子，预示着一个新的时代开始了，而他的人生之路也应该重新调整。这一年的 10 月，他由毛西公社调到西安市郊区文化馆工作，开始有目标地认真读书和思考，并把对生活的观察和思考提炼为小说作品，写了大量的短篇小说和中篇小说。

短篇小说《南北寨》（刊《飞天》1978 年第 12 期），通过北寨的社员到南寨社员家里来借粮引起的风波和故事，表明因两个村寨以支书为首的干部领导作风和工作思路不同，南寨主抓农业生产，北寨紧跟形势，坚持搞阶级斗争和两条路线斗争，热衷于写诗唱戏，不抓农事，反映了南北两个村寨社员不同的生活境况和水平，南寨反而被上级领导批评，北寨却被树为“样板”，小说意在批判极左政治和思潮对农村社会和群众生活的破坏。

《小河边》（1979 年）写了三个人物：一个是老九，搞科研的知识分子；一个是老八，走资本主义路线的当权派；一个是老大，原来是村支书，为大队围滩造田，被划成地主成分。“文革”后期，三人都无所作为，老九钓鱼，老八摸鱼，老大搬石头修河堤。小说重点写三个难友在困难时期互相激励的情谊。在周恩来总理逝世后，他们在小河边给总理遗像敬献鲜花，表达了特殊环境中几个不同身份的人共同的坚定的政治态度。

《幸福》（1979 年）写幸福与引娣这两个同村的中学同学的故事，幸福为人实在，引娣喜欢弄虚，热衷于参加各种会议和学习班，喜欢在各种会议上代表贫下中农发言，表态积极，批判激烈。两个本来要好的同学有了分歧。谁是谁非？幸福劝导引娣，农民讲究实在的，可是引娣却因其所作所为入了党。公社原拟推荐幸福上大学，引娣揭发了幸福和她私下的一些言论，取而代之。后来幸福自己考上了大学。小说通过两个同学的为人和命运，揭示了扭曲的时代对人格的扭曲和对人物命运的捉弄，表明生活中最后的得益者还是老实人。

《徐家园三老汉》（1979 年）描写徐长林、黑山、徐治安三个同年龄段的老汉，性格各异，“俩半能人”，都是务菜能手，同在大队苗圃干活。徐长林性子沉稳，智慧。黑山老汉是直杠子脾气。徐治安自私，有心计，人称“懒熊”“奸老汉”。徐治安起初一心想来苗圃干活，想方设法来了，却不下力气干活，看园子时偷懒睡觉，让猪拱了菜园子。徐长林是老共产党员，帮助他，教育他，徐治安有了大的转变。小说写农业集体化时期三个老农对待集体不同的心态和行为，把公与私的心理和诚与奸的人格联系起来写，是那个时代较为普遍的文学意识。陈忠实写了三个农村老汉，意在塑造三种不同的性格，此作在《北京文艺》1979 年第 7 期发表后，受到称赞，陈忠实被誉为写农村老汉的能手。

《信任》（1979 年）写时代转变时如何对待过去的矛盾和问题。小说中的主要人物有四个：第一个是“四清运动”中被补划为地主成分、年初平反后刚刚上任的村党支部书记罗坤，第二个是其子罗虎，第三个是“四清运动”的积极分子罗梦田，第四个是其子罗大顺。在当年的政治运动中罗梦田整了罗坤，罗虎觉得如今时代变了，为报复寻衅找茬打了罗大顺。子辈的打架事件是现时显在的矛盾，背后折射出的是父辈在过去政治运动中的恩怨情仇，如何对待今与昔的矛盾，罗坤的处理方法一是看望并精心照顾被打的罗大顺，二是将打人的儿子交给派出所处理，罗梦田父子受了感化，全村人也更为拥戴罗坤。小说在当时普遍写历次政治运动给人心留下的深重“伤痕”的时代文学风潮中，另辟蹊径，表达了要化解矛盾、克服内伤、团结一心向前看的主题。此作在 1979 年 6 月 3 日的《陕西日报》发表后，反响强烈，迅即被当年第 7 期的《人民文学》转载，后获中国作家协会 1979 年度全国优秀短篇小说奖。

《七爷》（1979 年）写生产队长没有人愿意当，“我”只好当了，可是没有生产经验，一个被叫作“七爷”的富农分子则在向“我”汇报思想时夹上条子暗中帮助指导怎样抓农业生产。这个“七爷”原名田学厚，原来是田庄的农会主任、农业社社长、人民公社田庄大队的党支部书记，在“四清运动”中被错划为富农。陈忠实多年在农村基层生活和工作，他认为“四清运动”普遍打倒农村基层干部和农民中的积极分子对农村社会破坏性极大，这篇小说着重写的就是一个被错划为富农的农村基层干部、农民积极分子在身不由己的困难环境中的积极作为。

《心事重重》（1979 年）写方老三老汉的儿子准备结婚，女方提条件，要男方进了社办工厂才行，老汉只好去找公社林书记“走后门”“塞黑拐”，结果是送两斤点心一瓶酒被点名批评，送了两根木头就把事办了。老汉心事重重，不断进行道德自我谴责，借此表现社会风气的变坏。

这一时期陈忠实的小说创作，总的特点是紧紧追踪时代的脚步，关注政治与人的关系，注重描写政治与政策的变化给农村社会特别是农民生活、农民心理带来的变化，或者反过来说，是通过农民生活特别是农民心理的变化来反映政治的革新和时代的变化。小说艺术的侧重点是塑造典型环境中的典型性格，在性格描写中，着重展示人物的道德品质。道德品质是那个时代对人物的一种强调和评判。

中篇小说《初夏》在陈忠实的创作中是一个里程碑，也是一个重要的过渡。里程碑是说这是他的第一部中篇，过渡是说这部小说既有以往写作的惯性延伸——如注重塑造新人，又有新的社会问题的发现和强烈的现实关怀。这部小说于 1983 年写成，共 12 余万字，是陈忠实写的最早的一部中篇小说，也是最长的一部中篇小说，发表却在中篇小说《康家小院》之后。《初夏》写的是改革开放初期一个家庭父与子的故事。离开还是坚守农村，只考虑个人前途利益还是带领大伙走共同富裕之路，在这个个人人生选择问题上，父亲这个农村的“旧人”与儿子这个农村的“新人”发生了激烈的无法调和的冲突。父亲冯景藩，是冯家滩的老支部书记，他创办了家乡的第一个农业合作社，当年真诚地拒绝了当脱产干部转换身份的机会，几十年来一直奋斗在农村基层，把一切都献给了党在农村的集体化事业。如今，农村实行了家庭联产承包责任制，面对这一颠覆性的历史巨变，再看村人冯安国，此人当年与自己一同搞合作社，后来顶了自己让出的机会当了国家干部，一家人的日子因此过得很是舒心，冯景藩自家的生活不仅一仍其旧，而且受人欺辱，思前想后，他感觉自己的忠诚工作吃了大亏，有一种强烈的幻灭感。冯景藩的心理活动和精神状态极具时代的典型性。醒悟之后，他走冯安国的后门，决定让儿子到城里当司机，离开农村。不料，儿子冯马驹却重蹈他的覆辙，居然还是放弃了他多方奔走弄到的进城机会，决心留在农村创办农办工厂和副业，带领大伙"共同富裕"。这是一个中国社会历史转型初期的故事，陈忠实的思想观念和艺术观念也正在转变的过渡之中。他在与著名的写合作化题材的作家王汶石的通信中说，他写这部小说，期望"用较大的篇幅来概括我经历过的正在经历着的农村生活"（陈忠实：《关于中篇小说〈初夏〉的通信》，《陈忠实文集·贰》，广州出版社2004年版，第492页），但他写得很艰难，他说："这是我写得最艰难的一部中篇，写作过程中仅仅意识到我对较大篇幅的中篇小说缺乏经验，驾驭能力弱。后来我意识到是对作品人物心理世界把握不透，才是几经修改而仍不尽如人意的关键所在。"（陈忠实：《在〈当代〉，完成了一个过程》，《陈忠实文集·陆》，广州出版社2004年版，第264页）他于1981年1月写了《初夏》第一稿，写好后寄《当代》杂志编辑何启治，何基本肯定后提了一些意见退回让他修改，他再改后，《当代》主编秦兆阳阅后指出，"冯景藩等人物身上有很大潜力可挖掘"，让他再改。他三年多时间三次修改始得完成。《当代》杂志于1984年第4期刊载，后获1984年《当代》文学奖。陈忠实写冯景藩，集中笔力写的是这类人物在特定历史时期的"思想负担"和"失落"情绪，干了一辈子的集体化事业，且一心扑在其上，现在这个集体解体了，冯景藩的心比身更累，觉得一生白费，这个亏吃大了，亏了己也亏了家。所以，醒悟后的冯老支书，心中只有一个念头，想尽办法让小儿子冯马驹进城，决不能重蹈自己的覆辙。小说中写的这个人物是真实的，颇有时代的典型意义和相当的思想深度，这也反映了作者对于生活的敏感。但是，陈忠实这时的艺术思维，受

17 年文学影响所形成的心理定势还未完全冲破，他还习惯以对比手法塑造与“自私”“落后”的冯景藩对立的另一面，这就是乡村里的新人形象冯马驹，这是一个退伍军人，年轻的共产党员，对于进城，他虽有犹豫，但最终还是心明志坚，主动地放弃了进城机会，矢志以同村 60 年代初放弃高考、回乡建设奋斗的冯志强为榜样，扎根农村，带头与青年伙伴一起改变农村的落后面貌，共同致富。冯马驹这个人物不能说现实生活中绝无仅有，但他显然是作者艺术固化观念中的一个想象式的人物，缺乏历史的真实感和时代的典型性。

《初夏》以及陈忠实这一时期的相当一部分小说，如短篇小说《枣林曲》(1980)、《丁字路口——南村纪事之三》等，都把青年人进城与留乡的行为选择、为公与谋私的个人打算作为衡量、评价人物的一个标尺，有时还给人物涂上或浓或淡的先进与落后的政治色彩，笔下自觉不自觉地对人物进行着高尚与低下的道德人格评判。在《初夏》中，与冯马驹有特别关系的两个农村女性人物，一个是嫌农爱城进而毁弃婚约的女教师薛淑贤，一个是暗地里爱着马驹矢志不移的乡村赤脚医生冯彩彩，也在这个标尺之下被衡量着，两人至少在道德人格上的孰高孰低，经过对比手法的描写，非常鲜明地表现了出来。而且，在陈忠实的《初夏》以及同类小说中，往往还表明了这样一个认识，这就是农村的贫穷，主要是因为没有或缺乏好干部的领导，所以，陈忠实在多篇小说中，都在着力塑造好干部的形象。这样的好干部差不多都有着与冯马驹一样的性格特征：年轻，党员，公而忘私，能舍弃个人利益，一心扑在集体事业上，肯吃苦，脑子也灵活，最终成为农村走共同富裕之路的带路人或榜样。由此表明，陈忠实这一时期的创作中，有一个顽强的思维定势，这就是塑造不同时期农村好干部的新人形象。这样一来，作者所塑造的人物性格，特别是所谓的正面人物形象和作者心目中的新人形象，都有着或浓或淡的某种既定概念的影子，人往往只是表达概念的工具，而不是艺术的目的。所以，这些人物的性格在艺术上都显得比较单薄甚至纯粹，往往是非此即彼，缺乏性格的丰富性和复杂性，这在一定程度上反映了作者艺术思维的简单化，或者说，受 17 年文学观念的影响过深，思想缺乏必要的前瞻与超越，艺术思维还未能摆脱旧的观念的束缚。

《初夏》的艰难写作以及这一历史时期诸多社会和思想的变化引发了陈忠实的文学反思，他后来称之为思想和艺术的“剥离”。陈忠实于1982年的9月至11月期间，写了中篇小说《康家小院》，发表于上海文艺出版社主办的《小说界》杂志1983年第2期，这是陈忠实发表最早的一部中篇小说。陈忠实写这部中篇，至少受到两个外部因素的影响，一是1981年夏，他参加由《北京文学》组织的黄岛文学笔会后，去曲阜参观了三孔——孔府、孔庙、孔林，在那里，他对文化与人的关系深有感触，由此生发而孕育出了这部小说；二是路遥的中篇小说《人生》在《收获》1982年第3期发表后，他于当年的6月间读了，为其人生主题、人物的真实准确描写和艺术的力量而深受震撼，触动他深入思考文学如何写人。《康家小院》开始关注文化与人的内在关系。小说在写真实的人物和真实的人物命运的过程中，触及到了文化与人的关系这一重大命题。陈忠实此后的小说不断触及文化与人这个命题，最后走向《白鹿原》并在《白鹿原》中全面地完成了陈忠实关于文化与人的文学思考。

中篇小说《最后一次收获》（1985年），写一个即将举家迁往城市而最后一次回到家乡收获庄稼的文化人的生活经历和人生感悟，该作深刻地融入了陈忠实自己的人生经历和生命体验。一般作者选择这样的题材，可能会简单地处理，写成一种抒情性的感慨之作。陈忠实显然不是一个仅仅喜欢抒发个人感慨的作家，他正面切入这个题材，“硬碰硬”地展开描写，而且进行了深入开掘，人物性格真实、准确、生动，乡土生活气息浓郁，是一部艺术魅力极强的小说。由此甚至可以看到陈忠实创作的一个特点，这就是他不太选取侧面取巧的方式处理素材，一般都是正面切入，直接面对他笔下的人物和生活，正面描写。

写于1985年夏秋之季的《蓝袍先生》，写文化观念对人行为的影响，特别是传统礼教与政治文化对人的束缚。解放前的徐慎行，是在乡村坐馆的私塾先生，他思想上受到了封建礼法的束缚。解放后的徐慎行，因为一个不自觉的言论——批评他的同学兼校长刘建国有些“好大喜功”，被打成“中右”分子，一顶右派帽子对他的思想特别是行为产生了巨大的影响，不敢言，不敢动，甚至主动提出与他心爱的同学田芳分手，还写出了恶毒咒骂田芳的信。其实，文化人的言行相对粗野之人显得有些所谓的“拘谨”，正是因为被“文”所“化”的结果，他的内在思想和气质，是有一种“文”在支撑，那是一种修养，一种已然内化为生命的精神和气质，而非像只披了一件蓝袍那样的外在和简单。这个小说虽然以较长的篇幅写乡村的小知识分子，陈忠实也触摸到了文化人的一些特点，但陈忠实对文人和知识分子还是多少有些隔膜，不如对农民那样了然于心，他对文化人精神世界的把握还未能深入内里，多少有些外在和表面。由于把握不到位，写出来的蓝袍先生的性格，前后有些不够连贯，甚至有不太协调的地方。

写于1986年夏天的中篇小说《四妹子》，是陈忠实第一次从地域文化对人物文化心理性格的影响入手开掘人物性格的特点，小说描写来自陕北农村的女子嫁到关中乡村的生活，其爽快、敢作敢为的行为方式与关中人的因循守旧形成鲜明对照，也因此产生了陕北人的大刀阔斧风格与关中人的谨小慎微风格的冲突，人物性格之间的冲突和生活矛盾。

七、《人生》的“打击”与《康家小院》的“新生”

作家、文人是以其个性立足的。有些作家或文人，尽管可能同属于一个时代、一方地域，但是细察他们的作品，还是大有分别的。但是，在一定的因缘下，有些作家或文人，也还喜欢抱团，或者结为团体。古代的文人，基本上是以志趣抱团，比如“竹林七贤”，他们性格各异，但在一个时段里志趣相投，这就是都崇个性，好山林。民国时期，是自由办报办刊，那些被称为现代的作家或文人，多以社会思想、文学主张相近而结为团体，办报办刊，互相鼓吹，与世争锋，如“文学研究会”诸君，“创造社”诸人。“文学研究会”的宗旨是：研究介绍世界文学，整理中国旧文学，创造新文学。沈雁冰在《关于文学研究会》中倡明了他们的文学主张：“反对把文学作为消遣品，也反对把文学作为个人发泄牢骚的工具，主张文学为人生。”从“为人生”出发，他们主张“文学应该反映社会的现象，表现并且讨论一些有关人生一般的问题”。这是主张“为人生”的文学。他们办有《小说月报》《文学旬刊》等，阵容强大，实力雄厚，文学影响也很大。“创造社”分为前期和后期，前期创造社崇尚天才，主张自我表现和个性解放，强调文学应该忠实于自己“内心的要求”，呈浪漫和唯美倾向。其后创造社主要成员大部分倾向革命或从事革命的实际工作，方向转换，所以后期的创造社与太阳社一起，大力倡导无产阶级革命文学。他们办有自己的刊物《创造周报》《创造日》《创造月刊》等，形成一支鲜明的文学阵容。当代的作家也有团体，这种团体与历史上的所有团体有别，它不是以个人的趣味和志向结合在一起，而是在党的统一领导下被纳入一个党直接领导下的文学组织，比如作家协会。所以，这个作家协会内的各个作家，其个人性格、思想倾向和艺术趣味都差异很大。在这样的体制内，各个作家，在总体上都是在一个大的规划内进行组织化的文学生产，比如在有限的时段内被要求拿出几部作品。而且组织上会指出或强调一个总的创作指导思想方向，视作品生产状况，组织发表或出版，组织讨论或宣传，组织评奖或颁奖等。如此进行的一系列的组织化行为，其目的还在于引导，为的是不出问题或不出大问题，从而保持文学思想上的相对统一性。这样的团体基本不问文学和艺术本身的问题，作家之间也缺少真正的文学交流和艺术对话。所以，关于文学和艺术本身的探索和思考，基本上都是作家个人的事。这样一种文学团体内的作家关系，虽然被称为“同志”，但实质上是一种同行关系。

这种同行关系，借用陈忠实一篇文章的题目来概括，“互相拥挤，志在天空”，比较恰当。2001 年 8 月，中国作协第二届鲁迅文学奖揭晓，陕西的两位作家叶广芩和红柯榜上有名，作为省作协主席的陈忠实，欣喜之余，写了一篇祝贺性的文章，题为《互相拥挤，志在天空》在 10 月 30 日的《文艺报》刊发。一年以后，陈忠实在 60 岁生日之前，回答李国平的采访时，谈到了他写此文时的一些内心感受，这个感受似乎就是直接为“互相拥挤，志在天空”这个说法作注的。陈忠实说：“《白鹿原》离不开当时陕西文坛氛围的促进。

我后来写过一篇文章叫《互相拥挤，志在天空》说的就是当时的文学氛围。那时候我们那一茬作家，几十个，志趣相投，关系纯洁，互相激励，激发智慧，不甘落后，进行着积极意义上的竞争。可以说每一个人哪怕一步的成功，都离不开互相的激励。”（陈忠实：《关于45年的答问》，2002年7月31日《陕西日报》）这里所说的“志趣相投”恐怕只是就共同爱好文学而言，非指艺术趣味，而“竞争”与“激励”两个词，实为核心概念，也应该看作是陈忠实数十年身处共和国文学团体之内，对同行关系的积极意义上的真切感受。共一个团体，比如在陕西作协，陈忠实和路遥，互相之间的“竞争”与“激励”，与对方的人格与思想有关，更多的是与作品有关。陈忠实阅读同行特别是阅读同代作家的作品，用他的说法，对他的文学观念和文学创作具有某种“摧毁与新生”的作用。

1982年5月，中国作协西安分会在延安举行毛泽东《在延安文艺座谈会上的讲话》发表40周年纪念活动，分会主席胡采率领七八个刚刚跃上新时期文坛的陕西青年作家赴会，陈忠实为其中之一。这一年，陈忠实已届不惑。关于这一次去延安，陈忠实有一篇《延安日记》，还有一篇《万花山记》，后一篇其实也是一篇扩展的当作散文写的日记，都发表了。从陈忠实当时所记日记可以看出，他去延安和在延安的心情是兴奋的、轻松的。目的也很明确，是“寻根”来的。他们是5月6日出发去延安的，路上经过一个叫介子河的地方，介子河是共产党在陕北时期红区与白区的分界线。同车坐了四位老作家，“都是二十上下从秦晋两地的乡村奔到延安寻求光明和进步的青年”，其中一个是杜鹏程，一个是王汶石，两位老作家看到介子河，都激动地话起当年。陈忠实在这一天日记的末尾，感慨地写道：“我来到这个世界的时候，正是老一代共产党人在延安处境最困难的时候。我是属于第一代享受革命胜利成果的青年。我切切感到，今天去延安，在我，是‘寻根’来的。”5月8日，参观王家坪，陈忠实在日记中写道：“参观完延安革命纪念馆，站在王家坪的坪场上，我在思索‘革命’这两个字的含义。”5月9日，参观杨家岭，日记中写道：“这是杨家岭，两壁土墙围成的小院，一幢灰砖砌成的小楼，上刻‘中共中央办公厅’。哺育了一代又一代中国无产阶级艺术家的《讲话》，毛主席就是在这里演讲的。”5月10日，“坐在延安剧院里看历史文献片《延安散记》”。5月16日，去万花山，参观花木兰故里，感叹：“万花山美，牡丹花美，万花山的传说更美。”

1982年5月。延安杨家岭。与王汶石（照片由陈忠实文学馆提供）

这一次去延安，作为一个共产党员除了“寻根”之外，对作家陈忠实影响或者说是震动最大的，当是路遥《人生》发表这一件事。不过，陈忠实的《延安日记》中对此事没有记载。多年以后，他回忆了此事，谈起当时对自己的“震动”。

胡采主席带着赴会的包括陈忠实在内的几个青年作家，散居于陕西各地，平时难得相聚，如今一见，就在参观路上、吃饭桌上，抓紧时间交流。晚上，他们喜欢聚在某一个人的房间，谝着闲传，同时也交流创作信息，议论新发表的小说。这几个人中间，路遥谈得最多。有一天晚上，路遥说他的一个中篇小说《人生》将在《收获》杂志第3期发表，这一个月即5月份就会出来。路遥先向大家介绍了这部小说的梗概，又讲了《收获》的责任编辑对这部中篇的高度评价。《收获》杂志，是中国的名牌刊物，作为一个青年作家，能在上边发表一个中篇小说，而且评价又是如此之高，确实是一件喜事，也是一件了不得的事。而且，几位青年作家都是文学行内之人，一听路遥所述的小说故事梗概，便能感到其中的分量和某种文学突破的意义。陈忠实记住了《人生》，着急想看，但在延安没有找到。

纪念《讲话》的活动结束，陈忠实从延安一回到灞桥镇，当天就到文化馆，拿到馆里订阅的第3期《收获》。然后迫不及待地回到自己的房间，一屁股坐在椅子上就没有起来，几乎是一口气读完了这部十多万字的中篇小说《人生》。读完之后，陈忠实坐在椅子上，“是一种瘫软的感觉”，这种“瘫软的感觉”不是因了《人生》主人公高加林波折起伏的人生命运引起的，而是因了《人生》所创造的“完美的艺术境界”。

这是一种艺术的打击。陈忠实很受震撼，他当时创作激情正高涨着，读罢《人生》之后，却是一种几近彻底的摧毁。此后连续几天，陈忠实一有空闲便走到灞河边上，或行或坐，却没有一丝欣赏的兴致，思绪翻腾，不断地反思着他的创作。《人生》中的高加林，在陈忠实所阅读过的写中国农村题材的小说里，是一个全新的人物形象。高加林的生命历程和心理情感，是包括陈忠实在内的乡村青年最容易引发共鸣的。陈忠实真诚地认为，《人生》是路遥创作道路上的里程碑，也是中国当代小说史上的里程碑。

《人生》发表之后，引起了热烈的反响，说成“轰动”也不为过，一时洛阳纸贵，人们争相阅读，文学界也是好评如潮。陈忠实周六骑自行车回西蒋村老家的路上，遇到了中学时一位也喜欢文学的同学，这个同学见了他，挡住去路，问他：“你咋没有写出《人生》？”1982年，路遥33岁。路遥比陈忠实小七岁。陈忠实明晰地感觉到了他和路遥这位比他还小七岁的同行之间创作上的距离。

陈忠实在灞河沙滩长堤上的反思是冷峻的。他重新思考怎样写人。思考的结果是，人的生存理想，人的生活欲望，人的种种情感情态，只有准确了才真实。而一个真实的人物形象，可以超越时空，不受生活地域、文化背景以及职业的局限，可以和世界上一切种族的人交流。

这一年，从9月18日起，至11月3日止，由秋入冬，陈忠实凭着在反思中所形成的新的创作理念，写成了他的第一个篇幅不大的中篇小说《康家小院》。此作后来在上海《小说界》1983年第2期发表，并获得了《小说界》

首届文学奖。需要说明的是，陈忠实写的最早的一部中篇小说，也是最长的一部中篇小说，是《初夏》，《初夏》动笔比《康家小院》早，但是《初夏》他写得很苦，几经修改，直到1983年才写完，后刊《当代》1984年第4期，发表也是在《康家小院》之后。

《康家小院》是一部写人的作品。当我在这里郑重其事地说这是一部写人的作品的时候，有人难免奇怪，哪个小说不是写人的？这要把《康家小院》放在当代中国文学一定的历史时段特别是结合陈忠实早期的小说创作来看。“文革”期间及前后相当长一段历史时期，小说也写人，但这个“人”并不是小说的着眼点，它是要通过这个“人”阐述某个作者也许明白也许并不十分明白的政治理念或政策观念，借“人”“反映”什么“说明”什么，因此，这个“人”，说重一点，是一个“工具性”的“人”，有一个专门的词称其为“时代精神的传声筒”，说轻一点，是一个“伪人”或半真半假的人。陈忠实早期的小说，如《接班以后》《高家兄弟》《公社书记》以及《无畏》等，甚至获中国作协全国短篇小说奖的小说《信任》，这些小说所写的人，或轻或重，其作者的着眼点、艺术的着重点并不在或不全在所写的人物本身，而在人物之上或之后的某些关乎政治的、时代的以及党的政策与策略的要求或理念，一句话，这些“工具人”或“伪人”，或者一半是生活一半是概念的“人”，基本上都是“概念化”的“人”。而《康家小院》是写人的，以人为本，人是中心，也是重心。小说的核心人物有四个：农民康田生，康田生的儿子康勤娃，勤娃的新媳妇吴玉贤，冬学教员杨老师。康家小院的故事就在这四个人中间展开。康田生，这是一个老实、厚道、本分的男人，生活教给他的，一是忍耐，二是倔强。所谓倔强，并不是与人过不去，而是硬撑着不被生活压垮。他30岁上死了女人，留下两岁的独生儿子勤娃，靠给人打土坯挣钱，谋算着能续上弦。十几年过去，弦没有续上，儿子勤娃成人了。勤娃也是一个老实、厚道、本分的男人，“生就的庄稼坯子”，也跟着父亲给人打土坯。乡邻吴三看上这父子俩的厚诚和实在，想着这样的人家是不会亏待人的，主动提出把女儿玉贤嫁给勤娃。接着也解放了，新政权建立的同时，康家小院也终于有了女人，一个普通农家的生活自此有了生机。玉贤孝敬公公，心疼勤娃，勤娃爱着玉贤，拼命打土坯挣钱，想着把日子过得更好。新政权给村上派来了冬学教员，教妇女认字学文化，当然，也传授新思想——妇女解放，男女平等，婚姻自由，也介绍一些外面的世界包括世界上的大事，如苏联妇女和男人一样上大学啦，在政府里当官啦，等等。18 岁的漂亮的新媳妇玉贤，遇上了 20 岁左右的长着白净脸膛的冬学教员，被其所带来的新生活的气息迷惑，也被其迥异于农民勤娃的文化气质迷住。就在玉贤迷迷糊糊之时，这个冬学教员趁着在康家吃派饭的机会，与玉贤有了私情。面对这样的事，18 岁的“庄稼坯子”勤娃的反应一是无论如何想不通，二是怒火万丈，康田生则是张皇无措。老实的康家父子在勤娃舅父的劝导下，明白此种家丑只能捂住，然后就只能是忍，继续过日子。出人意料却也符合人物性格逻辑的是，玉贤在挨了丈夫勤娃的打骂、父亲吴三的打骂、母亲苦口婆心的劝导之后，却去找杨老师，希望他能给她一句靠得住的话，她就和勤娃离婚，和“可亲”的杨老师结婚。此时县文教局已经风闻杨老师的问题，正在派人查他，这个宣讲婚姻自由的冬学教员面对天黑来访的玉贤，就显出了叶公好龙的本相，唯恐躲避不及，说他与她不过是玩玩。这里有意味的是，当被启蒙者真的觉醒后，“启蒙者”却以自己的行为否定了自己的“启蒙”之说。小说对玉贤的心理刻画相当深入，她本来是按农村传统的生活方式和生活观念生活的，一切都相安无事，但与冬学教员相遇之后，接受了一些文化教育或者说是简单意义上的思想“启蒙”，她精神深处某些沉睡的意识开始觉醒。还没有等她完全想明白一些问题，她就经历了一系列的突然事变，她一下子陷入了亲人的痛责之中。但是她还是坚持按她觉醒后发现的一点精神亮光勇敢地向前摸索，结果却发现是黄粱一梦。经历了这一切，她有所觉悟，觉得她错了，应该悔过。她又去找勤娃，觉得“死了也该是康家的鬼”。玉贤由精神的某种程度的觉醒，到经历了人生的痛苦和迷乱，而后又有所觉悟，历经生活的否定之否定之后，从人生轨迹来看，似乎是画了一个圆又回到原点，其实她是在精神上跃向了新的层面，她看到了生活的本相，也真切地认识到了自己人生的位置。小说是一个悲剧，吴玉贤的悲剧是双重的：没有文化的悲剧和文化觉醒之后又无法实现觉醒了的文化的悲剧。勤娃的情感经历了深爱与大恨，生命情态从勤谨到发狂再到隐忍，都是性格使然，生活使然。所以说，这部小说写的是人，主题则也是人生。

《康家小院》叙事从容，语言特别是人物语言是地道的生活语言，极具表现力，小说准确地写出了不同人物的生活态度、不同人物的心理变化过程及其性格特点，真实地再现了20世纪50年代前后特别是新中国成立初期那个时代农村生活的氛围，那些人物，那些人物的心理和观念，那些生活，都是特定时代才有的，给人一种文学“活化石”的感觉。2009年10月25日，上海文艺出版社副总编、《小说界》主编魏心宏来西安公干，陈忠实晚上在荞麦园请其吃饭交流，魏心宏提起了《康家小院》，称赞这部小说内蕴丰厚，说过了多少年回头再看，还是有持久的艺术魅力，如果拍成电影，容量恰好，内容也非常精彩。

陈忠实读了路遥的《人生》，受到沉重的艺术“打击”，从而促使自己进行艺术上的深刻反省与反思，艺术上从而进入新的境界，更上层楼，这也许就是同行之间“竞争”与“激励”的积极结果。

八、生命的警钟与“枕头工程”

1986年，陈忠实44岁。这一年，陈忠实很清晰地听到了生命的警钟。

这种生命的警钟并不仅仅是在这一年敲响。早在1981年，在他临近40岁的时候，他感觉生命已到中年，就已经有了一种强烈的紧迫感，就考虑着要在文学上寻求一种更大的突破，只有如此，才能不辜负自己。

44岁这一年，生命的警钟再次敲响，而且是那样的强烈。44岁，是生命的正午。生命已过不惑，迫近知天命之年。陈忠实遥望50岁这个年龄大关，内心忽然充满了恐惧。他想：自己从15岁上初中二年级起开始迷恋文学至今，虽然也出过几本书，获过几次奖，但倘若只是如以前那样，写写发发一些中短篇小说，看似红火，但没有一部硬气的能让自己满意也让文坛肯定的大作品，那么，到死的时候，肯定连一本可以垫棺材做“枕头”的书也没有！而且，到了50岁以后，日子将很不好过。这种“不好过”，乃心理压力，乃一个作家特别是专业作家将要承受的心理和责任的压力，没有一部硬气的作品，不要说对世人交代，关键是，如何对自己交代？陈忠实此时的心境，倒确实有一些“昨夜西风凋碧树，独上高楼，望尽天涯路”的况味。

也是在1986年，37岁的路遥在这一年的夏天，完成了他的第一部长篇小说《平凡的世界》第一部的创作；这一年的11月，广州的《花城》杂志在第6期刊载了这部长篇小说；12月，北京的中国文联出版公司出版了该书的单行本。陈忠实与路遥同在作协大院工作，都是专业作家，路遥的创作情况如果说对陈忠实一点触动都没有，似乎不大可能。但已经44岁的陈忠实，对于文学创作，有自己的体会和见解。他认为，创作是作家的生命体验和艺术体验的展示，别的作家的创作，写的是别的作家的生命体验和艺术体验，羡慕也好，嫉妒也好，对自己的创作都毫无用处，关键是，要“寻找属于自己的句子”。对自己来说，也不能视文友们的辉煌成果而感觉压力在顶，心理要平衡，心态要放松。

1985年8月20日至30日，中国作协陕西分会于延安、榆林召开长篇小说创作促进座谈会。陈忠实和路遥、贾平凹、京夫、王宝成、李小巴、王绳武、董得理、任士增等30多位作家和评论家与会。召开这个会议的起因，是连续两届“茅盾文学奖”评奖，陕西省都推荐不出一部可以参评的长篇小说，自新时期以来，陕西的新老作家尚无一部长篇小说出版，所以会议要促进一下。会议讨论了国内长篇小说的发展状况，深入分析了陕西长篇小说创作落后的原因，制订出三五年内陕西长篇小说创作发展的规划。会上，有几位作家当场表态要写长篇小说。会后，路遥就留在了延安，开始写《平凡的世界》第一部。陈忠实在会上有一个几分钟的简短发言，一是明确表态，尚无写长篇小说的丝毫准备，什么时候写，也没有任何考虑；二是谈了阅读马尔克斯长篇小说《百年孤独》的感受，认为如果把《百年孤独》比作一幅意蕴深厚的油画，那么他迄今为止所有作品顶多只算是不大高明的连环画。

没有想到的是，当陈忠实回到西安写他构思已久的中篇小说《蓝袍先生》的过程中，一个若有若无的长篇小说的混沌景象却不断地撞击着他的心，就此萌发了创作一部长篇小说的念头。1985 年的 8 月底到 11 月间，天气转凉，陈忠实动笔写《蓝袍先生》。在此之前，陈忠实的小说创作基本上是紧密关注并且紧跟当下的现实生活，有几篇小说涉及新中国成立前，如《康家小院》《梆子老太》等，基本上都是作为一种故事背景简单提及，重在描写现实生活，而这一部中篇小说写的是一个有一定历史内涵的"历史人物"。蓝袍先生徐慎行的性格和命运从解放前延伸到新中国成立后，在描写这个人物的性格和心理、展现这个人物的命运的时候，特别是发掘这个特意把"耕读传家"的"耕读"二字调换成"读耕"的亦读亦耕的人家的时候，这个悬挂"读耕传家"匾额的门楼里幽深的宅院以及这个宅院所能折射出的一些民族文化心理的隐秘，那历史深处某些重要而神秘的春光乍泄，让陈忠实久久凝目并且沉思。仿佛一个急着赶路的人，陈忠实的眼光一直盯着前面和脚下，未曾歇脚，未曾回首来时的路，偶尔一回顾，倒让陈忠实暗暗大吃一惊。身后的风景居然还有那么多迷人之处，而且，身后的更远处，迷茫的历史烟云飘忽不定，脚下的路正从那里遥遥伸展而来。"暮从碧山下，山月随人归。却顾所来径，苍苍横翠微。"仿佛黑暗的夜空突然燃起了一束明亮的火花，陈忠实心里一亮，那"苍苍横翠微"之中有着创作的巨大宝藏。这里曾经是自己忽略的。但是，理不清来路，就不知道去路。由此引发了他对民族命运这一个大命题的思考。陈忠实决定用五六年的时间继续这一思考。

1987 年 8 月，陈忠实到长安县查阅《长安县志》和有关党史、文史资料。有一天晚上，他与笔名叫李下叔的《长安报》编辑、记者李东济在旅馆，一边喝酒吃桃一边闲聊。两人说得投机，陈忠实第一次向外人透露了他创作《白鹿原》的信息。说到后来，陈忠实谈起自己艰难而又屡屡受挫的创作历程，叹说自己已经是 45 岁的人了，说一声死还不是一死了之，最愧的是爱了一辈子文学写了十几年小说，死了还没有一块可以垫头的东西呢。关中民俗，亡者入殓，头下要有枕头，身旁还要装其他物件，这些东西，有时是由死者生前准备或安排妥当的。陈忠实说："东济，你知道啥叫老哥一直丢心不下？就是那垫头的东西！但愿——但愿哇但愿，但愿我能给自己弄成个垫得住头的砖头或枕头哟！"（李下叔：《捡几片岁月的叶子——我所知道的〈白鹿原〉写作过程》，《当代》1998年第4期）也就是说，弄不下个像样的能给自己交代的作品，陈忠实大有死不瞑目的恐惧。

李下叔用"豪狠"来概括陈忠实的气性，陈忠实觉得"豪狠"这个词很得劲，也很对他的心思。他写《白鹿原》，应该说，使的就是这个"豪狠"劲。

第五章　《白鹿原》问世

一、“寻根”与“挖祖坟”

一个作家的创作，既有自己相对长期的艺术追寻目标，也受时代的文艺思潮的影响而有所转向或调整。当代中国作家艺术探索上的一个显明特点，就是比较关注时代政治思潮和文艺思潮的发展方向，力求与时代保持一致而避免落伍。20 世纪 80 年代中期，当陈忠实觉得需要一个“枕头”而在创作上酝酿重大突破时，他觉得很有必要开阔自己的文化视野，同时寻求一种艺术参照的坐标，以避免盲目地摸索而误入歧途。他有方向地进行大量阅读。他这个时期的阅读主要分为两个方面，一个是当时广被介绍的拉美文学以及捷克作家米兰·昆德拉，一个是国内的“寻根”文学创作以及有关的文艺思潮。阅读给他带来了思想和艺术上的重大启迪。在这种阅读过程中，文化的比较和文学的借鉴，使他逐渐明确了他要追寻的艺术目标。

马尔克斯的《百年孤独》是陈忠实重点阅读的一部拉美文学作品。1984 年 3 月，陈忠实参加中国作协在河北涿县召开的“全国农村题材创作座谈会”期间，看到《十月》杂志副主编、作家郑万隆在开会期间校对《十月》“长篇小说专刊”拟刊发的《百年孤独》文稿，就想先睹这部 1982 年刚刚获得诺贝尔文学奖的拉美作家作品。此时《百年孤独》还未在中国正式出版。会后，郑万隆把刊有《百年孤独》的《长篇小说》（这一辑的长篇小说专刊应该是“长篇小说·《十月》专刊”的总第三辑。但这一辑的封面刊名与前两辑不同，前两辑也就是总第一辑、总第二辑，于1983年出版，封面是“长篇小说·《十月》专刊”，每辑标有1、2这样的期数。总第三辑这一辑于1984年3月出版，封面刊名是《长篇小说》，没有了“《十月》专刊”字样，而是署了“北京十月文艺出版社”字样，也没有标明期数，只是在内文目录中注明为“长篇小说”“总第三辑”。据介绍，至少这一辑当时不是由邮局发行，而是由新华书店发行的）寄给了陈忠实。这一辑“长篇小说”专刊于1984年3月出版，《百年孤独》由高长荣翻译，同期还刊发了两篇文章，一篇是由张永泰翻译、赵绍天校注的马尔克斯在瑞典文学院接受诺贝尔文学奖时的演说《拉丁美洲的孤独》，一篇是译者高长荣写的评介性文字《魔幻现实主义作家加西亚·马尔克斯和他的〈百年孤独〉》。陈忠实读到这部《百年孤独》应该在1984年3月之后，他是中国当代作家中最早读到这部作品并沉迷而且也受其影响的作家之一。《百年孤独》是1982年获得诺贝尔文学奖的。由北京十月文艺出版社出版、高长荣翻译的《百年孤独》单行本于1984年9月出版。“寻根文学”的发起人之一韩少功后来回忆说：“我记得，在1984年杭州会议之前，我们已经从报纸上看到了拉美作家加西亚·马尔克斯获诺贝尔奖的消息，看到了有些新闻中对他的评介。不过，当时他的作品还没有中译本，我想没有任何中国作家读过他的作品。在杭州会议上据我的记忆，谈论马尔克斯的并不多，更没有什么人提到美国小说《根》。参与者当时主要感兴趣的还是海明威啊，萨特啊。”（王尧：《1985年“小说革命”前后的时空——以“先锋”与“寻根”等文学话语的缠绕为线索》，《当代作家评论》2004年第1期，第107页）这个“杭州会议”是1984年12月召开的，其时《百年孤独》已经出版了，单行本很多作家没有看见倒是可能的，但北京十月文艺出版社出版的载有《百年孤独》的《长篇小说》文学界应该有不少人看到。陈忠实一接触奥雷连诺那块神秘的“冰块”，就获得了一种全新的艺术感受，惊奇得不由自主地吟诵起来。在对马尔克斯的叙述形式、叙述节奏还未完全适应的时候，他已经十分专注地沉入一个陌生而神秘的生活世界和陌生而又迷人的语言世界。

《百年孤独》的阅读对陈忠实还有一个重要的影响，这就是他把眼睛和兴趣从他此前着迷的苏联文学上转移了。转益多师，与更多的大师以及范围更广的经典的对话和交流，使陈忠实的艺术视野更为开阔了。

这一个时期，陈忠实非常关注拉美魔幻现实主义的作家和作品，尤其是介绍或阐释魔幻现实主义的资料。在《世界文学》1985 年第 4 期上，他看到魔幻现实主义的开山大师、古巴作家阿莱霍·卡彭铁尔的中篇小说《人间王国》，《人间王国》被认为是魔幻现实主义的首创之作。同期杂志还配发了林一安的评论《拉丁美洲“神奇的现实”的寻踪者》，这是一篇介绍拉美作家的创作特点特别是卡彭铁尔创作道路的文章，陈忠实读后才对魔幻现实主义的创立和发展有了一个较为清晰的了解。对陈忠实富有启示意义的是卡彭铁尔艺术探索的传奇性历程。卡彭铁尔创作之初，受到欧洲文坛各种流派尤其是超现实主义的极大影响，1928 年，他远涉重洋来到超现实主义“革命中心”的法国，“但是八年漫长的岁月却仅仅吝啬地给予卡彭铁尔写出几篇不知所云的超现实主义短篇小说的‘灵感’”。卡彭铁尔在失望之余，意识到自己以及其他拉美青年作家若要有所作为，必须彻底改变创作方向，“拉丁美洲本土以及她那古朴敦厚而带有神秘色彩的民族文化才具有巨大的迷人魅力，才是创作的源泉”。卡彭铁尔深刻地进行了自我批评：“我认为，我为超现实主义效力是徒劳的，我不会给这个运动增添任何光彩。我于是产生了反叛情绪，感到了一种力图表现美洲大陆的热切愿望。”他回到古巴之后，立即遍访拉美各国。1943 年，又深入海地这个拉美唯一的黑人国家，深为所迷，经过五年多的呕心沥血，写出了别开生面的《人间王国》。作品于 1949 年发表后，在拉美引起巨大反响，并在欧美文学界受到热烈欢迎，被小说史家称为“标志着拉丁美洲作家从此跨入了一个新的时期”。并且，《人间王国》所用的“神奇的现实”创作手法还启发和影响了后来的魔幻现实主义小说。卡彭铁尔对陈忠实启示最深的一点，是陈忠实对自己乡村生活的自信被击碎了。陈忠实感觉自己对于乡村的生活知道得太狭窄了，只知当下，不知以往，遑论未来。他意识到，对于一个试图从农村生活方面描写中国人生活历程的作家来说，自己对这块土地的了解太浮泛了。

从卡彭铁尔进入海地这一文学事件中，陈忠实体悟到必须把目光再从外国大师那里切换到自己民族的生存现实和文化土壤上，回归本源，才能“寻找”到“属于自己的句子”，关注本土，才能产生好作品和大作品，也能创作出令世人瞩目的不朽之作。而此时在国内文学创作中出现的“寻根文学”和文艺思潮中所阐发的“文化心理结构”理论，同时对陈忠实产生了重大的思想影响。他把卡彭铁尔进入海地、“寻根文学”和“文化心理结构”理论三者融会贯通，发现它们有共通的文学和文化指向，这就促成了陈忠实的一个行动——去西安周边的长安、咸宁（明清与长安县并为陕西西安府治，民国并入长安县）、蓝田三地查阅县志、地方党史及有关文史资料，同时不经意间获得的大量的民间逸事和传闻，使他关于一个新的长篇小说的胚胎渐渐生成，渐渐发育丰满起来，他感到真正寻找到“属于自己的句子”了。

深处内陆的陕西，有着几千年历史文化的沉积，再加上后来的延安红色文化传统，思想和文化上常常自成一体，较少受欧风美雨等“洋派”文化的影响，这一方地域的文化氛围、文学环境更为重视也更为强调历史和传统，因之，所谓的“现代派”“先锋派”文学在这里并不时兴。以陈忠实、路遥、贾平凹、邹志安等为代表的当时的陕西中青年作家的中坚，出身乡村并长期在乡村生活，后来因为上学或从事文学而进入城市，但在文化和格调上并不能与城市文化相融，其人生阅历和文化背景所形成的文化心理结构，更多的是面向当下或面向历史。从陈忠实、路遥、贾平凹、邹志安这几位代表性作家的创作看，20 世纪 80 年代中期以前，他们文学创作的题材基本上都是农村，创作方法基本上都是现实主义。1984 年 3 月的涿县“全国农村题材创作座谈会”上，大会安排有路遥发言，据陈忠实回忆，路遥还是强调现实主义创作自有其非凡的现实性和生命力。陈忠实说，这次会议“讨论的话题已不局限在农村题材，很自然地涉及整个文学创作，即上世纪 80 年代中期文学创作的现状和走向。其中现代派和先锋派的新颖创作理论，有如白鹭掠空，成为会上和会下热议的一个话题”，“在大会安排的发言中，我听到路遥以沉稳的声调阐述他的现实主义创作主张，结束语是以一个形象比喻表述的：‘我不相信全世界都成了澳大利亚羊。’那个时候刚刚引进来澳大利亚优良羊种，正在中国牧区和广大乡村推广，路遥的家乡陕北地区素来习惯养羊，是陕西推广澳大利亚羊的重点地区”，路遥“沉稳的语调里显示着自信不疑的坚定，甚至可以感到有几分固执”（陈忠实：《寻找属于自己的句子——〈白鹿原〉创作手记》，上海文艺出版社2009年版，第42、43页）。路遥以“澳大利亚羊”这样的“洋羊”喻“现代派”“先锋派”，以“陕北山羊”指代他所崇尚并坚持实践的“现实主义”。路遥的发言说的是文学上的真理或者就是常识，但在当时的中国，在一个长期强调追随潮流，不随潮流就被说成是落伍或者是落后的文化环境里，说这样一番话却是需要巨大的勇气的（1986年春天，《当代》杂志年轻的编辑周昌义在西安拿到路遥的《平凡的世界》第一部，没有看完，就退稿了，主要的原因就是认为该作读起来感觉“慢”“啰唆”“故事一点悬念也没有，一点意外也没有”，而那个时期，“伤痕文学过去了，正流行反思文学、寻根文学，正流行现代主义”，认为这种现实主义的老套路不时兴了，没有市场，“当时的中国人，饥饿了多少年，眼睛都是绿的。读小说，都是如饥似渴，不仅要读情感，还要读新思想、新观念、新形式、新手法。那时候的文学，肩负着思想启蒙、文化复兴的任务，不满足读者标新立异的渴求，就一无是处”。所以说，坚持现实主义，不仅需要勇气，还要付出代价。参见周昌义、小王：《从文坛是个屁开始、当年毁路遥》，《西湖》2008年第1期）。所以，陈忠实接着说，“我更钦佩他的勇气，敢于在现代派、先锋派的热门话语氛围里亮出自己的旗帜，不信全世界只适宜养一种羊”。而这里的关键是，陈忠实自己也坚信现实主义，“我对他的发言中的这句比喻记忆不忘，更在于暗合着我的写作实际，我也是现实主义写作方法坚定的遵循者，确信现实主义还有新的发展天地，本地羊也应该获得生存发展的一方草地”（陈忠实：《寻找属于自己的句子——〈白鹿原〉创作手记》，上海文艺出版社2009年版，第43页）。

还有一个关键是，在1985年前后，陈忠实在坚持现实主义文学信念的同时，意识到传统的现实主义写作方法也需要有所变化。所以，他接着这样说，“然而，就现实主义写作本身，尽管我没有任何改易他投的想法，却已开始现实主义写作各种途径的试探，这从近两年的中短篇小说尤其是中篇小说的写作上可以看出变数”，“涿县会议使我更明确了此前尚不完全透彻的试探，我仍然喜欢现实主义创作方法，但现实主义写作方法必须丰富和更新，寻找到包容量更大也更鲜活的现实主义”（陈忠实：《寻找属于自己的句子——〈白鹿原〉创作手记》，上海文艺出版社2009年版，第43页）。路遥的创作坚持的是现实主义创作方法，但他的眼光，已经从乡村转向了城市交叉地带。邹志安的创作，后来也开始进行“爱情心理探索”。贾平凹的创作，在那一个时期，则与“寻根文学”遥相呼应。陈忠实这个时期的创作和艺术思维，除了在方法上注重借鉴魔幻现实主义，他还关注生活和人的焦点，也由当下的现实转向历史的来路，转向了那个曾被他忽略了很多年的新中国成立前，转向了清末以来的民国时期和国共纷争的历史烟云。对陈忠实来说，这是一个重大的里程碑式的转变。在这里，陈忠实的创作与“寻根文学”有了某种牵连。

“寻根文学”出现于20世纪80年代中期。1985年前后的中国文学，是一个转折点。此前，自新时期以来，中国的文学形势总体上是以伤痕、反思、改革这样的潮流一浪一浪地向前推进着，千帆竞发，百舸争流，但都行驰在一条文学的河道上。而到了1985年，出现了拐点，出现了分流，出现了各自不同的追求，所谓“三春去后诸芳尽，各自须寻各自门”。其中重要的是两个方面：一个是“先锋”，一个是“寻根”；一个向前求索，一个向后探寻；一个前瞻，一个后顾。正像一个人在路上，开始只是闷着头急急地赶路，到了岔路口，去向不明，需要前瞻后顾一番，很合情合理。

“寻根文学”是在新时期文学经历了关注当下现实生活的伤痕、反思、改革这些文学潮流之后，在对从西方不断移植文学观念和方法的“现代派”进行仔细打量之后，一方面力求与现实生活拉开距离，一方面把焦点对准本土，但是这种聚焦，目光更远。它从文化的角度，力图重新梳理和思考民族生存及发展的“根脉”。举凡远古时代的风土人情，富有地域特色的民间文化，都成为寻根文学关注的对象。长期以来，宏大的主流文化意识浪潮滚滚，“寻根文学”冀望通过那些被边缘化或被遮蔽的远古文化和民间文化的探寻，捕捉历史积淀下来的传统民族心理和民族性格。1985 年 4 月，韩少功在《作家》杂志第 4 期上发表了《文学的根》，他说：“文学有根，文学之根应深植于民族传统文化的土壤里，根不深，则叶难茂。”他提出，应该“在立足现实的同时，又对现实进行超越，去揭示一些决定民族发展和人类生存的谜”。他还深入分析说，“乡土中所凝结的传统文化，更多地属于不规范之列。俚语、野史、传说、笑料、民歌、神怪故事、习惯风俗、性爱方式等等，其中大部分鲜见于经典，不入正宗，更多地显示出生命的自然面貌。它们有时可以被纳入规范，被经典加以肯定。……反过来，有些规范的文化也可能由于某种原因，从经典上消逝而流入乡野，默默潜藏，默默演化。……这一切，像巨大无比、暧昧不明、炽热翻腾的大地深层，潜伏在地壳之下，承托着地壳——我们的规范文化。在一定的时候，规范的东西总是绝处逢生，依靠对不规范的东西进行批判地吸收，来获得营养，获得更新再生的契机。宋词、元曲、明清小说，都是前鉴。因此，从某种意义上说，不是地壳而是地下的岩浆，更值得作家们注意”。韩少功这里所谈，其实古人早已认识到，相传为孔子所说的“礼失而求诸野”，就是这个意思。韩少功同时也指出，这样的文学寻根“丝毫不意味着闭关自守，不是反对文化的对外开放，相反，只有找到异己的参照系，吸收和消化异己的因素，才能认清和充实自己”。这种文化寻根主张得到李陀、郑万隆、阿城等作家的赞同。阿城在 1985 年 7 月 6 日的《文艺报》上发表了《文化制约着人类》，该文以随笔的方式，谈文化对人的深层制约作用，认为“人类创造了文化，文化反过来又制约着人类”，“古今中外，不少人已在认真做中国文化的研究，文学家若只攀在社会学这根藤上，其后果可想而知，即使写改革，没有深广的文化背景，也只是头痛写头，痛点转移到脚，写头痛的就不如写脚痛的，文学安在?”他们的文章，都提出了文学与文化的重要关系，要求文学把目光从浪花荡漾的社会层面透视到水面之下潜流滚滚的文化层面，进而发掘我们民族文化的根。

与理论和观念相呼应，一个时期，寻根派作家写出了一大批作品，这些作品或写边民的原始气息，或写山野的古风民俗，或写道家文化滋养下的人格精神，令人耳目一新，也形成了较大的影响。

陈忠实最初对寻根文学是极为关注的，并且有一段时间进行跟踪和研究。可是，他很快发现，“寻根文学”的方向有问题，它后来越“寻”越远，离开了现实生活。陈忠实认为，民族文化之根应该寻找，但不在深山老林和荒蛮野人那里，而应该在现实生活中人口最稠密的地方。

1986 年，陈忠实一方面到蓝田县、长安县查阅当地的县志、中共党史和其他文史资料，一方面与村子里的祖父辈的老人拉话，希望能从老人口中完成他对自己所在的村子以及白鹿原和关中的进一步了解。他或者上门到别人家里，或者请人到自己家里，让老人们随便谈。白嘉轩这个形象就是在与他们陈姓门中一个老人交谈中得以启示形成雏形的。在断断续续的两年时间里，在这种与老人的交谈和史志的阅读中，陈忠实感觉自己的思维和情感逐渐进入了近百年前的属于他的村子、他的白鹿原和他的关中。他很清醒，他不是在研究村庄史和地域史，他是要尽可能准确地把握那个时代的人的脉象，他们的文化心理结构形态。他要通过历史人物不同的文

在蓝田县档案馆查看《蓝田县志》（邢小利摄）

化心理结构形态，来透视当时的政治、经济以及道德的多重形态。还有一点，他尤为看重，那就是当时代发生重大变故的时候，面对新的观念和新的价值观的冲击，具有不同心理结构的人会发生怎样的裂变。他相信，不同人物不同的裂变过程及其心灵轨迹，既显示着不同人物的个性，也清晰地传递着历史演变的信息，更重要的是，它揭示着一个民族深层文化心理的秘密。既重视文化，重视脚下土地的文化、正在发生和曾经发生的文化、主流文化、主体文化，又重视诸种文化如何在历史的演变过程中和时代巨浪的冲击之下积淀为人的心理结构，积淀为不同人的不同心理结构。观其象，有表有里；察其变，有静有动。正是在这一点上，陈忠实的文学观察与思考，同一般意义上的“寻根文学”拉开了距离，而有了自己的特点和深度。

西安是古都，历史上曾有大小十三个王朝在这里建都。西安周围的八百里秦川大地称为关中，这里历史悠久，文化积淀深厚。1990 年 1 月 6 日，陈忠实在为他的家乡编的一本《灞桥区民间文学集成》作序时，把他对这块土地和土地上的人的认识及理解简明扼要地写了出来。灞桥地区旧属咸宁县，他说：“作为京畿第一邑的咸宁，随着一个个封建王朝的兴盛走向自己的历史峰巅，自然也不可避免随着一个个王朝的垮台而跌进衰败的谷底；一次又一次王朝更迭，一次又一次老帝驾崩新帝登基，这块京畿之地有幸反复沐浴真龙天子们的徽光，也难免承受王朝末日的悲凉。难以数计的封建王朝的封建帝君们无论谁个贤明谁个残暴，却无一不是期图江山永铸万寿无疆，无一不是首当在他们宫墙周围造就一代又一代忠勇礼仪之民，所谓京门脸面。封建文化封建文明与皇族贵妃们的胭脂水洗脸水一起排泄到宫墙外的土地上，这块土地既接受文明也容纳污浊。缓慢的历史演进中，封建思想封建文化封建道德衍化成为乡约族规家法民俗，渗透到每一个乡社每一个村庄每一个家族，渗透进一代又一代平民的血液，形成一方地域上的人的特有文化心理结构。在严过刑法繁似鬃毛的乡约族规家法的桎梏之下，岂容哪个敢于肆无忌惮地呼哥唤妹倾吐爱死爱活的情爱呢？即使有某个情种冒天下之大不韪而唱出一首赤裸裸的恋歌，不得流传便会被掐死；何况禁锢了的心灵，怕是极难产生那种如远山僻壤的赤裸裸的情歌的。”（陈忠实：《我说关中人——〈灞桥区民间文学集成〉序》，《陈忠实文集·伍》，广州出版社2004年版，第350页）陈忠实在这里，论述的是关中这块土地的文化及其产生的历史渊源，他在这里重点提及的与封建王朝统治者统治需要密切相关的乡约、族规、家法和民俗，显然是他“文化寻根”的一个重要发现。

作此序时陈忠实正在写作《白鹿原》。显然，他把他对关中人、关中土地和关中文化的理解和体验，都融入到他的白嘉轩、鹿三、朱先生、鹿子霖、田小娥、黑娃以及白孝文诸人物身上了。

1985年8月，陈忠实在与李下叔的啖桃夜话中，李下叔把他所说的关于“民族的某种根基的挖掘与构建”称为“挖祖坟”，陈忠实对这个说法“非常欣赏”（李下叔：《捡几片岁月的叶子——我所知道的〈白鹿原〉写作过程，《当代》1998年第4期）。“挖祖坟”一说虽然不雅，却也形象传神。“挖祖坟”其实就是“寻根”。

二、“作家”与“书记”之选

1991年春天，陈忠实参加一个作家朋友的聚餐，范围很小。席间，有朋友对陈忠实说，上级领导要把你调到省文联去做党组书记。陈忠实听了，根本不相信这个话。他近年虽然一直住在乡下，但对省上文艺界的情况很清楚，上级领导已经着手省文联和省作协的换届工作，换届最重要的一项工作，就是新一届省文联和省作协领导的人事安排。人事安排总是牵动着许多人的神经，自然成为各方面人士关注的焦点，也是文艺圈子里人们议论的热点话题。

在这里，有必要把陕西的作家协会机构的历史梳理一下。先看名称。作协陕西分会的前身是中国作家协会西安分会，成立于1954年11月。当时，经中共中央宣传部决定，中国作家协会在全国设立六个分会，西安分会即为其一，为西北大区分会，会员分布陕、甘、宁、青、新五省（区）。以后各省陆续成立作协分会，西安分会就仅仅管理陕西会员，事实上成为陕西分会。1983年9

月，正式改名为中国作家协会陕西分会。1993 年 6 月，根据中央有关规定，根据中国作家协会作发字〔1991〕第 16 号文件精神，中国作家协会陕西分会改为陕西省作家协会。再看历次换届情况。1954 年 11 月 8 日，中国作协西安分会在西安召开第一次会员代表大会。大会选举出的领导机构成员是：主席马健翎，副主席柳青、郑伯奇（党外人士）、胡采（西安市文化局局长兼任）。1956 年 6 月经中共中央政治局会议批准，柯仲平任作协西安分会主席，马健翎任作协西安分会副主席。“文化大革命”开始，1966 年夏，作协西安分会即处于瘫痪状态，由“文革小组”领导。1967 年 1 月，“作协西安分会红色造反队”夺权，后成立“斗批改委员会”，直至 1968 年 10 月，工人宣传队进驻。1969 年 12 月 27 日，陕西省革命委员会宣布：撤销原中国作协西安分会等六个单位，领导和干部全部下放农村、工厂和“五七”干校劳动改造。1972 年 11 月 6 日，陕西省文艺创作研究室成立，属省文化局领导的县级事业单位。1978 年，根据中共中央精神，中共陕西省委决定，作协西安分会筹备恢复活动。1979 年 2 月 21 日至 27 日，在西安召开第二次会员代表大会，通过了新的章程，选举出理事 29 人，组成理事会。在二届一次理事会上，选举出常务理事 13 人，选举出主席胡采，副主席王汶石、杜鹏程、傅庚生（西北大学中文系教授、党外人士）、李若冰。1983 年 9 月 11 日至 16 日，在西安召开第三次会员代表大会，通过修改后的中国作家协会陕西分会章程，选举出 52 人为理事，组成理事会。在三届一次理事会上，选举出主席：胡采，副主席：王汶石、杜鹏程、李若冰（中共陕西省委宣传部副部长、省文化厅厅长兼任）、王丕祥。根据调整领导班子的要求，1985 年 4 月 21 日到 24 日，作协陕西分会三届二次理事会（扩大）在咸阳召开。会议增补 16 位会员为理事，选举路遥、贾平凹（西安市作协副主席兼任）、陈忠实、杨韦昕为副主席。在主席团会议上，通过由杨韦昕、王愚、李小巴、姜洪章、白描、汪炎等 6 人组成书记处，在主席团和党组的领导下负责分会的日常工作。从 1954 年到 1983 年，近 30 年间，陕西的作家协会机构只开了三次换届会。1983 年到 1991 年，时隔八年，一些老作家或谢世或进入离退休年龄，一些年轻的作家已经成长起来。

风云际会，文艺界的人本来就思想敏锐，对时局和政治较为敏感，值此时刻，很多人都会根据自己的经验和种种形势进行推断与猜测，难免有多种小道消息流播坊间。陈忠实认为，关于换届人事安排的小道消息应该多为人们的猜测，其可信度很值得怀疑。而关于要调他到省文联当党组书记一事，在他看来，连百分之一的可信性都没有。所以，朋友说了也就说了，他并没有放在心里，聚餐完毕，他回到原下，继续写他的《白鹿原》。不久，也就忘记这个他认为的小道消息了。

小道消息有时候是无稽之谈，但相当多的时候却是空穴来风，并非没有来由。当时作协陕西分会的情势是，作家和评论家中的胡采、王汶石、王丕祥等老领导都年龄大了，到了离退休的时候。如作协陕西分会第三届主席胡采生于1913年，到这一年即1991年已经78岁了；第三届副主席王汶石生于1921年，这一年已经70岁；第三届副主席王丕祥生于1926年，这一年是65岁。而在“文革”前几年特别是新时期跃上文坛的一代中青年作家已经成长壮大起来，如路遥、陈忠实、贾平凹等，既是作协陕西分会第三届副主席，他们的创作也代表着新时期陕西文学的面貌、精神和成就。作为一省的作家协会，其头面人物是需要精心安排的。路遥携《人生》《平凡的世界》之风，当时的呼声是相当高的，上级有意安排他任作协陕西分会主席。陈忠实的创作特别是影响，与路遥在伯仲之间，上级考虑也当有一合适位置安排才妥。于是，就有了让陈忠实到省文联当党组书记的安排意见。作协主席和文联书记，都是正厅级级别，没有上下之分，看起来很是妥当。

一个月之后，陈忠实到作协陕西分会开会，又从正式渠道获知上级组织确实要安排他去省文联做党组书记，这一次是真的了。陈忠实当即毫不含糊地表明态度：自己不适宜去省文联做党组书记。陈忠实意志坚定，他这样做，既不是故作谦虚，也不是考虑到自己做好这个角色的能力如何，而是早已打定主意，明确自己后半生要以写作为主业。在“作家”与“书记”之间，陈忠实没有“一心处两端”的矛盾和犹豫，他只有一种价值选择，那就是既爱文学，就当“作家”。所以，他不想别攀高枝，从而闹得分散心神和精力，更不愿意因此而意外地卷入什么人事纠葛之中，弄得脱不开身。

小道消息可以不必在意，现在是信息确凿无误了，陈忠实一下子陷入了焦虑之中，甚至有些慌乱和惶恐。此种焦虑和惶恐的心情，不是因为心思游移，在做还是不做这个问题上心存矛盾，一时委决不下，而是觉得问题棘手。做还是不做，并不完全由着自己。自己是党员干部，而做省文联书记是上级党组织的人事安排方案，从组织纪律上说，个人得服从组织决定，此间没有讨价还价的余地。陈忠实现在需要考虑的是，如何妥帖地说服上级改变意见。

陈忠实在从作协回到原下小院的路上，主意已经想好：给省委宣传部部长王巨才写信，申述自己不愿调离作家协会去文联任职的理由。

回到蒋村，写了信，他骑上自行车，跑了八里路到邮局把信发走。

信虽然发出了，陈忠实的心却悬了起来：事情到此只是开始，并未了结，自己所申述的理由王部长会不会认可？万一不认可，下一纸任命调令怎么办？他的心为此熬煎着，心力分散，一时心神集中不到正在写的《白鹿原》上。

接下来，陈忠实几乎天天都在等待宣传部的回应，然而却杳无消息，既无回信，也没有人找他谈话。眼看着又过了一个月，他越来越紧张，便决定再写一封信申述。这封信，除了对前信申述的理由再作概括性重复之外，着重申明两点：第一，自己不愿意调离作协。组织部门如果径下任命书硬调，自己不遵从，不仅自己被动，于领导也不大好。他干脆把话说透，如果不开除党籍，他是不会调离作家协会的。第二，直言不讳地表明，如果作家协会人事不好安排，他甘愿放弃现任的副主席职位，只要能保留专业创作这个职业就心满意足了。他猜想，作协和文联换届的焦点是人事安排，如今的问题是，需要安排的人多而职位有限，僧多粥少，自己表明态度，不让领导为难，便于取舍。这封信他在前边署了两位领导的名字，一位还是宣传部王巨才部长，另一位是分管文艺的副部长郃尚贤。信发出以后，眼看着春去夏来，已经到了伏天，时间接近两个月，仍然没有任何反应。不过，却也没有调他去文联的任命书下达。

连续发出两封致上级领导的辞谢书，干脆利落地表明：自己的底线是保留党籍，最高期望是能保留专业创作这个职位，正厅级的书记职位一再辞谢，就是现在的副主席身份也甘愿放弃，只求留在作协，当一个作家足矣。一般而言，陈忠实不是那种锋芒毕露的作家，平时倒是显得沉稳内敛，除了公事，日常与上级领导的走动也不多甚至没有，这一次有些不同寻常，数月之内，居然迫不及待地连上两封辞谢书，这一方面显出了陈忠实个性中倔强的一面，另一方面也显出了他豁出来背水一战的决心。宁当一个普通作家，不做正厅级的书记，这个想法和做法不仅在文坛是反常的，就是在当代社会中也显得有些异乎寻常，乍一看可能令人有些费解。此事笔者有三解：第一，陈忠实志在创作，做官的“野心”不大。2006 年 10 月的某一天，笔者与陈忠实闲聊，陈忠实说他自小就爱文学，后来也曾当过农村基层干部，经历过人生的挫折，就决心以文学为终生追求。他当年最大的愿望或者说人生理想，就是能当一个专业作家，专业作家的好处是生活有所保障，又能安心创作。此后，居然当了省作协副主席又当主席，最后还当了中国作协副主席，实在都是理想之外的意外收获，都是“多赚”的。第二，性格中有怕陷入矛盾、怕惹上麻烦的一面，内心深处图能清净一些，能安心写作。作协相对来说能清净一些，再者，他在这里已经生活、工作多年，较为习惯这里。第三，1991 年，正是他为自己的“枕头工程”《白鹿原》的写作进行最后攻坚的一年，他不想因任何事干扰他的这个至关重大的工程。

事情的解决倒也顺利，显得简洁明快。这一年的伏天，在西安市南郊的丈八沟宾馆，陈忠实作为省委候补委员参加一次省委会。这天散会之后走出门来，听见有人在后边叫他，回头一看，是王巨才部长。两人站在一株大松树的荫凉下说话。王巨才说：“忠实，你的信我看了。省文联你还是去吧，省作协安排了另外的同志。”陈忠实说：“我留省作协，仅仅只是为了专心写作，绝不是要当领导。”王巨才说：“这已经是定了的事，你要服从组织决定。”陈忠实想了想，问：“我要不去会不会开除党籍，不让写作？”王巨才沉思了一下说：“那当然不会。”陈忠实说：“那就这样，我不去文联，也不在作协担任任何职务！绝不和别人闹意见！”王巨才看他如此坚决，说：“你的第一封信看了以后，还以为你是怕去省文联耽误写作，便决定派一个能力很强的副书记主持日常工作，你只参与大事的决策就行了，可以不坐班。第二封信看过以后，也让另一位分管文艺的副部长部尚贤看了，我们两人都很感动。有些人托门子找关系想挂一官半职，给你个正厅级你却不要啊。”接着，王巨才又真诚地说：“那你就原样不动，倒是觉得亏了你啊。”听罢这番话，陈忠实一颗悬着的心一下子落到了实处，也被领导的实心体贴感动了，他默默地握着部长的手，表示感激。

从丈八沟回到原下小院，陈忠实在感觉到前所未有的踏实和放松的同时，也分明意识到了另一种前所未有的压力，这就是，他把自己逼到了再无选择余地的只能在一棵树上摘桃子的猴子了。一条路断了，另一条路敞开着，但得自己去走，走得通走不通，走得远走不远，全靠自己了。他似乎体味到了背水一战、孤注一掷的况味。

再次摊开稿纸进入白鹿原的世界的时候，他感觉更沉静也更专注了。

三、“咋叫咱把事弄成了！”

从 1985 年秋天写《蓝袍先生》萌生写长篇小说的念头，一直到 1988 年春天开笔写《白鹿原》，其间两年有余，陈忠实都在构思、孕育这部作品，并为这部作品的创作进行必要的准备。陈忠实用了两年时间查阅西安市周围咸宁、蓝田、长安三个县的县志、党史及有关文史资料，温习这块土地的历史，同时也发掘了很多鲜为人知的故事。《白鹿原》中的朱先生就是以蓝田县清末举人牛兆濂为原型而塑造出来的；白灵也有原型，原型是白鹿原上的人，是从党史回忆录里找出来的；田小娥则是从蓝田县志的节妇烈女卷阅读中萌发反向思考而创造出来的。

白鹿原则实有其地。它位于西安市东南。原之东南依终南山余脉篑山，原与山隔沟相望；西和南临浐河；东和北依灞河；三面环水，居高临下，西望长安。地质学认为，此原为亿万年形成的风成黄土台原。远古时期，这里就是人类居住繁衍生息之地。白鹿原因有白鹿出现而名。《关中胜迹图志》上关于白鹿原有这样一段记述：“在咸宁县东，接蓝田县界。《长安志》：‘自蓝田县界至浐水川尽，东西一十五里。南接终南，北至霸川尽，南北四十里。’《三秦记》：‘周平王东迁，有白鹿游于此原，以是得名。’《雍录》：‘南山之麓，霸水行于原上，至于霸陵，皆此原也，亦谓之霸上。’‘霸’一作‘灞’。”（毕沅：《关中胜迹图志》，张沛校点，三秦出版社2004年版，第36页）北宋年间，大将狄青曾在原上驻军，后世亦称之为“狄寨原”。

1988年4月1日，农历戊辰年二月十五日，陈忠实在草稿本上写下了《白鹿原》的第一行字。漫长的《白鹿原》创作开始了。当他在《白鹿原》的草拟本写下第一行字时，他的“整个心理感觉已经进入我的父辈爷爷辈老爷爷辈生活过的这座古原的沉重的历史烟云之中了”。

历时四年，1991年，在陈忠实即将跨上50岁这一年的深冬，小说中白鹿原上三代人的生的欢乐和死的悲凉都进入了最后的归宿。陈忠实在这四年里穿行过古原半个多世纪的历史烟云，终于迎来了1949年。白鹿原解放了，书写《白鹿原》故事的陈忠实也终于解放了。这一天是农历辛未年十二月二十五日，公元1992年1月29日。写完以鹿子霖的死亡作最后结局的一段，画上表明意味深长的省略号，陈忠实把笔顺手放到书桌和茶几兼用的小圆桌上，顿时陷入一种无知觉状态。久久，他从小竹凳上欠起身，移坐到沙发上，似乎有热泪涌出，仿佛从一个漫长而又黑暗的隧道摸着爬着走出来，刚走到洞口看见光亮时，竟然有一种忍受不住光明刺激的晕眩。

陈忠实有一个习惯，个别重要的或有创意的作品写成后，会让周围熟悉的文学朋友看一看，把握一下“成色”。《白鹿原》写成后，他复印了一份，手稿交人民文学出版社的高贤均和洪清波拿走，复印稿他让陕西作协的评论家也是他的朋友李星看一看，给他把握一下“成色”。当时的复印机还很少，他托灞桥区文化馆和雁塔区文化馆两位朋友，一家复印了一半，才把厚厚一部《白鹿原》的稿子复印完。复印稿交给李星之后十来天，估计李星应该看完了，有一天早上，陈忠实专程从乡下进城，想听听李星的意见。省作协的家属楼在作协后院，是一座80年代初建的那种简易楼。陈忠实进入家属院，拐过楼角，正好看见李星在前边走着，手里提着一只装满蔬菜的塑料袋。陈忠实叫了一声："李星！"李星转过身，看到是陈忠实，却没有说话。陈忠实走到跟前，李星只说了句："到屋里说。"陈忠实看李星黑着脸，没有平时的笑模样，感觉大事不妙。李星前头走着，陈忠实后边跟着，从一楼上到顶层五楼的李星家，李星居然一言不发，陈忠实一颗吊着的心此时沉到了底。进了家门，李星先把菜放到厨房，依旧头也不回地径直走到他的卧室兼书房，陈忠实又跟着进了门。这时，李星猛然拧过身来，瞪着一双眼睛，一只手狠劲儿地击打着另一只手的掌心，几乎是喊着对陈忠实说："咋叫咱把事弄成了！"

李星情绪很激动，也顾不上让陈忠实坐，自顾自在房子里转着圈子边走边发表自己的阅读感受和看法。陈忠实跟在李星屁股后头，爬上李星家五楼的时候，心先是吊着，后是沉着，等到听了这一句"咋叫咱把事弄成了"，一种巨大的惊喜如潮水般冲击而来，一时倒僵硬在那里，一动不动。李星后来说了些什么，他一句也没有听进去，脑子里只盘旋着那一句最结实的话："咋叫咱把事弄成了！"

有这一句就够了，足以说明所有问题了。

这一句话，充分显示了作为评论家的李星的眼力和语言风格。

李星当时还说了一些很重要的话。2010 年 9 月 28 日，中央电视台《大家》栏目周文福等人为拍陈忠实专题电视片采访李星，李星对周文福等人说："《白鹿原》完稿后，陈忠实请我看，陈忠实后来咋只记住了'咋叫咱把事弄成了'这一句？我当时还说了三个预言。这三个预言后来都实现了。第一个是，你不用找评论家，评论家会来找你；第二个是，十年之内没有人能超过你；第三个是，《白鹿原》能得茅盾文学奖。"周文福第二天把这话说给陈忠实，陈忠实呵呵笑着，说，李星好像说过，但当时只深刻地记住了"咋叫咱把事给弄成了"这一句。

当日，在李星家，陈忠实听完李星激动的评说之后，问李星："稿子呢？"

李星稍微愣了一下，回过神来，说："稿子传出去了。单位的人、朋友们都在传看哩。现在在谁的手里，我也不知道。"

陈忠实也就没有再多问多说什么，只是心里踏实地离开李星家。

有一天，陕西师范大学的教授、评论家畅广元传话给陈忠实，说他听说了《白鹿原》，想看一看。陈忠实找李星再要复印稿，几经打问，才知道稿子现在传到了西北大学中文系教授、评论家刘建军手里。陈忠实找到位于边家村的西北大学新村刘建军家，刘建军说，稿子家里几个人都在争着看，所以分了几部分，一人一摊子，床上一部分，餐桌上一部分，卫生间还有一部分，大家狗撵兔循环着看。刘建军还带着陈忠实看稿子的分布情况，见如此情景，陈忠实也笑了。

李星的话不仅使陈忠实重新恢复了自信，而且心情变得轻松和愉快起来。现在要等的，是人民文学出版社的审稿意见。

接到高贤均对《白鹿原》高度评价的来信后，陈忠实想到了李星，觉得应该把高贤均来信肯定书稿的喜讯，也告诉他的这位朋友。

在李星家里没有找到李星的人，他又到作协的办公院找。作协当时的业务办公都在后边的院子，这个院子是30年代建的平房，高大而宽敞，但都已显得破旧。后院共有三重院落，中间那个院落有一棵玉兰树，树下是诗人晓雷的办公室，他听见里边人声喧哗，其中有李星的声音，就推门进去。里边是晓雷、路遥、李星和董得理，或坐或站，正在兴奋地议论着什么。顺便记一下，80年代直至90年代初，在陕西作协大院里，作家、评论家们多习惯于在办公室或院子里聚会说闲话，如果是开会期间，则喜欢在酒店里聚在某一个人的房间聊天，而不习惯于在某个人的家里或者是大街上的茶秀咖啡厅之类的地方说话。诗人晓雷的办公室和小说家王观胜的办公室，当年是作协作家和评论家们最爱聊天的两个“据点”。在晓雷办公室，陈忠实把高贤均来信的情况和信中大意告诉了李星及这一屋子的朋友。李星既为《白鹿原》被出版社看好而高兴，也为自己最先的评判和预见而得意，高兴地说：“看看，我说得怎么样？我早就这么说了么！”路遥说：“忠实应该出一部好长篇了。”

四、《白鹿原》的出版

1992年早春，陈忠实给人民文学出版社的何启治写了信，告诉他《白鹿原》的写作已经完成，修改也将于近期完成，稿子是送到北京还是出版社派人来取，请何启治定夺。

关于给人民文学出版社何启治写信的时间有些问题。陈忠实曾回忆说，他是在1992年“公历2月下旬的一天”收听的中央人民广播电台关于邓小平“南方谈话”的新闻，然后给何写信，这里时间记忆有误（见上海文艺出版社2009年版《寻找属于自己的句子》第149页）。邓小平“南方谈话”，是在1992年的1月18日至2月21日，但此消息当时并未立即公开，媒体亦未有报道。“南方谈话”不久，党内曾以中央文件的形式对邓小平视察南方发表的言论进行过传达，但媒体很长时间没有公开报道。直到3月26日，《深圳特区报》才在一版头条刊登了长篇通讯《东方风来满眼春》。从次日开始，全国一些省市区的主要报纸陆续转载这篇通讯。30日，新华社正式向全球播发了该文，中央电视台新闻节目播发了邓小平“南方谈话”。31日，《人民日报》转载了《东方风来满眼春》。而2月下旬查中央人民广播电台的播出时间，没有找到。根据以上时间判断，中央人民广播电台关于“南方谈话”的广播报道似应与新华社同时。2012年4月6日中午，笔者同陈忠实一起上白鹿原参加白鹿书院举办的白鹿雅集，路上问他：“你当年确定可以把《白鹿原》拿出来，是不是肯定是在听了关于邓小平‘南方谈话’广播之后?”陈忠实说：“肯定是听了广播之后。不听这个讲话，当时没有把握；听了之后，才有了信心。”笔者又说到“南方谈话”的公开报道时间与他所谈对不上，他听了以后说：“这样的话，记忆就有误了。”如按陈说是听了“南方谈话”之后才决定拿出《白鹿原》这个时间推断，他在《寻找属于自己的句子》中回忆的“1992年公历3月25日早晨，我提着《白》书的手稿赶往城里”，交给人民文学出版社编辑高贤均和洪清波的时间也就不准确了。甚至何启治的文章《陈忠实和他的〈白鹿原〉》，何回忆陈在《白鹿原》写完后给他写信的时间是“一九九二年的三月间，我收到了忠实的来信”，应该也不确了。查李下叔的文章《捡几片岁月的叶子》，李在文中引用了陈忠实当年写给他的一些信件，其中一信说：“录自忠实一九九二年三月七日的信——我还在乡下，长篇到最后的完善工作，尚需一些时日。当然，编辑看后的情况尚难预料，我不乐观，所以也不急迫。正是您说的‘挖祖坟’的题旨，您想想能令人乐观起来吗？”由这封信可知，3 月初，陈忠实还在修改“完善”《白鹿原》，由于出版前景——“编辑看后的情况”“尚难预料”，“不乐观”，“所以也不急迫”。读这封信，至少可以获知两个信息：一是此时显然还没有听到“南方谈话”，所以“不乐观”。直到听了“南方谈话”以后才陡然有了信心，“在广播里听到邓小平‘南方谈话’的长篇报道，我非常振奋，我觉得中国肯定要发生改革的新的里程了，于是我给人民文学出版社写了信，我说到了三月下旬我可以修改完，结果他们很快派人来拿了手稿，所以我永远记得邓小平‘南方谈话’给我创作的信心”（见 2012 年 2 月 7 日“凤凰网娱乐”，作者：汤博）。二是此时的“完善”“也不急迫”。而听了“南方谈话”以后，“几乎就在这一刻，我便断然决定，把《白》稿拿出手，甚至有点懊悔，此前的修改进行得太轻松太自在了”（见《寻找属于自己的句子》第 150 页）。仔细辨析这里的时间问题，可以看出，由于陈把听“南方谈话”的时间（这个时间有案可查）记错了，又把这个时间说成是其他一系列活动的前提时间，其他的诸如写信、送稿、收信等活动就都对不上各人的回忆时间了。正确的应该是这样：1992 年 1 月 29 日写完《白鹿原》，“二月下旬”给何启治写信，等何回复期间慢慢修改《白鹿原》，何“三月间”收到陈信，“3 月 25 日”把手稿交给高、洪二编辑，三月底准确应该是 3 月 31 日在广播听到“南方谈话”新闻，距高、洪二位编辑拿走稿子“大约二十天之后”也就是 4 月 15 日以后收到高贤均来信，4 月 18 日洪清波给《当代》杂志写出初审意见。一切的时间都很顺。

20 年前的 1973 年，身为人民文学出版社分管西北片的编辑何启治，在读了陈忠实的短篇小说《接班以后》，就约陈忠实将之改写为长篇小说，1984 年又在《当代》杂志第 4 期编发了陈忠实的第一个中篇小说《初夏》，两人 20 年来互相惦记，联系不断。

在等待出版社回音的间隙里，陈忠实开始慢慢地修改《白鹿原》。

《白鹿原》的前途命运如何，陈忠实这时的心中并没有底，或者说，信心并不很足。他在 3 月 7 日致好友李下叔的信中这样说："我还在乡下，长篇到最后的完善工作，尚需一些时日。当然，编辑看后的情况尚难预料，我不乐观，所以也不急迫。正是您说的'挖祖坟'的题旨，您想想能令人乐观起来吗?"（李下叔：《捡几片岁月的叶子——我所知道的〈白鹿原〉写作过程》，《当代》1998 年第 4 期）

这个时候的何启治，担任人民文学出版社《当代》杂志的常务副主编，他收到陈忠实的信后，交给当时主持工作的人民文学出版社副总编辑朱盛昌等人传阅。人民文学出版社分管西北片的编辑是周昌义，但是周昌义 1986 年在西安拿到路遥《平凡的世界》第一部稿子，没有读完就自作主张退掉了《平凡的世界》，从而错失了一次茅盾文学奖作品，有此前车之鉴，周昌义也因故推托（参见周昌义《〈白鹿原〉复生和〈废都〉速死》中的自述，载《西湖》2008 年第 2 期），大家商量后决定派人文社当代文学一编室（主管长篇小说书稿）的负责人高贤均和《当代》杂志的编辑洪清波一起去拿稿，并提醒他们不能轻易表态，不能轻易否定这部长篇小说。

高贤均和洪清波二人这次出差的主要任务，是去成都看邓贤的长篇纪实文学《中国知青梦》，顺便在西安把陈忠实的稿子拿回。

陈忠实当时还在乡下，何启治把高、洪二人所乘火车的车次告知作协陕西分会，作协办公室的人又把电话打到陈忠实所在的乡镇，由乡镇通讯员把电话记录送到陈忠实手里。陈忠实一看，高、洪二位所乘火车到西安的时间是西安天亮的时候。刚看完电话留言，村子里的赤脚医生扶着陈忠实的母亲走进了院门，说他母亲血压升高，到了危险之数。陈忠实扶着母亲躺到床上，医生给挂上了输液瓶。母亲贺小霞这一年 77 岁，就此瘫痪在床，陈忠实侍奉左右。夜里，忽然下起了大雪，地上积雪足有一尺之厚。想着要接远方的客人，天不明陈忠实便起身，请来一位乡党照看母亲，他才出了门。积雪封路，他只能步行，走了七八里赶到远郊汽车站，搭乘头班车进城。高、洪二位走出车站时，陈忠实已经迎接在车站门口。把二位贵客带到建国路作协陕西分会招待所住下，安排好食宿，陈忠实说稿子还有最后的三四章需要修改，请二位编辑安心休息两天。他又赶回原下老屋，一边修改书稿，一边管护输液的母亲。

第三天早晨，这一天陈忠实说他记得很清楚，是“公历3月25日”，他提着《白鹿原》的手稿赶往城里，在客人所住的房间里，他把近50万字的厚厚一摞手稿交给高贤均和洪清波，那一刻，突然有一句话涌到口边：“我连生命都交给你俩了。”但他把这句话硬是咽了下去。他没有因情绪失控而任性。他意识到，这种情绪性的语言会给高、洪造成压力，甚至还不无胁迫的气味，他便打住。从事创作多年，他明白，出版社出书，只看作品的质量，不问其他。

中午，他请二位编辑在金家巷作协后院的家里吃午饭。在饭馆吃饭，陈忠实这时还没有这个经济实力。夫人王翠英尽其所能，给客人做了一顿头茬韭菜做馅的饺子。两位编辑很随和，连口说饺子好吃。下午，送他们去火车站。天黑时，他又赶回乡下老屋，先看卧床的母亲。母亲说，腿可以动了。陈忠实心里一块石头落了地，不由慨叹，在他完成最后一笔文字并交稿的这一天，天灾人祸竟然都来凑热闹了。现在好了，《白鹿原》的手稿带走了，母亲的病也大有转机。他点了一支烟，感觉到了一种前所未有的轻松。

3月底的一天早上，陈忠实按习惯收听中央人民广播电台的新闻广播，突然听到邓小平“南方谈话”的报道。邓小平在“南方谈话”中指出：“不坚持社会主义，不改革开放，不发展经济，不改善人民生活，就没有出路。革命是解放生产力，改革也是解放生产力。改革开放的胆子要大一些，敢于试验，不能像小脚女人一样。看准了的，就大胆地试，大胆地闯。”听了邓小平关于要继续坚持改革开放的讲话，陈忠实感到很振奋，同时，他也敏感地意识到，中国思想文化的春天也将随着自然界的春天一起到来了，《白鹿原》的出版也有望了。

大约20天之后，他再次进城去背馍。进门以后，陈忠实按往常的习惯随意问妻子，外边寄来的信件在哪儿放着。妻子也随意地说在沙发上。他过去翻检了一下，看到一个寄信地址是“人民文学出版社”的信封，不禁一愣。拆开信先看最后的署名，竟然是高贤均！陈忠实一瞬间感到头皮都绷紧了。陈忠实回忆说：“待我匆匆读完信，早已按捺不住，从沙发上跃了起来，噢嗬大叫一声，又跌爬在沙发上。”（陈忠实：《寻找属于自己的句子——〈白鹿原〉创作手记》，上海文艺出版社2009年版，第158页）这是一个人一生中很难遇到一回的激动时刻，他在另一处是这样回忆的：“这是一封足以使我癫狂的信。他俩阅读的兴奋使我感到了期待的效果，他俩共同的评价使我战栗。我匆匆读完信后噢噢叫了三声就跌倒在沙发上，把在他们面前交稿时没有流出的眼泪倾溅出来了。”（《陈忠实〈白鹿原〉曾风行全国　至今仍在畅销》，《新京报》2009年7月20日）叫了一声还是三声，陈忠实当时肯定并没有数，所以说法不同并不奇怪，他只是在那一刹那间把在心底憋了很多也很久的块垒一下子倾泻而出，流出眼泪自然也很正常。

听到这一声惊叫，王翠英吓得从厨房跑过来，急问出了什么事。陈忠实在沙发上缓了半晌，才算缓过气来，给妻子报了喜讯。稍稍平静，他又忍不住细读来信。高贤均说，他和洪清波从西安坐上火车便开始读稿，一读便放不下手，俩人轮流着读；成都的事忙完，俩人也都读完了；回到北京，由他综合二人的意见给他写了这封信。陈忠实后来回忆说，“让我震惊到跃起又吼喊的关键，是他对《白》的概括性评价。他的评价之好之高是我连想也不敢想的事”。笔者认为，高贤均这封信非常重要，这是《白鹿原》的第一个正式评价。笔者看到陈忠实在不同的地方，对这封信有着大同小异的转述，但都觉得转述不如原信来得准确和有力，曾向陈忠实说想看这封信，想引用原信。陈忠实说他找找，过了几天，说没有找到，可能还在乡下什么地方放着，有机会得慢慢找。笔者不好再催，只是觉得遗憾。有一天，忽然看到了《当代》编辑周昌义的一个长篇对话，其中引用了高贤均当年读《白鹿原》手稿后的一个评价，话是这样说的：

老周："其实，《白鹿原》手稿复印件递到清波和小高手上的时候，好运就开始了。他们在火车上就开始翻，到了成都，在和邓贤谈《中国知青梦》的间隙，就把稿子看完了。还没回北京，感受就传回来了。"

小王："怎么说的？"

老周："开天辟地！"（周昌义：《〈白鹿原〉复生和〈废都〉速死》，《西湖》2008 年第 2 期）

"开天辟地！"这是高贤均读了《白鹿原》手稿后传回北京人民文学出版社的评价，四个字，却有千钧之力。想来高贤均写给陈忠实的信，基本上也是这个调子，难怪陈忠实读信之后在沙发上又是跃又是伏，又是吼又是叫的。陈忠实难得有这样的性情表现。这里，既有类似十年寒窗苦一朝登金榜一样的欣喜若狂，也有千里马遇到了伯乐、俞伯牙遇到了钟子期那样的欣慰。

陈忠实在平静下来之后，对妻子王翠英说："可以不去养鸡了。"

随后，陈忠实又收到了何启治的来信，信中充满了一个职业编辑遇到百年等一回的好稿子之后的那种兴奋和喜悦。何启治强调，作品惊人的真实感、厚重的历史感、典型的人物形象塑造和雅俗共赏的艺术特色，使《白鹿原》在当代文学史中必然处在高峰的位置上。因此，出版社一致认为应该给这部作品以最高的待遇，即在《当代》杂志连载，并由人文社出版单行本。

1992 年的 4 月到 6 月，《当代》杂志的洪清波、常振家和时为《当代》杂志常务副主编的何启治先后完成了对《白鹿原》的审稿，8 月上旬，在删去其中两章后，《当代》另一位副主编朱盛昌签署了在《当代》1992 年第 6 期和 1993 年第 1 期连载《白鹿原》的意见。同时，人文社当代文学编辑室也完成了对《白鹿原》的审读程序。

下面摘引《当代》杂志和人民文学出版社当代文学一编室有关《白鹿原》的审读意见。这是一份重要的资料，既是关于《白鹿原》的最初的来自专业文学编辑们的考量和评论，也是当代出版史上不可多得的重要史料，其意义正如何启治所言，有心人在读了这些审稿意见之后，"当更能体察《白鹿原》诞生时所处的气候、土壤和环境等条件”（何启治：《〈白鹿原〉档案》，《出版史料》2002 年第 3 期）。何启治说，《白鹿原》在内部审读过程中几乎被一致看好，但编辑在看稿的过程中，心里不但有作者、读者，还会有上级领导，也会想到管着他们的相关政策，因而，他们不但看到了、充分肯定了《白鹿原》的思想认识价值和艺术魅力，而且也注意到了它存在的一些问题和可能引起责难的地方。

（一）《当代》杂志审读意见

洪清波的初审意见（1992 年 4 月 18 日）：

作品最突出的优点是，所描写的生活非常扎实，因而就大大丰富了作品的内涵……当代文学创作中，如此生动、丰富、真实描写农村生活的还不多见。

其次，人物形象非常成功。白嘉轩、鹿子霖是两家的家长，他们的命运无不与历史许多重大事件相关，所以他们是那个时代中国农民的缩影。用既定的思想观点很难判断他们一生的是是非非。但是读者无法怀疑他们的真实性。

在艺术表现上，总的看来十分朴素。作品以叙述为主。一般说来叙述得比较清楚，并显示出一定的丰富性，但也有个别地方有枝蔓（和）不合理的问题。当然，作为一部长篇，这种朴素的表现方式，显得有些单调，特别是有时候该出情绪的地方，烘托不上气氛。但是这也与作者的写作风格、描写内容有关。此作是比较冷静的现实主义，很少渲染夸张。

总之，此作可读性较强，内容丰富，认识深刻，我以为是很不错的作品。

常振家的复审意见（1992 年 5 月 3 日）：

这是近年来一部比较扎实的作品，历史感强，人物形象鲜明而丰满。特别是作者能把人物的命运与性格的展示同整个社会的历史变迁结合起来，这就不仅加强了人物性格的深刻性和丰富性，而且使作品产生一种厚重感。

作品不足之处在于笔墨过于均匀，变化较少，“浓淡相宜”注意不够。有些性的描写似应虚一些。但总的来说，这还是一部不错的作品。

何启治的终审意见（1992年6月30日）：

这是一部扎实、丰富，既有可读性又有历史深度的长篇小说，是既有认识价值也有审美价值的好作品。

1. 此作体现了比较实事求是的历史观、革命观。在政治上是反“左”的，是拥护十一届三中全会正确思想路线（实事求是）的。写国民革命、写国共又合作又斗争的历史相当冷静、准确、可信。可以说比较形象、真实地描绘了国共两党初期闹革命阶段的真实面貌，如十六章写白灵、鹿兆海以铜元的正反定入党的对象，其后又在实践中互变为另一党的党员，就很有时代特色。

2. 此作通过白鹿两个家族、两代人的复杂纠葛反映国民革命到解放这一时期西安平原的中国农村面貌，也是准确而有深度的。我们有一个时期以简单的阶级斗争（甚至扩大化）观点来统率一切，事实已证明这是不符合历史真实的。《白鹿原》在这一点上显示了作者的冷静和勇气，而作为文学作品，则显得既新鲜又深刻、准确，因而特别值得肯定，值得重视。

3. 作品的历史观和革命观都不是概念的表述，而是通过活生生的艺术形象塑造和生动、形象的生活画面来表现的。

如老一代的白嘉轩、鹿子霖、朱先生就写得很好。朱先生作为一个有骨气的正直博学的知识分子写得很成功。白嘉轩作为一个有原则且能身体力行的倔强的族长形象也很动人。十六章写他被打断了腰仍不失威仪，夺过鹿三的牛鞭子在夕阳中扶犁耕地，就像一幅充满悲壮意味的夕照图。鹿子霖干尽了坏事，但也不是简单地（写他）干坏事，都按一定的生活逻辑落笔。凡此，显示了作者的冷峻和艺术功力。（长工鹿三的形象也值得注意）

当然，鹿兆鹏、鹿兆海兄弟和白灵、白孝文、黑娃等形象也不错。特别是小娥这个表面看似淫荡而实际上并未泯灭人性的艺术形象也是成功的，是值得注意的。

这就牵涉到此稿的性描写如何处理的问题。首先，我赞成此类描写应有所节制，或把过于直露的性描写化为虚写，淡化。但是，千万不要以为性描写是可有可无的甚至一定就是丑恶的、色情的。关键是：应为情节发展所需要，应对人物性格刻画有利，还应对表现人物的文明层次有用。自然，应避免粗俗、直露。试想，如果《静静的顿河》去掉了阿克西妮亚会成个什么东西？如果《子夜》删掉了冯云卿送女儿给赵伯韬试图以美人计刺探经济情报这段情节，又怎么样？（这情节不但写活了赵伯韬的狂傲，冯云卿的卑鄙，也写出了冯女的幼稚和开放。）《白鹿原》的小娥就是个很重要的形象。她在鹿子霖挑唆下拉白孝文下水这一段性情节，就很能表现鹿子霖的卑鄙，白嘉轩的正直、严厉以及小娥和白孝文的幼稚和基本人性、为人态度等等，是不可少的情节。

此外，作品还有一些比较弱的或比较经不起推敲的部分（如992页写白灵发动学潮，1218页鹿兆鹏让鹿兆海送白灵到张村，1427页反反复复讲白孝文买鹿家门楼等等），应在编辑时或删或作适当改动处理。

陈忠实迄今最重要、最成功的小说就是这一部……赞成适当删节后采用，刊《当代》今年第6期和明年第1期。请发稿编辑把文字加工工作做细一些。（可删去5万字左右）

朱盛昌（时任人文社副总编辑，实际主持《当代》杂志工作）意见（1992年8月10日）：

按何启治同志的意见处理。

关于性描写，我不是反对一般的两性关系描写。对于能突出、能表现人物关系、人物性格和推动情节发展所需要的两性关系的描写是应当保留的。但直接性行为、性动作的详细描写不属此例，应当坚决删去，猥亵的、刺激的、低俗的性描写应当删去，不应保留……不要因小失大。

（二）当代文学一编室意见

刘会军的初审意见（1992年12月18日）：

这部作品既有严肃深刻的思想内容，又有生动引人入胜的故事情节。两者完美的结合，提高了小说的品位。它对生活的冷峭、深邃的描写，对人物捉摸不定，但又入情合理的性格刻画和总是出人意料的情节发展，以及篇幅宏大而情节、人物单线发展却又完整自然的框架式的艺术结构，都显示出作品的独到之处。它既能引起作家、出版家、评论家、学术研究者的重视，也能受到一般文学爱好者的喜欢，能引起社会的强烈反响。它的经济效益在目前情况下不敢企盼过高，但希望在文学评奖中获奖，还是抱有信心的。

高贤均的复审意见（1993 年 1 月 11 日）：

同意刘会军同志对作品的分析和评价。

这部以叙事为主要表现手段的小说，其艺术感染力却强于众多浓墨重彩着力描绘的作品，原因就在于生活本身的丰富和魅力。作者沉潜数年，努力探索生活本质，研读名著，反思以往创作，终于摆脱了过去种种观念、戒律、创作模式的束缚，走上了真正的现实主义创作道路，并调动了自己的全部生活积累和生活感悟，完成了这部现实主义巨著，从而在自己的创作历程上飞跃了几级台阶。这部作品在艺术手段的运用上少有出新之处。但它的恢宏气势，扑面而来的真实感，生动复杂鲜活的人物形象，内涵无穷，使人见仁见智的情节，都令人信服地说明了生活的力量、真正现实主义的力量。这是近几年不可多得的长篇小说佳作，远非那些耍花枪的时髦作品所能比拟。应该作为我社重点作品推出。

何启治（**1992 年 9 月调任人文社副总编辑，分管当代文学的出书工作**）**的终审意见**（1993 年 1 月 18 日）：

这是一部显示作者走向成熟的现实主义巨著，作品恢宏的规模、严谨的结构、深邃的思想、真实的力量和精细的人物刻画（白嘉轩等可视为典型），使它在当代小说之林中成为大气（磅礴）的，有永久艺术魅力的作品。应作重点书处理。

（以上审读意见均见何启治：《〈白鹿原〉：拔地而起的艺术高峰》，《美丽的选择》，首都师范大学出版社 2010 年版，第 45—48 页）

1993 年 6 月，《白鹿原》单行本正式由人民文学出版社出版。第一次印数是 14850 册。这是一个有整有零的数字。这个数字在当时的文学市场已经是一个不小的数字，但是在事后看来，还是显得相当保守。这充分反映了当时的文学市场情况。当时的文学市场总体上相当萧条，小说作为最贴近大众的一种文学体裁，市场景况也相当冷落。作家甚至是名作家的小说集征订数很少甚至没有征订数是很正常的情况，长篇小说相较于中短篇小说集，市场可能略微好一些，但总体上也是很不景气。以陈忠实自己来说，他此前出过五本小说集，第一本太早不论；第二本《初夏》，中篇小说集，上海文艺出版社1986年出版，印数是3400册；第三本《四妹子》，中篇小说集，中原农民出版社1988年出版，印数是5460册；第四本《到老白杨树背后去》，短篇小说集，陕西人民教育出版社1991年出版，印数是4600册；第五本《夭折》，中篇小说集，陕西人民出版社1992年12月出版，印数只有1000册。其中，《四妹子》和《夭折》没有稿费，是出版社以书抵的稿费。我们再来看路遥的《平凡的世界》，该书由中国文联出版公司出版，第一部1986年12月出版，印数是19400册，到了1988年4月第二部出版时，印数平装本只有9100册，精装本印了895册，总共不到1万册。所以，《白鹿原》能印14850册，陈忠实已经很高兴了，而出版社则认为还多少冒了一些风险。据《当代》杂志编辑周昌义说，《白鹿原》在新华书店第一次征订的数量只有800册，数量如此之少，但还是大胆地印了14850册（周昌义：《〈白鹿原〉复生和〈废都〉速死》，《西湖》2008年第2期）。

人民文学出版社《白鹿原》初版书影（邢小利摄）

五、《白鹿原》解读

陈忠实创作的第三个时期，是《白鹿原》的写作，时为 1987 年至 1992 年。这个时期的陈忠实已年过不惑，接近天命，是他生活、思想和艺术积累已经相对成熟，同时也是精力最为旺盛、思维最为活跃、艺术创造力最为丰富的一个生命阶段。《白鹿原》的准备、构思与写作，是陈忠实创作方向的一个最大转折，他从 20 多年来一贯关注的现实转向了历史。他的艺术聚焦，是从家族关系入手，从人与文化角度切入，触及社会特别是农村社会的生产方式、经济活动、教育理念与方法以及政治关系等关乎人的生存的各个方面，深刻透视传统中国宗法社会数千年传承下来的人的生活方式、生存态度和生存之道，展现传统的宗法社会和乡规民约在时代暴风雨的击打中所发生的深刻嬗变、家族的嬗变、人性的嬗变、人心的嬗变。并从这嬗变中，透示社会演变的轨迹和历史深层的文化脉动。

长篇小说《白鹿原》展示的是中国两千多年皇权社会崩溃之后，新的社会秩序将建未建以及革命、抗日、内战等历史大背景下农村社会的图景和农民的生活和命运，成功地塑造了白嘉轩、鹿子霖、鹿三、朱先生这些具有深刻历史文化内涵的农村地主、长工和乡村贤哲形象，成功地塑造出黑娃、白孝文、田小娥、鹿兆鹏、鹿兆海、白灵等年轻一代鲜明各异的性格，这是父与子两代人，展示了他们或者努力恪守传统的生活观念和人格理想，或者追逐时代的步伐或被时代的车轮驱裹而形成的或凌乱或跌宕的人生履痕和复杂多变的命运，深刻地触及了中国近现代半个世纪历史行程中的深层矛盾和历史搏动，展示了一个民族从传统迈向现代的历史轨迹和心理行程，揭示了民族的传统观念和人格精神在现代文化背景中的深刻矛盾和裂变。该作突破了狭隘的政治斗争视域，超越了简单的阶级斗争模式，以宽阔的历史视野观照波澜壮阔的历史进程，以幽深的文化眼光打量历史行程中的各色人物，是一部史诗般的巨作。

《白鹿原》的主旨是探寻民族的文化心理并进而探求民族的命运和前途。

《白鹿原》中的主要人物大致分属父与子两代人，父辈人物总体上沿袭着传统的人生观念和生活方式，子一辈多为叛逆，他们在趋时和向新的历史风潮及个人的命运转换中逐步完成了自己的人格形象。父一代是“守”或“守”中有“变”的农民，子一代是“变”或“变”中趋“守”的农民。一“守”一“变”，“守”中有“变”和“变”中趋“守”，生动而准确地反映了清末以至民国再至新中国成立这一历史时期的生活巨变和人心嬗变。

父辈人物是从历史深处走来的，他们的身上带有几千年封建社会的精神遗存。子辈人物则延伸到历史的未来，即使有些人物死了，如黑娃等，但他们在这个转变时代所完成的人生命运和所形成的人格态度，都凝聚成了一种精神，所谓精神不死，伸展到未来，活到了今天。

小说中的核心人物是白嘉轩。这是一个真正意义上的中国农民，他的身上继承了几千年来传统中国农民的本质特征。他是非常现实也务实的人，注重现实的世俗生活，没有不切实际的空想，换句话说，没有浪漫情怀。他所在的白鹿原的生活环境和文化氛围，主体是儒家的思想文化，在这样的生存环境中耳濡目染，又接受了来自朱先生的儒家思想和伦理观念的教化，他终生服膺儒家的思想和精神，并以儒家思想正己治家。他的整个人生理想和目标一是做人，二是治家，这也就是儒家所谓的“修身”和“齐家”。在白嘉轩之上，是整个白鹿原的灵魂人物朱先生。朱先生是白嘉轩的精神导师和生活的指路人。白嘉轩则是朱先生思想和精神的实践者。朱先生是白鹿原的精神文化象征，他的思想渊源是儒家，具体到他的身上，则是儒家思想的变相理学，理学中的关学一脉，关学强调“通经致用”“躬行礼教”。这样一种实践理性非常契合白嘉轩们的生活实践和生命实践，对于白嘉轩这样的农民和族长特别有现实的指导意义，被他们易于和乐于接受并且深刻地掌握。鹿三是白嘉轩这个地主东家的长工，他与白嘉轩构成了中国传统社会中一对重要的关系，这就是主子与奴仆的关系。鹿三忠厚、善良，也非常执拗，拗在两个字——“忠”与“义”，这也是传统封建社会所强调的奴才对主子的“忠”与“义”。鹿子霖也是中国传统农民的一个典型人物，这个人物与白嘉轩性格相反但却能成为一个互补的形象。白嘉轩做人行事，遵循的是内心已然形成的信念和意志；而鹿子霖行事做人，则是依照现实的形势，这是一个能够迅速判断时势也能够很快顺应时务的乡村俊杰。千百年来，中国的乡村社会，主要的核心人物就是由这两种人物构成：一个坚守先贤的遗训和内心的原则，一个观风看云不断顺应时势的变化，一静一动，动静冲突又结合，构成了一部激荡的而又稳定的中国历史。白嘉轩和鹿子霖都是白鹿原上仁义白鹿村的精明人和威权人物。他们在中国历史和文化中都具有原型的意义。

黑娃和白孝文是小说中两个性格最为鲜明的叛逆形象。前者先由一个淳朴的农家子弟变为“土匪”，再由一个“土匪坯子”变为真心向学，并发誓“学为好人”；后者由族长转入堕落到不知羞耻，再变而为残杀异己毫不手软的冷酷之徒，他们性格的发展和变化都包蕴着丰富而复杂的历史文化内涵。鹿兆鹏、鹿兆海和白灵等人皆为一个时代的有志青年，他们不愿意依照父辈预设的生活方式去生活，他们是时代的英才，追求远大理想，忠诚，热情，有献身精神，但他们后来各自的命运，如鹿兆鹏的失踪，鹿兆海的死于内战，白灵的被活埋，都深刻地触及了中国近现代半个世纪历史行程中的深层矛盾和历史搏动。

六、一段空前绝后的美好时月

1992 年的春天悄然而至。

陈忠实感到，这是他 50 年生命历程中最好的一个春天。由于心情愉悦，他发现今年的春天居然是前所未有的美好。每天，或在原下的院子里散步，或在小书房里喝茶，他的心情是放松的；或上原坡，或走灞河长堤，看草长莺飞，他的心情是畅快的。乡党办红白喜事，要盖房，他依旧去当账房先生。雨天不能下地干活了，或是漫长的夜晚，他依旧和几位老棋友楚汉分界下下象棋。对于一直把时间当生命，把劳动和写作当成生活中最为要紧的事情的陈忠实来说，这一段日子，是他生命中最为闲散的一段日子，生活是闲散的，心态是闲适的。

读书的时候，他忽然发现，几十年来他读的最多而且也最喜欢阅读的小说，居然现在一点兴趣也没有了。他竟然想读中国古典诗词了。一直以来，陈忠实的阅读，基本上是功利目的很明确的，那就是为了自己的写作。他主要写小说，偶写散文，他的阅读也就主要围绕着这两个方面。他明白，自己的中国传统文化包括古典文学基础浅薄，几十年来，他把有限的时间，基本上都用于阅读中国现当代文学作品和翻译过来的外国文学作品，主要的还是小说，舍不得费时去读中国古典诗词和文章。

此时之欲读古典诗词，非为功利，纯为欣赏。

在《白鹿原》获得肯定意见的前后时间段里，他的读诗赏词心情是不一样的。《白鹿原》书稿交出去了，在等待审读意见的日子里，陈忠实一个人住在原下老屋，感觉院子里是空荡荡的，任何书籍都读不进去，他找了一本古典诗词集，强迫自己阅读，目的只有一个，那就是试图改变焦虑的心态，但是收效甚微。他又想了一个办法，大声朗诵，这一来有了些效果，自己感觉焦灼的心绪稍有缓解。此时他之读诗词，不是想读，不是爱读，完全是为缓解内心的焦虑，这样的救心之法，想来不会真正进入诗词的意境。等到后来有了一连串出乎他意料之外的肯定意见，他的心放下了，踏实了，心态也放松了，自由了，他才被古典诗词之美打动了，被古典诗词的万千气象和意境感染了，最后竟然沉湎其中了。可以理解，《白鹿原》无疑是陈忠实50年来生命岁月中最为重要的一部作品，也是用心最重、耗时最长的一部作品，可以说是寄托了陈忠实全部的期望和情感，其重若山。到了这一年的春天，他“才确信为自己死时垫棺作枕的一本书写成了”（陈忠实：《寻找属于自己的句子——〈白鹿原〉创作手记》，上海文艺出版社2009年版，第162页）。

陈忠实的文学价值观倾向于社会功利性，他对抒发个人情怀以及倾向于纯美价值的作品向来不大重视。这一次，在他自由放松的心态下，抱着缓解焦虑情绪的目的，他开始阅读古典诗词，由宋人到唐人，以至上溯到《诗经》时代，古人千百年来代代相传的绝妙好诗，拓展了他的文化视域，也丰富了他的审美意识，他在欣赏古人的诗词意境之美中获得了审美的愉悦，得到了绝好的精神享受。这样一种阅读心理和审美体验，对陈忠实这样的向来注重社会功利性的作家来说，可能以前不曾有过。看来，要能阅读古典诗词，是需要一定的心境和处境的。也许，心境来自处境，处境影响心境。

由于个人心境的原因，陈忠实不仅觉得这一年的春天是他50年来最美好的一个春天，连他过去不大注重的古典诗词，也如同这一年的春天一样，美不胜收了。“这是50年生命历程中空前亦绝后的一段美好时月！”这是时隔17年之后，2009年5月，陈忠实在写他的《寻找属于自己的句子》最后一章时，回顾人生来时路所说的一句颇为感慨的总结性话语。此种自由愉悦的绝佳心态，他自我感觉前所未有，尔后包括《白鹿原》出版之后也未曾有过。

这一年，1992年，陈忠实基本上是在阅读诗词和试写诗词中度过四季的。

夏天，他在吟诗诵词的同时，虽然自知功夫浅陋，但毕竟也浸淫多时，跃跃欲试，加之内心颇多感念，填了有生以来的第一首词《小重山·创作感怀》：

春来寒去复重重。掼下秃笔时，桃正红。独自掩卷默无声。却想哭，鼻涩泪不涌。　　单是图利名？怎堪这四载，煎熬情。注目南原觅白鹿。绿无涯，似闻呦呦鸣。

此后又写了一首《青玉案·滋水》：

涌出石门归无路，反向西，倒着流。杨柳列岸风香透。鹿原峙左，骊山踞右，夹得一线瘦。　　倒着走便倒着走，独开水道也风流。自古青山遮不住。过了灞桥，昂然掉头，东去一拂袖。

前者述创作的艰辛和对艺术新境的期望，“四载”“煎熬情”实为不堪，“想哭，鼻涩泪不涌”，“注目南原觅白鹿。绿无涯，似闻呦呦鸣”。后者写自已追求艺术之路的决绝心态，“独开水道也风流”，“过了灞桥，昂然掉头，东去一拂袖”。

秋天，他收到何启治的一封信，信中告诉他出版社关于《白鹿原》书稿的发表和出版安排，先在《当代》杂志分两期发表，一期是 1992 年第 6 期，另一期是 1993 年第 1 期，单行本于明年出书。得到这个确切的消息，陈忠实更是安心了。他依旧优哉游哉，或吟诗诵词，或到原坡和河川散步，眼看着秋去冬来。

陈忠实算计着《当代》第 6 期出刊快要临近，想着应该让报纸发一书讯，就找到他的朋友同时也是《陕西日报》文艺部编辑的田长山，说了《白鹿原》将在近期的《当代》杂志刊发，请他拟一则消息，在报纸上发一下，作为预告。田长山年纪略小于陈忠实，1947 年生，陕西泾阳人，1982 年毕业于北京大学中文系，创作、评论兼擅。陈忠实与他合写的报告文学《渭北高原：关于一个人的记忆》，在当年的 5 月，刚刚获得中国作家协会 1990—1991 年度全国优秀报告文学奖，俩人情谊非同一般。田长山当即拟出一稿，陈忠实看了，说，不要评价性的有溢美之嫌的话，也不要写小说之外的诸如耗时六年写作之类的事，尽量写得平实一些，告诉读者一个小说刊出的消息即可。陈忠实最大的担心，是小说如果刊出后，读者和文学界反映平平，那么宣传中所说的溢美之词就会成为笑话和讽刺。对于陈忠实提出的诸多限制，北京大学中文系培养出来的田长山居然一时下笔踌躇。田长山盯着陈忠实说：“这不准说那不能写，倒叫我写啥呀？”最后，俩人字斟句酌，费时一个多小时，才写了百把字的书讯。不擅更不愿炒作，是陈忠实的一贯态度。当然，这个时候，文学上还没有用到“炒作”一词，这个词之用于文学，据笔者所记，当在 1993 年下半年，上海有评论家在报纸批评《废都》时用到。这是闲话，表过不提。

《当代》杂志逢单月出刊，11 月，这一年的第 6 期印出发行。陈忠实从乡下赶到城里，找到一家邮局，想买，得知已经售完。他又赶到西安市中心的钟楼邮局，一问，也已告罄。售货女孩随意地说，这期《当代》发表了咱陕西一个叫陈什么的作家的长篇《白鹿原》，这儿 50 本《当代》两天就卖完了，还不断有人来问，你来得太迟了。说着拿出一页登记着预订者名字的字条，问他要不要登记预订。陈忠实看了那字条上预订者的名字和单位，没有文学圈里的熟人，也几乎没有文学单位里的人，他感到大为欣慰，觉得《白鹿原》进入了真正的普通读者之中。

这实在有些出乎陈忠实的意料。

但陈忠实的心里是踏实的，更是高兴的。

当然，更出乎陈忠实意料的事还在后头。

七、《白鹿原》：持续20年的火与热

令陈忠实惊喜而令出版社意外的是，《白鹿原》的销售异常火爆。

《白鹿原》在《当代》刊出后，在文学界和广大读者中引起了轰动。据何启治回忆，音乐家瞿希贤的女儿在法国学美术，她在《当代》上看到《白鹿

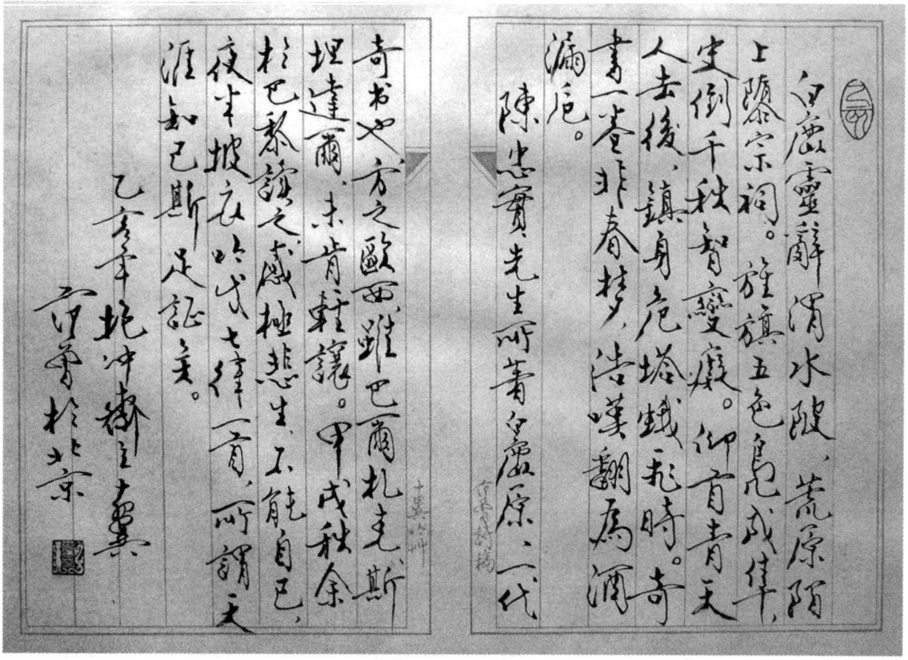
白鹿靈辭渭水陂，荒原阡上隳宗祠。旌旗五色鳧成隼，史倒千秋智變癡。仰首青天人去後，鎮身危塔蛾飛時。奇書一卷非春夢，浩嘆翻為酒滿卮。

陳忠實先生所著白鹿原，一代奇書也，方之歐西，雖巴爾扎克、斯坦達爾未肯輕讓。甲戌秋余於巴黎讀之，感極悲生，不能自已，夜半披衣吟成七律一首，所謂天涯知己斯足證矣。

乙亥年抱冲齋主范曾於北京

范曾读《白鹿原》诗札（邢小利摄）

原》上半部之后，委托父亲找到了人文社前总编屠岸，寻找《白鹿原》的下半部。1994 年秋天，画家范曾在法国巴黎读了《白鹿原》，“感极悲生，不能自已，夜半披衣吟成七律一首”，称《白鹿原》为“一代奇书也，方之欧西，虽巴尔扎克、斯坦达尔，未肯轻让”。

《白鹿原》第一次印刷的书还没有印出来，西安新华书店就从文学界的大量好评中嗅到了商机。书店找到了陈忠实，让他在西安北大街图书市场签名售书，书店自己开卡车到北京堵在印刷厂门口，等着拉书。签售当天是一个大热天，早上 8 点，签售开始。陈忠实到现场的时候，读者排出了一里多长的队伍。陈忠实第一回遇到这种场面，很兴奋，坐在那里没动，一直签到下午 1 点多，四五个小时连头都不抬，只写他的名字。

《白鹿原》于 1993 年 7 月在西安首次发行销售，十天后盗版书就摆在了书摊报亭里。人民文学出版社手忙脚乱地加印，6 月第一次印刷，到了 11 月，已连印七次，半年内印了大约 50 万册。人民文学出版社的孙顺林当时在策划部，他记得，第一次印的 14850 册还没有全部印出来，全国各地追加的数量就开始大幅增加，印刷厂就连着印，“批发商在甜水园等着提货，每送去一批，很快就被抢购一空”（《陈忠实〈白鹿原〉曾风行全国　至今仍在畅销》，《新京报》2009 年 7 月 20 日）。

《白鹿原》出版后，中央人民广播电台和西安人民广播电台差不多同时连播，在读者和文学界迅即引起巨大反响。

《白鹿原》以及其他几位陕西作家的长篇小说在京城的相继出版，一时构成了媒体上称之为“陕军东征”的现象，而媒体上关于“陕军东征”的报道和宣传，也给包括《白鹿原》在内的几部陕西作家作品的热销起了锦上添花的作用。最早在媒体上公开使用“陕军东征”一语的是《光明日报》编辑记者韩小蕙。韩小蕙经过阅读和采访，写了一篇约 2000 字的文章《“陕军东征”火爆京城》，于 5 月 25 日发表在《光明日报》二版头条位置，介绍了陕西几部长篇小说引起轰动的经过和作家创作的一些内情。很快，《陕西日报》也转载了该文。

《白鹿原》发表、出版后，不仅在普通读者中，而且在评论界也引起了巨大的反响。评论界对《白鹿原》好评如潮。1993 年 3 月 23—24 日和 7 月 16 日，西安和北京两地分别召开了《白鹿原》研讨会。西安研讨会后，《小说评论》1993 年第 4 期刊发了《一部展现民族灵魂的大作品》的纪要，并用约一半的篇幅发表了 12 篇评论文章；北京研讨会后，《小说评论》同年第 5 期发表了题为《一部可以称之为史诗的大作品》的纪要。

西安《白鹿原》研讨会上，与会评论家认为，"《白鹿原》是一部很有艺术魅力的作品，是近年来罕见的一部大作品，陈忠实因《白鹿原》而以全新的面貌出现在人们面前"，"《白鹿原》以其全景性的历史观照和宏阔的史诗规模开拓了现实主义小说的新层面，它既不同于那种写市民写市井生活的新写实，也不是那种带有理想主义的现实主义，它为现实主义小说提供了有力的新例证。《白鹿原》迷人的阅读吸引力也将改变人们对纯文学缺乏可读性的看法"，"《白鹿原》标志着陈忠实的创作摆脱模式走向自由，走向成熟"，"《白鹿原》的产生，既是作家创造的结果，也是时代造就的，陈忠实广泛地吸收了近些年的思维成果，开明、开放的社会环境保证了作家艺术创造力的充分发挥"。有评论家分析说，"《白鹿原》深刻地把握和表现了中国农业社会的基本特点，写出了传统文化——包括仁义思想、宗法观念等怎样沉积为农民心理的地质层，展示了民族的精神和灵魂。作品所写的民族历史是一种全景史，它突破了政治史、阶级斗争史的局限，也突破了社区、行业的局限，以大的历史事件为经，以白、鹿两家争斗为纬，将发生在关中大地上的近半个世纪的历史纳入其中，形成一种全景观照。作为一个民族的秘史，《白鹿原》也是一部人格史、人心史，民族文化心理在近百年剧烈震荡的历史变化中的演变史"，"《白鹿原》中农村的政治领袖与精神领袖是分离的，它强调了文化、文化传统对人的重要作用。小说半是赞歌，半是挽歌，写了传统文化的力量，也写了它的负面，写了中国村社文化的最后的光环，也写了村社文化的终结，中国古典农民的终结"。与会者认为，"《白鹿原》重要的收获之一是在历史和人的结合中塑造了一系列真实而又有独创意义的中国农民形象。其中像白嘉轩、鹿子霖、鹿

三、朱先生、田小娥、黑娃等，个性鲜明，有的极具典型意义”。与会评论家对《白鹿原》艺术表现手法上的探索也做了讨论，“《白鹿原》在总体写实的基础上，糅以民间传说和灵怪色彩，既表现出关中地区的民情风俗，又有一种亦真亦幻的艺术感染力。这既是当代长篇小说艺术上的一种新探索，也是对中国古典文学传统手法的一种继承。陈忠实以往小说的语言比较朴素平实，而《白鹿原》的语言是高密度的大笔勾勒，具有节奏感和耐人的韵致”。不少评论家认为，“《白鹿原》是陈忠实生命体验与艺术体验成熟期的作品，是陈忠实创作进入巅峰状态的作品”，“整部作品是饱满的、均衡的，因而经得起历史的检验”（小雨：《一部展现民族灵魂的大作品——〈白鹿原〉研讨会综述》，《小说评论》1993 年第 4 期）。

北京《白鹿原》研讨会上，评论家们说：“《白鹿原》达到了一个时期以来出现的长篇小说所未达到的高度与深度”（冯牧语）；“阅读中我的第一个感受是中国文学领域出现了一部重量级的大作品，它厚重、深沉，必将并已经不胫而走”（雷达语）；“直接感受是凝重深沉而凝炼，密度大而酣畅淋漓，结构宏大而又精雕细刻”（朱寨语）；“从总体上它是气势恢宏的史诗，从局部、具体细节、语言看，……可以像《红楼梦》一样读”（蔡葵语）；“小说内涵大、内容丰富”，“是一部摒弃一切旧的模式，对民族历史进行了深刻反思、总结，对文学语言加以创造的辉煌巨制”（屠岸语）；“小说写了 50 年，是 50 年的民族生存史和人的历史”（谢永旺语）；“《白鹿原》是一部激动人心的作品，怎么评价都不过分，必将载入中国、世界文学史册”（张韧语）；“《白鹿原》本身就是几乎总括了新时期中国文学全部思考、全部收获的史诗性作品”（白烨语）（《一部可以称之为史诗的大作品》，《〈白鹿原〉评论集》，人民文学出版社 2000 年版）。此外，海外评论者梁亮说：“由作品的深度和小说的技巧来看，《白鹿原》肯定是大陆当代最好的小说之一，比那些获得诺贝尔文学奖的小说并不逊色。”（梁亮：《论〈白鹿原〉与〈废都〉》，《〈白鹿原〉评论集》，人民文学出版社 2000 年版）文学评论家何西来认为：“陈忠实的《白鹿原》，是 20 世纪 90 年代，中国长篇小说创作的重要收获之一，能够反映那一时期小说艺术所达到的最高水平。把这部作品放在整个 20 世纪中国文学的大格局里考量，无论就其思想容量还是就其审美境界而言，都有其独特的、无可取代的地位。即使与当代世界小说创作中的那些著名作品比，《白鹿原》也应该说是独标一帜的。”（何西来：《〈白鹿原〉评论集序》，人民文学出版社 2000 年版，第 1 页）

也有论者对这部作品提出了尖锐的批评。《文艺争鸣》1993 年第 6 期发表了三篇批评《白鹿原》的文章。张颐武的《〈白鹿原〉：断裂的挣扎》，认为《白鹿原》是“巧妙地以高雅的、严肃的、史诗式的‘定位’走进了文化消费的市场，其努力并未结出理想的果实，作品成为极度碎片化的零散的段落的连缀，它在读者中的反响很大程度上是以‘雅文学’的定位获得的”。朱伟的《史诗的空洞》认为这部作品“一切的一切，都是别人已经摹写过了的，从家族关系、主仆关系，到革命使两个家族成员的重新组合，革命中的冤假错案，再到美人计、亲翁杀媳、兄弟相煎，从主干、枝干到每一个细部，几乎都能找到引文出处。所不同的只是它变成了多重多种过去已有文本中故事的重新组合与综合”，“在《白鹿原》中，我们感觉到的是陈忠实的生命形态被他所要寻找的形式与框架不断的阻隔。这种阻隔的结果，使他的生命形态在其中越来越稀薄，最后就只剩下一大堆材料艰苦拼接而成的那么一个‘对一个历史时期社会风貌全面反映’的史诗框架，这个框架装满了人物和故事，但并没有用鲜血打上的印记，在我看来，它是空洞的一个躯壳”。

值得一提的是，1993 年，由于《白鹿原》等作品的热销即所谓的“陕军东征”竟引发了长篇小说的出版和阅读热潮，这个热潮后来延续了相当长一段时间。周昌义后来有一段话，说到了这个热潮的余波对于后来文学市场的影响，也从另一个侧面说明了《白鹿原》当年火爆的巨大威力，“出版社出书，第一看市场，第二才看好歹。《尘埃落定》遭遇退稿的时间，应该是 1995、1996、1997 那几年。还记得不？《废都》和《白鹿原》及陕军东征是在 1993 年。那以后，长篇小说有了赚钱的可能。但对于大多数作品来说，仅仅是理论上的可能。绝大多数作家，还只能自费出书。还有，《废都》和《白鹿原》开拓的纯文学市场，只适用于《国画》和《沧浪之水》这一类紧贴现实的现实主义作品。不适用于现代主义先锋们。《白鹿原》对于火爆了近十年的现代主义先锋们其实是丧钟，那以后，一切不能以正常人的思维和正常人的口气讲故事的这主义那主义都被正常人视为‘神经’，开始了永无休止的盘跌。1997年前后，恰恰是他们最凄凉的时候，坚持跟他们一起‘神经’的期刊都开始了跟他们一起凄凉的绝路……”（周昌义：《〈白鹿原〉复生和〈废都〉速死》，《西湖》2008年第2期）。

陈忠实在《白鹿原》卷前有一句引自巴尔扎克的话：“小说被认为是一个民族的秘史。”1980年，李泽厚在《中国社会科学》第2期发表《孔子再评价》一文，首次提出“文化—心理结构”概念，认为孔子学说为汉民族的文化—心理结构奠定了基础，在当时引起了很大的反响，对以后的思想文化研究以及美学、文艺学和文艺批评也影响深远。20世纪80年代中后期，一批具有革新意识的文学研究者如刘再复等人把李泽厚在哲学、思想史、美学研究中提出的“主体性”“心理积淀”“文化心理结构”等概念和理论引入文学研究及文学批评领域，对我国当时的文艺理论研究和文学批评形成强大的冲击，引起强烈的反响。80年代“文化—心理结构”说的出现及其有关讨论，对陈忠实创作产生了极大的影响，使他认识到小说写人物，既要塑造人物性格，更要写出人物的文化心理，同时，更为重要的是，像《白鹿原》这样的侧重描写中国农民群体人物形象及其性格的长篇小说，要特别注重描写中国农民亦即我们民族的文化心理结构。《白鹿原》问世后，评论家显然注意到了这一点，不少论者在研究分析小说中的人物形象及其性格的同时，更从中华文化和民族心理角度对小说进行解读和阐释。不少论者认为，《白鹿原》是对关中50年生活的写照，也是对民族秘史的揭示。这种揭示是对人的文化心理，特别是两千多年来人们儒家文化心理的探讨。雷达在2009年第1期《小说评论》上发表的《20世纪近三十年长篇小说审美经验反思》一文中这样分析和评价《白鹿原》在当代小说史中的地位和价值：“现在的相当一批作品超越了启蒙意义上的、政治的和经济的乡村，而进入了文化的、精神的、想象的、集体无意识的乡村，很多作品不仅关心农民的物质生存，更加关心他们的灵魂状态、文化人格；文化作为一种更加自觉的力量和价值覆盖着这一领域。由于中国社会向来以家族为本位，家族小说成了传统结构模式之一，也许作家们觉得，唯有家国一体的‘家族’才是最可凭依的，故而乡土与家族结成了不解之缘。不妨以《白鹿原》观之，作品以宗法文化的悲剧和农民式的抗争为主线，以半个世纪重大的阶级斗争和民族矛盾为背景，正面观照中华文化精神及其人格，探究民族的历史命运和文化命运。它的创新和超越主要表现在：第一，扬弃了原先较狭窄的阶级斗争视角，尽量站到时代的、民族的、文化的高度来审视历史，诉诸浓郁的文化色调，还原了被纯净化、绝对化的‘阶级斗争’所遮蔽了的历史生活本相。第二，除了交织着复杂的政治、经济、党派、家族冲突之外，作为贯穿主线的，乃是文化冲突激起的人性冲突——礼教与人性、天理与人欲、灵与肉的冲突。这是此书动人的最大秘密。第三，开放的现实主义姿态，比较成功地融化了诸多现代主义的观念手法来表现本土化的生存，在风格上，又富于秦汉文化气魄。事实上，看清了《白鹿原》文化秘史式的写法，也就基本看清了90年代以来家族小说审美特色的所在，那就是文化化。”这个分析和评价应该说还是比较中肯的。

《白鹿原》出版以后获得以下奖项和荣誉：

1993年6月10日，《白鹿原》获陕西省作家协会第二届“双五文学奖”最佳作品奖。

1994年12月，《白鹿原》获人民文学出版社第二届“炎黄杯·人民文学奖”（1986—1994）。

1997年12月，中国作家协会第四届“茅盾文学奖”揭晓，《白鹿原》（修订本）获奖。

2008年12月5日，由深圳读书月组委会、深圳报业集团主办的“30年30本书”文史类读物评选活动在深圳举行了盛大的颁奖典礼。经过全国专家与读者的共同推选，陈忠实的《白鹿原》入选。此次评选的书籍被称为“30本影响中国人30年阅读生活的优秀文史书籍”，入选书目既考虑其“历史的重要性”，也考量其“本身的价值”。

2009年6月，《中国新文学大系》五辑100卷由上海文艺出版社出齐。《白鹿原》完整入选该大系第五辑（1976～2000）。

2010年3月，《钟山》杂志在第2期上刊出“30年10部最佳长篇小说”投票结果，为盘点30年（1979—2009年）长篇小说创作的成就，江苏省作协主办的大型文学杂志《钟山》邀约12位知名评论家，从纯粹的文学标准出发，投票选出他们认为最好的10部作品并简述理由，排名第一位的是《白鹿原》。

《白鹿原》出版以后，先后被译成日、韩、越、蒙古、法等语种文字出版，被改编成秦腔、话剧、舞剧、电影、连环画、雕塑等多种艺术形式，电视剧也正在筹拍中。

在当代长篇小说的出版史上，《白鹿原》也创造出了非凡的业绩。《白鹿原》由畅销书已变为常销书。仅以人民文学出版社为例，至2012年5月，笔者所见的该社出版的不同版本的《白鹿原》已达11种之多。据笔者向《白鹿原》的责任编辑之一刘会军了解，在2006年12月底，人民文学出版社统计《白鹿原》的累计印数已超过120万册。据陈忠实说，他颇感欣慰的是，近十年来，各种版本的《白鹿原》加起来每年的销量在10万册左右。而读者包括一些单位找他为《白鹿原》签名的，多年来也经常不断，他曾在一个月里做了统计，这一月竟有28天都有找他签名的，多的一次有500多本，少的一次1本。

一方地域的知名度与文学艺术有很大的关系。湘西的凤凰古城之所以名闻天下，实在是因了文人沈从文和画家黄永玉，是这表叔侄俩给人们提供了关于这一偏僻地域的文学的、艺术的和文化的想象，这只凤凰才能从边城飞向世界，而世界各地的游客从四面八方如潮而来，细细一想，也无非就是为了满足各自关于这个古老边城的艺术和文化想象。江南的乌镇多少是因了茅盾和他的小说，周庄则似乎是因了陈逸飞的油画《双桥》。《白鹿原》也极大地提高了白鹿原的知名度，如今，白鹿原已经成为西安周边颇聚人气的旅游和休闲去处。白鹿原名自周代，宋时因大将狄青在这里扎寨驻兵，后世又名之狄寨原，现在又因一部作品而恢复了原名，且天下闻名。

《白鹿原》法文版书影（邢小利摄）

陈忠实后来说，“回首往事我唯一值得告慰的就是：在我人生精力最好、思维最敏捷、最活跃的阶段，完成了一部思考我们民族近代以来历史和命运的作品”（陈忠实：《文学是我人生最重要的主题词》，《原下的日子》，太白文艺出版社 2004 年版，第 323 页）。

第六章　原下的日子

一、主席之位

命运实在是一个不可捉摸的东西。作家特别是小说家，喜欢写人的命运，因为命运有一种令人敬畏的力量，它是强大的压倒一切的，又是神秘的不可知的。1992 年，就在陈忠实写完《白鹿原》的这一年，作协陕西分会还没有换届，上级内定为作协陕西分会主席的路遥，在 8 月 6 日孤身一人去延安，一到延安就病倒了，之后辗转西安治疗，竟然不起，于 11 月 17 日撒手尘寰。

在路遥的追悼会上，陈忠实致悼词。他说：

我们不得不接受这样的事实，无论这个事实多么残酷以至至今仍不能被理智所接纳，这就是：

一颗璀璨的星从中国文学的天宇陨落了！

一颗智慧的头颅中止了异常活跃异常深刻也异常痛苦的思维。

这是路遥。

他曾经是我们引以为自豪的文学大省里的一员主将，又是我们这个号称陕西作家群的群体中的小兄弟，他的猝然离队将使这个整齐的队列出现一个大位置的空缺，也使这个生机勃勃的群体呈现寂寞……

年轻时候写过新诗后来一直不写新诗的陈忠实，在伤痛路遥英年早逝的同时，感于生命的脆弱和命运的不可捉摸，于这一年的 11 月 26 日草写，后于 1993 年 9 月 16 日改写出了诗歌《猜想死亡》。诗中写道：

天宇里
有一颗专司死亡的星星
是有意还是无意
是选择还是冒碰
一旦砸下来
便要击中一个天灵盖
这人便死了
无论是元首还是将军
抑或只是一个平民
它不辨善也不择恶
不分贵也不分贱
更没有公平可论
撞上谁
算谁倒霉
这个猜想如果成立
我们反而坦然
被砸中了便走向死亡
砸不上便继续做自己的事
总统继续竞选连任
将军继续操练士兵
平民继续忙油盐酱醋的日子
担忧根本无用

躲藏更属徒劳
运气仅仅在于
一个迟些……一个早些

在1991年执意不去省文联做书记而愿意留在作协陕西分会只当一个专业作家的陈忠实，最终还是被推举为作协陕西分会主席。1993年6月，中国作家协会陕西分会改名为陕西省作家协会。6月8日至10日，陕西省作家协会第四次会员代表大会在西安人民大厦召开。王汶石致开幕词。胡采代表第三届理事会作题为《以邓小平建设有中国特色社会主义理论为指针，改革开拓，为繁荣发展我省文学事业而奋斗》的工作报告。会议通过修改《陕西省作家协会章程》，选举理事83名，常务理事43名。陈忠实致闭幕词。在四届一次常务理事会上，陈忠实被选举为省作协主席，王愚、王蓬、孙树淦（莫伸）、刘成章、李凤杰、杨韦昕、赵熙、贾平凹、高建群、雷进前（晓雷）被选为副主席。在四届主席团会上决定聘请胡采、王汶石、王丕祥、魏钢焰为名誉主席。任命雷进前（晓雷）兼任秘书长。截至1993年6月，陕西省作家协会共有会员527名（女会员38名）；出席此次代表大会的会员代表共176名。

从陈忠实的出身、经历和文化教养来看，从他的做人和品性观察，他是一个不汲汲于富贵，也不戚戚于贫贱之人，当然，也是一个不汲汲于权力之人。但他也不是一个甘于淡泊的人，不是一个不在乎功利的人。他曾说，他从不言淡泊。他认为，文坛就是一个名利场。他只是赞同，君子爱财，取之有道；君子当权，得之有道。他不屑于蝇营狗苟，更耻于同流合污。

陈忠实说过，他早年的人生最高理想就是能当一个专业作家，可以自由支配时间，能按自己的爱好写作。当了作协副主席，现在又当主席，显然，超乎他原来的理想之外。他没有飘飘然，也没有昏昏然，爱了文学30多年，进了作协20余年，他深知作家生活不易，创作不易，既在其位，得谋其政，需舍下身子为作家们的生活和写作创造一定的条件，要放下身段为陕西文学的发展和繁荣做一些实事。

6月10日下午，在陕西省作家协会第四次会员代表大会上，陈忠实以《陕西作家应对中国当代文学做出无愧贡献》为题致闭幕词。他在分析了陕西作家群的现状之后说，“未来十年对于无论哪一个年龄档次的陕西作家都是至关重要的，而最重要的一点是任何一个人都耗费不起有限的生命。本届代表大会产生的主席团，将清醒地认识并理解这一基本的现实，将坚定不移地围绕保证作家进行艺术创造尽最大可能释放各自的艺术能量这个中心而开展工作”，“我们将把改善作家创作条件和生活条件作为最现实最迫切的一件工作提上议程”，“我们将努力倡导另外一种有利于作家进行创造的环境和氛围，即和谐”。最后，他激昂地呼吁，“我们倡导这个群体的每一个成员，有勇气、有锐气、有志气、有才气、有风气。我们相信在这个群体里会形成大胸怀、大气魄、大视野，出现大作品大作家”，“陕西作家应该而且能够对中国当代文学做出无愧贡献!”闭幕词中所讲的“五有”和“五大”，也是本次大会的主题词，曾书写为巨大的横幅悬挂在会场周围，非常醒目。可以看出，在老一代作家渐次谢幕而由青壮年作家登台的这一届代表大会，包括陈忠实在内的主席团不仅显得朝气蓬勃，显出要大有一番作为的态势，而且目标宏伟，对于未来的期待值很高。

1995年4月至5月，到美国和加拿大参观、访问及文化交流。这是访问归来的留影（照片由陈忠实文学馆提供）

当了省作协主席以后，陈忠实着实忙了几年，差不多有六七年的样子。所忙的事中，有一件就是给作协建办公楼。

陕西省作家协会成立于1954年11月。这一年的10月，成立于1950年9月的原西北文学艺术界联合会撤销。根据中共中央宣传部有关决定，西北作家协会筹委会召开扩大会，研究成立分会事宜。11月8日，召开第一次会员大会，成立中国作家协会西安分会。分会有正式会员31人，在西安的26人。据陕西作协的老同志杨韦昕回忆，当年成立作协的目的，主要就是为驻会的专业作家服务，专业作家驻会专职专心搞创作。会议选举马健翎为主席，柳青、郑伯奇、胡采为副主席；决定分会秘书长由王汶石、戈壁舟、李古北、余念、杜鹏程五位驻会作家轮流担任，任期各为一年。第一任是王汶石。成立之先，王汶石坐着当时给作协配备的唯一一辆吉普车在西安市到处寻看地方，最后选定建国路的一处院落作为作协西安分会的办公地址。这个院落始建于30年代，原来是国军第84师师长高桂滋的公馆。1936年双十二事变后，蒋介石就被软禁在前院的西式建筑里。新中国成立后，陕西省中苏友好协会曾在这里办公。这个院落分为前院、中院和后院。前院主体是一座带有地下室的西式建筑，坐北朝南，院子中间有一个喷水池。中院是花园。后院是室内层高两三米的平房，实木地板，青砖碧瓦，围成古色古香的三重院落。作协的两个公开刊物《延河》和《小说评论》以及一个内部刊物《陕西文学界》的编辑部、创联部，还有部分作协内外员工都住在这三个小院里。中院的花园已在80年代被废弃，建了一个三层楼的招待所。作协的主要业务部门都在后院办公，陈忠实自己的一间办公室当年也在这里。房屋年久失修，虽然院子里的蜡梅、玉兰还有高可参天的梧桐以及高大的平房都在显示着这个院落的出身不凡，但毕竟在风雨中挺立了60余年，四处可见墙倾屋圮，每逢下雨，有些房间的顶棚就会掉下来，伤人毁物。所以，给作协建一栋办公楼就成了新一届作协领导班子诸项工作中的一个当务之急。

建楼是一项大工程，报、批、落实资金、施工……诸种事项既复杂还有困难。陈忠实放下创作，忙于那事，也忙这事。由此看来，处在主席之位，虽然想做些事情，但有时候也做不了多少事情。陈忠实做了省作协主席后，由于后院盖楼，他的办公室也搬到了前院，就是当年软禁蒋公介石的屋子。有作家打趣地说，现在陈忠实自己把自己软禁了起来。

二、归去原下

2001 年到 2002 年，陈忠实回到乡间——在老家西蒋村住了两年。复归两年，隐居两年，生活、思考、写作了两年。

2001 年春节刚过，陈忠实在城里买了 20 多袋无烟煤和吃食，回到西蒋村祖居的老屋。准备了这么多的东西，显然是打算在这里长住。妻子女儿一起送他复归原下乡村的老屋，他留下，妻女回城。他站在门口又送妻子和女儿。当他挥手告别妻女，看着汽车转过沟口，转过那座檐塌壁倾颓败不堪的关帝庙，折回身走进大门，进入刚刚清扫过隔年落叶的小院，心里竟然有点酸酸的感觉。这一年他 59 岁。已经是摸上 60 岁的人了，何苦又回到这个空寂了近十年的老窝里来？

如果说陈忠实的心中有隐逸的思想，很难令人信服。一般地看，观察陈忠实的为人，分析他的作品，似乎都看不出他有隐逸的思想。陈忠实是关中汉子，硬汉一个，出于贫贱，勇于进取，性格中无关于“隐”，甚至丝毫无关。

但是，如果仔细读他复归原下这一阶段的散文，就会发现，他居然就是步上了千百年来中国传统文人走过的路子，归去来兮，隐于乡村。

2003 年 12 月 11 日，陈忠实在城里二府庄写了《原下的日子》，这是他回城以后写的回忆那两年乡间生活的散文，这篇散文是他那两年心绪的集中而典型的表达。

他的散文中也出现了以前不曾出现过的两个词，“腻”和“龌龊”。

在《原下的日子》中，他引了白居易的一首诗《城东闲游》：“宠辱忧欢不到情，任他朝市自营营。独寻秋景城东去，白鹿原头信马行。”进而，他对这首诗进行了自己的阐释，并且略作发挥，“一目了然可知白诗人在长安官场被蝇营狗苟的龌龊惹烦了，闹得腻了，倒胃口了，想呕吐了，却终于说不出口呕不出喉，或许是不屑于说或吐，干脆骑马到白鹿原头逛去”。《南史·隐逸传上·陶潜》：“著《五柳先生传》，盖以自况，时人谓之实录。”此亦为陈忠实之自况，实录。“还有什么龌龊能淹没能污脏这个以白鹿命名的原呢？断定不会有”，这就是说，白鹿原是干净的，也没有“什么龌龊能淹没能污脏这个以白鹿命名的原”，因此，他才回到了白鹿原，复归原下。

他写道，回到祖居的老屋，尽管生了炉火，看到小院月季枝头暴出了紫红的芽苞，传达着春的信息，但久不住人的小院太过沉寂太过阴冷的气氛，一时还不能让他生出回归乡土的欢愉。文字之外，让人感受到的，其实是他的心情许久以来过于郁闷，也太过压抑，所以，尽管回归了朝思暮想的老屋，但心情一时还是难以转换，是一派春寒的冷寂，“这个给我留下拥挤也留下热闹印象的祖居的小院，只有我一个人站在院子里”，“我站在院子里，抽我的雪茄”，“我一个人站在院子里。原坡上漫下来寒冷的风。从未有过的空旷。从未有过的空落。从未有过的空洞”，一连三个排比，三个“空”字，三个斩钉截铁的句号，极力表达着作者内心的空茫和宁静。

他写道：“我不会问自己也不会向谁解释为了什么又为了什么重新回来，因为这已经是行为之前的决计了。丰富的汉语言文字里有一个词儿叫龌龊。我在一段时日里充分地体味到这个词儿的不尽的内蕴。”其实，在这里，陈忠实反复斟酌拈出的“龌龊”一词，已经透露了他复归原下的原因，何况还是“一段时日里充分地体味到这个词儿的不尽的内蕴”。具体是什么“龌龊”，似乎倒没有必要追问。“我听见架在火炉上的水壶发出噗噗噗的响声。我沏下一杯上好的陕南绿茶，坐在曾经坐过近二十年的那把藤条已经变灰的藤椅上，抿一口清香的茶水，瞅着火炉炉膛里炽红的炭块，耳际似乎缭绕着见过面乃至根本未见过面的老祖宗们的声音：嗨！你早该回来了！”

“嗨！你早该回来了！”这是陈忠实的表达语言。陶渊明或千古以来文人的表达句式是：“归去来兮，田园将芜胡不归！”意思是一样的。陶渊明也是回归了家乡。所不同的是，陶渊明辞了官，陈忠实没有辞。其实，陈忠实辞不辞都一样，反正都是闲职，有和无一样，用乡间的话说，是“样子货”。

第二天微明，他在鸟叫声中醒来，“竟然泪眼模糊”。闻鸟声居然泪眼模糊，陈忠实此时的内心太过敏感，感情太过脆弱。显然是积郁已久，终于找到突破口了。在乡间，闻鸟鸣。傍晚，他走上灞河长堤，看到一个男人在河滩里挖沙筛石。他久久地站在那里观看，直至入夜，浮想联翩。在这一年的 5 月 12 日，他写了短篇小说《日子》，写的就是一个挖沙男人的生存状态和人生样态，其最初的生活触发点，可能就是来自这一天傍晚他的所见、所感与所思。

春来，杏花、泡桐花、洋槐花等各种花儿次第开放，香气溢满原上和川道。夏至，“令人沉迷的绿野变成满眼金黄，如同一只魔掌在翻手之瞬间创造出来神奇”。秋临，弱柳变为金黄。冬到，小雪接着大雪，踏雪原野，听雪声脆响。这是陈忠实在乡间一年四季之所见，更是他的生命感受。他“由衷地咏叹，我原下的乡村”。在这里，陈忠实又变得极为抒情。

夏夜无眠，他在夜色中思接千载，怀古思今，更为确信“在原下进入写作，便进入我生命运动的最佳气场”。

与《原下的日子》异曲同工而又各臻其妙的散文作品是《三九的雨》。而且，《三九的雨》就写于他当时隐居乡间的时候。2002 年 1 月 17 日，陈忠实在乡间写成散文《三九的雨》。1 月 17 日是农历辛巳年的腊月初五，旧历一年将尽之时，陈忠实此时写这篇作品，除了三九的雨给人带来了特别的触动之外，也有岁尽时的顾后瞻前之意。这一场陈忠实有生以来仅见的三九的雨是从腊月初二下起的，一直下到初四天明，初五他已然写就这篇关于三九的雨的散文，时间上算起来没有间隔。《三九的雨》写得非常从容，然而情绪却又回环往复，宛如一首慢板的乐曲。这是他当时的心境，也是他当时的生活状态，悠游从容，淡定自然。

三九本该是严寒的天气，三九三，冻破砖，滴水成冰，却没有落雪，而是下了一场雨。雨从“前天”下起，小雨，连绵至“今天”天明。陈忠实一直感觉自己生命中缺水、缺雨，三九天居然下了这一场雨，自然令他欣喜万分。腊月初四天明后，他来到村外一片不大却显得空旷的台地上，极目四望，感受三九雨后的乡村和原野。四野宁静，天籁自鸣，陈忠实觉得宁静到可以听到大地的声音。雨后的一片湿润一片宁静中，陈忠实的目光从脚下的路延展开去，陷入往事的回想。脚下的沙石路当年只有一步之宽，为了求学，他走了 12 年。当年背着一周的干粮，走出村子踏上小路迈向远方，小小年纪情绪踊跃而高涨，但对未来却是模糊无知。当时最大的宏愿无非是当个工人，不想却爱上了文学，“这不仅大大出乎父母的意料，连我自己也感到奇怪”，“背着馍口袋出村挟着空口袋回村，在这条小路上走了十二年”，所获的是高中毕业。曾经路上遇狼，但有父亲壮胆。陈忠实在那一刻意识到，他的一生，都与脚下的这条沙石路命运攸关。农村基层工作 20 年，往返于这条路；即使他后来在城里当了专业作家，还是毅然从城里回来，沿着这条路回到自家的老屋。然后是从 1982 年冬天到 1992 年春天，他在原下祖居老屋里读书、写作。他总结道，这十年，是他最沉静最自在的十年。

在回顾了过往的大半生的人生之路后，他强调“我现在又回到原下祖居的老屋了”，“老屋是一种心理蕴藏”。“心理蕴藏”，是否可以理解为给心理以力量的蕴蓄？这个祖居老屋，曾经是父亲、叔父以及祖父们共居的地方，如今他们已经长眠于白鹿原北坡，但他们的某些生命气息依然回荡在老屋。他在和祖先默视、和大地对话的过程中，获取心理的力量蕴蓄。

特别是，从他第一次走出这个村子到城里念书的时候起，他的父亲和母亲送他出家门，眼里都有一种“神光”，“给我一个永远不变的警示：怎么出去还怎么回来，不要把龌龊带回村子带回屋院”。在这里，又一次特别地强调了“龌龊”这个概念。而且，“不要把龌龊带回村子带回屋院”似乎是陈氏家族固有的观念，“在我变换种种社会角色的几十年里，每逢周日回家，父亲迎接我的眼睛里仍然是那种神色，根本不在乎我干成了什么事干错了什么事，升了或降了，根本不在乎我比他实际上丰富得多的社会阅历和完全超出他的文化水平”，关键是，“别把龌龊带回这个屋院来”。

“别把龌龊带回这个屋院来”这个警示，给“这个屋院”赋予了特别的意义：它是净地，它是祖屋。

在这篇散文即将结束的时候，陈忠实简单地提了一句他前不久在北京当选为中国作家协会副主席，有记者向他提问，他的回答是："作为一个作家，应该始终把智慧投入写作。"然后，他从容地写道："我站在我村与邻村之间空旷的台地上，看'三九'的雨淋湿了的原坡和河川"，"粘连在这条路上倚靠着原坡的我，获得的是沉静"。完全是宠辱不惊的气度，宁静致远的心态。

《原下的日子》《三九的雨》，是陈忠实较为抒情的散文，也是对自己的生命、对人生的方向思考得最为深沉的作品之一。评论家李建军曾以"随物婉转"和"与心徘徊"评论陈忠实早期和后期的散文创作（李建军：《从随物婉转到与心徘徊——论陈忠实的散文创作》，《宁静的丰收——陈忠实论》，华夏出版社 2000 年 4 月版，又见《当代文坛》2009 年第 6 期），确实深中肯綮。而李建军所论"与心徘徊"之作品，还都是陈忠实 20 世纪 90 年代所写的散文，陈忠实进入 21 世纪之后所写的散文，像《原下的日子》以及《三九的雨》等，不仅是"与心徘徊"，更是"心声心画""明心见性"。2009 年 11 月 23 日，山东德州一企业家兼文学作者高艳国来西安，晚上，笔者请陈忠实和高艳国一起吃饭。席间，高请陈为其《鲁北文学》杂志题字。陈题："既随物以婉（宛）转，亦与心而徘徊。"这是刘勰《文心雕龙》中的两句话，陈忠实说，刘勰前一句讲的是生活体验，后一句讲的是生命体验。"与心而徘徊"就是"生命体验"，这是陈忠实的解读和阐释，精辟！

熟悉陶渊明或王维回归田园、隐居乡间诗作的人，一定可以看出，陈忠实这里所写的，一方面是对"腻"和"龌龊"的厌弃或逃避，另一方面是对自然的由衷喜爱和歌咏，对农人、农事的发自本心的亲近和关切。是其所是，非其所非，是非之间，凸现出作者当时的人生处境、心境和价值取向。

陶渊明《饮酒》诗："结庐在人境，而无车马喧。问君何能尔，心远地自偏。采菊东篱下，悠然见南山。山气日夕佳，飞鸟相与还。此中有真意，欲辨已忘言。"王维《济州过赵叟家宴》诗："虽与人境接，闭门成隐居。道言庄叟事，儒行鲁人馀。深巷斜晖静，闲门高柳疏。荷锄修药圃，散帙曝农书……"以这些描写隐居乡间的诗作，比照陈忠实的这些散文作品，我们可以看到，古往今来，某些内在的精神意绪，实在是一脉相通。

陈忠实隐居乡下的时候，在2002年7月9日，写成了一篇散文，特别地意味深长。这篇散文叫《遇合燕子，还有麻雀》，写的是一个燕子筑的巢被麻雀霸占的事，此事为陈忠实亲见亲历。这篇写鸟的散文很长，约有5000字，估计不是一天写完的。记得陈忠实写这篇散文的时候，因为什么事和笔者通过电话，随口说到了他正在写的这个散文，他在电话那头呵呵笑着，讲这个燕巢雀占的故事。笔者当时心里一震，觉得这里边别有意味。后来再读这篇散文，觉得这确实是一篇意在言内又意在言外的作品，信息非常之多。陈忠实后期散文，除了写自己某一段或某一种人生经历，写游历观感，还有两个特别醒目的题材，一是喜欢写树，一是喜欢写鸟。陈忠实说过，人之喜爱文学，没有别的，是因为此人有一根对文字、对文学敏感的神经。以此观照陈忠实自己，他之喜欢写树和写鸟，也是对树和鸟有一根敏感的神经。陈忠实也写过花，但很少，如《种菊小记》，最喜欢的还是写树，原因有三：一是当年他求学，全赖父亲种树卖树，令他刻骨铭心；二是他自小就生活在乡村，后来又长期在农村工作，几乎是触目皆树，院内院外树木常年伴他，让他感到亲切、悦目；三是曾有算命先生算过他是“木”命，也许冥冥之中他和树木还真有更深一层的神秘关系，虽然说不清，权为一说。动物里，陈忠实写过蜘蛛和狼，都不是专题专意写它们，而是写树或其他事时顺带写的，但他却有多篇散文是专题专意写鸟的。他写过鹭鸶、白鸽、朱鹮、斑鸠，这一次，是专意写燕子和麻雀。而这次写燕子和麻雀又与以往写鸟不同，以往写鸟就是写鸟，这次除了写鸟本身之外还写一种生命现象，或者说，重要的是写一种生命现象，这种生命现象又有着普遍的意义，可以说也是一种生活现象、社会现象甚至历史现象，而且富于哲理。

《遇合燕子，还有麻雀》先是写了两种燕子——瑚燕和草燕，瑚燕属于精致一类，且极爱干净，草燕粗糙肮脏。家里曾有草燕筑巢孵蛋，如今来了已经极为罕见的瑚燕，所筑之巢精美绝伦，令人叹为观止。后来，作者出门数日归来，发现瑚燕已杳无踪迹，而让人吃惊又好笑的是，麻雀占了燕巢。作者百思不得其解，有鸠占鹊巢一说，鸠凭的是力量和凶猛，而麻雀与瑚燕属于一个量级，显然说不上力量也谈不上凶猛，凭什么就占了燕巢呢？作者将此奇事说与村人，村人哈哈大笑说：“麻雀根本不会和燕子动武。麻雀根本用不着和燕子动武。麻雀只要往燕子窝里钻一回，燕子就自动给麻雀把窝腾出来了。为啥？麻雀身上的臊气儿把燕子给熏跑了。燕子太讲究卫生了，闻不得麻雀的臊气。”作者大为惊异：“哦！这又是我料想不到的学问，一个令我惊心的学问。”作者由此浮想联翩，以此燕巢雀占之理推及自然界，又推及人类社会生活，想到林黛玉如果遇到鸨婆，谦谦君子如果遇到泼皮无赖，“不必交手结局就分明了”。明白了这一层，虽然令人惊心，却也令人开心。“我站在台阶上抽烟，或坐在庭院里喝茶，抬头就能看见出出进进燕窝的麻雀的得意和滑稽，总忍不住想笑。起初，麻雀发现我站着或坐在院里，还在屋檐上或墙头上窥视，尚不敢放心大胆地进入燕窝，一旦我转身进屋，‘哧溜’一声就钻进去了，还有点不好意思的心虚，显现出贼头贼脑的样子。时间一久，大约断定我其实并不介入它占燕巢的劣行，就变得无所顾忌的大胆了，无论我在屋里或檐下，它都自由出入于燕窝。我也就对麻雀吟诵：放心地在燕窝里孵蛋，再哺育小麻雀吧！毕竟也还是一种鸟！”这里，既显出了作者的仁厚、宽容与大度，也显出了作者在精神姿态上的居高临下，“毕竟也还是一种鸟”，毕竟是鸟，不是人。

至此，我们不禁要探究，陈忠实为何在摸 60 岁的时候，当着省作协的主席，又是党组成员，妻子儿女此时也都居于城里，他却放下方便和自在，独自一人，归于原下，一住便是两年，是一时心血来潮，还是别有缘由？读了这些隐居的散文，特别是这篇写鸟的散文，我们会恍然明白若干谜底。瑚燕之去，岂不也与“龌龊”大有关系？

2001 年到 2002 年，这是陈忠实自 1992 年年底写完《白鹿原》以后到西安城里居住、生活工作之后复归乡村的两年。他为什么会在摸上 60 岁的时候，复归老屋旧居，一个人再住上两年，仔细分析，除了逃避或者说躲开他屡次有意无意地透出的“龌龊”之外，还有更重要的一点，那就是，在重新打量世事人事的同时，他也要重新打量自己，调整自己的心理。归于宁静，再次获得宁静，应该是他这两年最大的收获。

这两年，用他自己的话说．也是他自 1992 年进城以后写作字数最多的两年。

笔者查看并统计了一下，这两年，或散文，或言论，或小说，他每月都有一篇或数篇作品问世，2001 年，他写成散文、言论计 21 篇，短篇小说 3 篇，出版散文集 1 部；2002 年，写成散文、言论计 35 篇，短篇小说 2 篇，出版散文集、小说散文合集 4 部。

虽然归于原下，但陈忠实不是要做一个“隐者”，只过那种“采菊东篱下，悠然见南山”的闲适生活。回归自己的田园，也许更有利于他对农村社会的观察，对农民命运的思考。而农村，一直是陈忠实关注的焦点。2002 年 5 月 9 日中午，笔者陪一位企业人去西蒋村，同陈忠实商讨一件与作协文学活动有关的事。聊天时，陈忠实说第五期的《中国作家》杂志发了他的一篇短篇

重温当年写《白鹿原》的感觉。《白鹿原》就是在这个小桌子上写成的（邢小利摄）

小说《腊月的故事》，这篇小说是写农民的，是他对农村生活、农民问题观察和思考的一个反映。陈忠实说，他对官方现在提的“弱势群体”这个说法很有不同看法，农民占全国总人口的四分之三，这么多的人口，不能简单说是一个“弱势群体”。他的《腊月的故事》中，有一个民工说，市长是城里人的市长，不是乡下人的。他现在很关心城乡的差异甚至对立。陈忠实甚至有些激动地说，国家对城里人和对乡下人的政策有很大的不同，城市的学校是国家投资的，而乡村的学校却要农民集资办学，还搞了一个“希望工程”让有钱人捐助，这是区别对待。

企业人讲了一个观点，权强国富，权弱民富，权力强硬，就能收揽权力和财力，利于国家；权力软弱，管不住，财散于民间。陈忠实认为此说新鲜而且有道理。企业人讲了一个笑话：过年时，领导人看望穷苦百姓，送去米面油还有钱，问还缺什么，农民说，缺陈胜吴广。企业人分析说，米面油还有一点可怜的钱只能解决一时的问题，过罢年怎么办呢？陈忠实说，这虽然是个笑话，却让人思考。

后来我们一起回城。路上，和陈忠实闲聊，说：“晚明文人很讲究生活的艺术化，有个叫屠隆的，说他最理想的生活是‘楼窥睥睨，窗中隐隐江帆，家在半村半郭；山依精庐，松下时时清梵，人称非俗非僧’。这个人理想的环境是‘半村半郭’，清静，又不清冷；理想的身份是‘非俗非僧’，闲适，又不空寂。这种生活方式，可进可退，非常灵活。陈老师现在的处境就多少有一点这样的意思。住在乡村，又离城很近，是城边，可以说是清静但又不偏僻；生活方式呢，读书写作兼会客，清闲中又很充实。”陈忠实呵呵笑着说：“我居住的地方是‘半城半乡’，人是‘半官半民’，其实更多的是一个‘民’啊。”

三、西湖论剑：“思想的力量”与“生命体验”

2003 年 10 月，陈忠实应邀参加首届浙江作家节期间，主办方举办了一个名为“西湖论剑”的活动。9 日晚上，“西湖论剑”在一个很大的报告厅举行，华灯辉煌，参加作家节的嘉宾和杭州听众二三百人坐在台下，台上安排了八位论剑坛主。尚未论剑，台上的坛主之一李存葆忽然叫着“罢了，罢了，我还是坐在下面罢”，未等主持人反应过来，李存葆已飞身跳下，混入人群之中。

论剑活动由高洪波主持，他提出一个问题：当前的中国文学缺少什么？请余下的七位坛主依座位顺序分别回答。

陈忠实第一个“论剑”。他说：

我觉得中国文学现在最缺乏的就是思想的力量。社会发展到了今天，各种矛盾都已经展示得非常清楚，一个普通的读者，都能在一定程度上看到这些问题，于是就有一个非常严峻的问题留给作家：如果作家的思想不能超越普通读者，具有穿透当代生活和历史的力量，那么，我们的作品就很难震撼读者，接近读者。

这个思想力量的形成，要求作家在创作过程中，必须从生活体验进入生命体验的层面。生活体验的作品可能会有雷同，但进入生命体验的作品就很难雷同，这里有本质的区别。比如米兰·昆德拉，他前期的作品《玩笑》，应该是生活体验的作品，这样的作品在当代中国不难找到，而后期作品《不能承受的生命之轻》则是生命体验的作品，这是我们的文学所缺少的。写作就像化蝶，一次次蜕皮，蜕一次皮长一截，这是生活体验；而一旦蛹化成蝶，就变成了生命体验。我觉得应该有更多的作家和作品进入生命体验这个层次。

在这里，陈忠实的“剑锋”所指，是“思想的力量”。他谈到了社会矛盾，认为一个作家的思想，应该“具有穿透当代生活和历史的力量”，非如此，不能算一个好作家，作品也难以“接近读者”。而这个思想力量形成的路径，以陈忠实的看法，则是“要求作家在创作过程中，必须从生活体验进入生命体验的层面”。

在作家的诸种素质中，我注意到，陈忠实不止一次强调思想的力量。尽管对于一个作家来说，其最重要的素质应该是形象感知能力和情感表达能力，但是，在文学创作特别是小说创作中，思想的力量确实也是非常重要的。

在 2009 年 10 月 1 日的《南方周末》，陈忠实有一篇短文叫《我们没有史诗，是因为思想缺乏力度》，这是他答记者问的谈话后经记者整理而成的文字，逻辑性不是很强。在这里，他又一次谈到“思想”这个问题。在谈到近年中国长篇小说出版的数量和质量严重不成比例这个现象之后，陈忠实切入了正题，他说，对于近百年来的中国历史，“亲身经历并参与其中任何一个段落的有思想的人，抑或从资料获得具体而又鲜活的生活史实的作家，很难摆脱对这个民族近代以来命运的思考，也很难舍弃在独立思考里形成的生活体验或生命体验，会潮起一种强烈的表述欲望，自然就会有小说创作”。他认为，具有“史诗品格”的长篇小说的产生，“与经济的发达程度和物质的文明高低没有直接关系”，“《静静的顿河》产生时，苏联正处于物质最贫乏的战争恢复期”，《百年孤独》的作者马尔克斯生活的哥伦比亚，也是一个发展中的国家。中国文学没有出现史诗作品，“在我看来，主要在于思想的软弱，缺乏穿透历史和现实纷繁烟云的力度”。他同时谈到“思想”和“政治”的关系，认为政治并不都是极左政治，它“是一个国家和民族命运的光明之灯”，作家应该“恢复对建设性的政治的热情”，因为关注民族命运的文学离不开影响甚至某种程度决定民族命运的政治。

2008 年 10 月 17 日下午，陈忠实在宁夏大学对学生的讲演中谈到，政治是创作中不容回避的话题。他讲到，他在创作《白鹿原》的时候反复考虑过政治这个问题。他强调，这个问题是他们那一代作家谁都不能回避的话题。过去在极左时期，文艺为政治服务，使文艺沦为政治的标语口号；到了新时期，文学与政治的问题成为当时文坛上一个重要的争论问题。陈忠实讲，在极左时期，政治往往是某一个时期带有政策性的明确口号，然后让作家根据这些政治口号和观点去创作，这种极左的政治对文艺造成的危害，不仅让普通人更让文学界有逆反心理。冷静地审视之后，他又发现，一部文学作品如果没有思想，没有深刻的政治，仅有风花雪月是不够的。陈忠实讲，要把真正的政治和极左的政治区分开，不能用给人造成极大伤害的极左政治来概括所有政治，同时排斥所有政治，不能因噎废食。作家感受生活，完成生活体验的一个很重要的因素就是思想，作家的思想也可以看作是作家的政治，政治是对人的关怀，是人道主义。作家在感受生活、感受生命的时候，决定感受深度和质量的往往就是作家的思想。就像对矿石的冶炼和提取，提炼的纯度决定于冶炼的手段，作家的思想就像冶炼手段，同样的矿石，冶炼手段粗糙只能炼出粗钢来，冶炼手段强就类似作家思想独特而有深度，就能炼出好钢来。在 20 世纪五六十年代，写农业合作化的作家很多，甚至有作家的水平在柳青之上，但是在这些作品中，评价最好的是柳青的《创业史》。除了语言、艺术上的差异之外，陈忠实认为差异最大的就是思想的差异，柳青的思想深刻，他深刻地体验了 50 年代中国农民的命运，而别人的体验没有他深，艺术表现就达不到他那种深刻的程度。基于这样的认识，陈忠实认为，作家应该强化思想，只有形成自己独立的思想，才能在自己面对生活——无论是现实生活还是历史生活时——产生独特的理解和体验。而这种独特的理解和体验，如果再得到一种较为完美的艺术表述，作品就有了形成作家独立个性的基础。任何一个作家，任何一部作品的存留，决定于它独立的个性，而个性首先取决于思想的深度。

陈忠实所说的“思想”到底指什么？以笔者的理解，他主要是指作家对一个社会的现实生活以及历史生活的认识和思考，亦即他在“论剑”时所说的，思想的力量应该“穿透当代生活和历史”，这是作家对现实和历史的认识力度与思考深度。

“生命体验”也是陈忠实后期谈得较多的一个创作经验性的概念。过去作家谈生活体验的多，谈生命体验的少。陈忠实是在生活、阅读和创作过程中，逐渐意识到生命体验与生活体验的区别，同时也意识到生命体验对一个作家创作的重要性。当捷克作家米兰·昆德拉热遍中国文坛的时候，他认真读了米兰·昆德拉译成中文的全部作品。他把昆德拉的《玩笑》和《不能承受的生命之轻》对照阅读，发现这两部作品在题旨上有相近之处，然而作为小说写作，却呈现出截然不同的艺术气象。他从写作角度探寻其中奥秘，认为前者属于生活体验，后者则已经进入生命体验的层面了。陈忠实认为，从生活体验进入到生命体验，对作家来说，如同生命形态蚕茧里的“蚕蛹”羽化成了“飞蛾”，其中最为关键的是心灵和思想的自由，有了心灵和思想的自由，“蚕蛹”才能羽化成“飞蛾”。仔细考辨他所谓的“生活体验”和“生命体验”这两个概念，前者更多地指一种主体的外在的生活经验，后者则指生命内在的心理体验、情感体验以及思想升华。

四、清夜闲谈

2002 年 1 月 22 日下午，应泾阳吉元集团总裁陈元杰之邀，陈忠实去泾阳参观那里的吉元工业区，笔者也应邀同去。此前，陈忠实一直住在西蒋村乡下。当选中国作协副主席后，工作上事情多，各方找他的人也很多，陈忠实很忙。陈忠实和民营企业家陈元杰相识，缘于吉元集团支持陕西作协设立陕西作协吉元文学奖。吉元文学奖是吉元集团出资设立奖励基金、陕西省作家协会于 2000 年设立的一项文学奖，旨在奖励创作突出的陕西青年作家。笔者当时是这个文学奖的联络人，陈元杰通过笔者三次邀请陈忠实到他们那里考察并参加他们企业的文化活动，陈忠实直到此日下午才把时间安排出来。5 点，陈元杰派助手邹军、陆德开车来接。近 7 点时，到达泾阳，住当地的吉友宾馆。陈忠实喜欢吃搅团，路上就说让打搅团。搅团一般是用苞谷面打的，但这里晚饭端上来的搅团却是麦面做的，可能是这里平时没有准备苞谷面这样的粗粮，只有白面细粮，但白面细粮做出来的搅团有形无味，不好吃。吃完饭，主人请去吉元大酒店看侏儒表演，陈元杰说这是土行孙表演。看了一会儿，陈忠实不感兴趣，就先回了。回到宾馆，陈元杰陪着洗了桑拿，陈忠实不敢蒸，说受不了。洗完澡，笔者到陈忠实房间，和他说闲话。陈忠实说他晚上一般到凌晨 1 点睡觉。此时 10 点过一点儿，时间还早，我们就海阔天空地聊了起来。

说了一会儿闲话，笔者忽然想起有天晚上，应朱鸿之邀一起去萧云儒家，萧云儒闲聊中说陈忠实当了副主席后，一个非常明显的变化，应当是字值钱了，最少翻一番。笔者就问陈忠实，你现在的字一幅多少钱。陈忠实说，他从北京还没有回来，就有人打电话向他要字，回来后，有一个经营字画的人找到他，说要垄断销售他的字，给他的价格是1000元一幅，但是要求他不能再给别人写。陈忠实说，咱的心理是薄利多销，1000元一幅，恐怕要的人不会多，就让那个人先试着搞，不行了再说。又说，四尺整张、不写要字人姓名的，给买字者是一幅1000元；但由于常有朋友索要，就不能要钱，他给卖字者说，有朋友要，他得给，但都写上索字者的姓名。笔者给他建议，再过上三两年，出一本字配照片再配一些简短文字的书，图文并茂，喜欢的人可能不少，同时也能增加他的字价。同时建议，他应该多写一些自己创作的诗词和感悟性话语，因为他首先是一个作家，写唐诗宋词这一类前人的或者别人的诗词名句，只有书法欣赏的价值，而写自己的话语，既有书法价值，也有一个作家研究的资料价值，附加值更高。笔者说，你现在不仅仅是你个人了，你要重视给自己留下一些可资后人研究的资料。陈忠实听着，却没有说话。笔者继续说，胡适很年轻的时候，大约26岁回国到北京大学当教授的时候吧，就已经意识到他将会是一个历史人物，就很注意给后人留一些历史资料，重视日记、手稿的保存，包括往来书信。听到这里，陈忠实问，胡适是不是给别人写信还留底。笔者说，是有些信，比如一些重要的信件会留底，另外收信人也很珍视这些信件。笔者还建议说，你可以根据不同的文字内容，即不同的思想感情，用不同的笔墨表达；书法最主要的东西是表现个性，表现特定的思想内容，它不仅仅是一种形式美。陈忠实深以为然，说，他看鲁迅的字、茅盾的字、老舍的字，确实各有各的个性，作家的字最能显现自己的性情。

后来又聊到官的问题。因二人在同一单位，以前大家都回避谈单位的人和事。笔者当时刚分了新房，也成了新家，陈忠实说，你这个人心性淡泊，现在房子和家庭问题都解决了，安顿下来以后，要多写东西，搞评论，应该关注并参与全国性的文学话题讨论，研究一些全国性、普遍性的文学问题，发出自己的声音，这样才能造成更大的影响。笔者说，我对当官和弄钱都没有什么兴趣，是准备好好静下心来写东西的。陈忠实说："40岁后，日子过得很快。你现在的年龄（邢注：44岁），是我八六年（1986年）的年龄，现在感觉就像是昨天的事。回想五六十年代，是感觉有些遥远，但40岁时的事，确实就像昨天。人到了50岁以后，时间更显得快……我小时候，看那50岁的人，就是个老汉。”笔者插话，杜牧有诗说“四十已云老”。陈忠实继续说，“那时在乡下，就有这样一个老汉对我说，人老了，就像日头下山一样快啊。那时不理解这话，现在理解、体会得很深。早上八九点钟的太阳，你甚至不觉得它的移动，日头在头顶的时候，你也不觉得它的变化，到了下午五六点的时候，你就会觉得太阳下得很快，很快就落下去了。特别是太阳压山的时候，”陈忠实边说边在茶几上比画，“太阳压到山上的时候，你先看还是一轮，很快就变成了半个，紧接着，几乎是一眨眼的工夫，就下去了。这时候，你会感觉到黑夜突然降临了。”接下来，他强调说，“人生要抓紧。”他说：“那个时候，我在40多岁时，突然感到了强烈的生命压力，而这时正好有了一个好的题材，那时对历史的认识也有了一个新的认识和高度，我不敢懈怠，就写了那部作品（邢注：指《白鹿原》）。”

说到官，陈忠实显然颇有感触。他提到了一位刚下台不久的某地领导，说，这个人现在很难受啊，我跟他年龄差不多大，我现在很庆幸我选择了写作这条路。此人在台上的时候，前呼后拥，现在忽然冷清下来了，你想他心理上会是个什么感受？钱可能不缺了，光是手上那些事，那些他亲自干的事，这个建设那个建设，现在忽然让他撒手不管了，心理上那个窝囊呀，确实难受得很。听说此人有一次在大雁塔旁边那个唐华宾馆吃饭，一时激动难耐，当众说了好些不该说的话。停了一下，陈忠实继续说：“我是省委候补委员，几年来见的事，也让我感慨不已。光是开会主席台上的你上我下，就让人很有看的。先是这个人当书记，在主席台上慷慨激昂地大讲‘开发’、‘振兴’，忽然间，那个人来了，坐在台子上讲话，唾沫星子乱溅，这个人苦着脸坐在台下听，忍受着那个老汉那陕西腔夹杂着醋溜普通话的折磨。接下来，那个老汉还没坐满一届，第三个人又来了，老汉又坐在了台下，老老实实瞪大着眼睛，听一个比他年轻得多的人坐在台上讲话，那个失落，比啥都难受。”

笔者说，这就是《红楼梦》中说的，“乱烘烘你方唱罢我登场”，最后还不是“落一片白茫茫大地真干净”。

这一晚，我们聊了很久才休息。

回到房间，笔者躺在床上半天睡不着。想起了有一天晚上，一位文艺界前辈讲的一些话。这位前辈向来谨慎，但由于是朋友间私下闲聊，就也说了一些看起来是大胆的话。虽然都是大实话，但一说出来，还是令人吃惊，引人深思，让人明白一些道理。前辈说：“年轻人不理解作协、文联的性质。文联、作协是什么？就是党和群众之间的桥梁，而不是群众向党提要求的组织。由于不理解，动不动就问文联、作协，你为什么不干这个，为什么不干那个？为什么不这样干，而要那样干？这是不知道文联和作协是干什么的。像对另类作家的评论，你小利可以随便说，我作为一个领导，就不能按自己的心意说。不然的话，纪检组就会问我：你为什么要对另类作家那样说呀？一个没钱的文化单位要纪检组管什么？就管你干什么。”前辈讲：“另外还有一个人情问题。像我们这一代就不能批评胡采他们，为什么？他们是老师辈呀。中国人还是讲究师生情谊的。要到你们这一代，才可以批评胡采这一辈。邓小平说，历史问题留到孙子一辈去评说，孙子辈因为隔代，可以按自己的看法去讲。因此，历史的评价往往要留给后人。”我自己虽然也在作协工作了多年，但是听了这些话，还是有拨云见天的感觉。

笔者又想起陈忠实的人生态度。这一晚，陈忠实聊了很多。他说他从来不言淡泊，就是有功利心。看来是实话实说。但对有些事笔者还是感到不解。心想他到了今天这个地位上，不说功成身退，急流勇退，归隐田园山林，此乃张良一类崇尚“从赤松子游耳”的人心向往之并可以做到的，陈忠实不是这一类人，他一是崇尚建功立业，二来意识深处没有隐逸思想，平时也不好佛道，没有受过“出世”“无为”思想的熏染，但是，似乎也可以深居简出，放下许多既无聊又无意义的事不管，落个清闲自在，可是他为什么还要抛头露面，弄得身疲心累，好像显得不甘寂寞呢？这几日偶然想到这个问题，此刻忽然一下子明白了。陈忠实和他们那一辈人，那一代作家，包括贾平凹、路遥、邹志安、京夫等，出身贫寒的农家，从小受苦受难，一直在人生之路上奋斗挣扎，在文学之路上走得也不容易，用邹志安的话说是一直在“左冲右突”，期盼着的，就是有朝一日能浮出水面，放出光彩，今天好不容易有了这个机会，有了今天的地位，怎么会轻言淡泊，又怎么会自我引退且甘于寂寞呢？一直没有的人怎么会轻言放弃呢？对这些问题，如果仔细检视一下他们的出身、经历以及文化背景，是不难找到答案的。

到了第二天，陈元杰请了天人书画院的一批文人书画家来写字。书画家们在一个大厅里写，请陈忠实在另一个房间写。陈忠实只写半张纸，即将四尺整纸裁开，或条幅，或斗方，只写四五字。陪同的陆德请他给吉友宾馆题字，陈忠实踌躇着说，写什么呢，写个“宾至如归”没有新意，有一句话“睡觉睡到自然醒”，又觉得不那么合适。陆德是个机灵的姑娘，连说这个内容好。陈忠实就写了，说，这个怕不能挂在宾馆大厅，适合挂在房间里。按主人的要求写完后，陈忠实见笔者在旁边看热闹，说给你也写一幅。关于内容琢磨了好一会儿，却没有下笔，看来他很认真，不知写什么好，笔者说那就写“坐看云起”四字吧（邢注：此四字乃我第一本书的书名，也是我非常向往的境界）。陈忠实把这四个字写在一张四尺对开纸上，写毕，自己评价说，“起”字最好，“看”字第二，“云”字第三，“坐”字笔墨未到位。陈忠实的人生态度是积极入世，对笔者这种“坐看云起”的心态似乎不想鼓励，写完后又特意加了“小利雅兴”四个小字，表明此语不是他的意思。

五、二府庄：原下的日子

1993 年 3 月，陈忠实在回答《小说评论》主编李星的提问时说过一句有名的话：“我永远再不会上那个原了。”（《关于〈白鹿原〉的答问》，《小说评论》1993 年第 3 期）陈忠实在这里所说的“原”，不是地域概念的“原”，而是指长篇小说《白鹿原》的“原”。李星问：“《白鹿原》小说的许多人物的命运里程都延伸到解放（1949 年）以后，请问你有无写《白鹿原》第二部的打算？写第二部需要什么条件？”陈忠实答：“我去年初已经下了白鹿原。作为一部长篇小说的全部构想已经完成。基本可以肯定，我永远再不会上那个原了。”

很明显，陈忠实这里所说的“原”只是借喻意义上的“原”，而且是特指《白鹿原》的续书。《原下的日子》是陈忠实一篇散文的名字。这个名字后来又用作两本集子的书名，一本是小说散文集，太白文艺出版社 2004 年出版；一本是《陈忠实集》之散文卷，精装，北京十月文艺出版社 2008 年出版。从散文篇名到书名（主要是散文集），一再使用，说明它特别契合陈忠实的某种处境和心境。确实，“原下的日子”颇能概括反映陈忠实在《白鹿原》之后，特别是摸 60 岁的时候及以后的生活情状和文化心态。陈忠实因《白鹿原》而名震天下，地理上的白鹿原也因《白鹿原》而天下驰名，陈忠实下了《白鹿原》的“原”，却走入白鹿原的“原”。“原下的日子”中所说的“原下”，既是《白鹿原》的“原”，也是白鹿原的“原”。

2001 年 12 月 18 日至 22 日，陈忠实在北京参加中国作家协会第六次全国会员代表大会，在六届一次全委会上，当选为中国作协副主席。2002 年 1 月 3 日下午，陈忠实从北京回到西安。还在北京的时候，他在西安的朋友们就纷纷说要给他搞一个庆贺会。笔者在电话中和陈忠实沟通，传达了大家的意愿。陈忠实听了略一思考，说：“朋友们聚一下热闹一下也好。”关于聚会的人员，陈忠实提了一些人，其他的让笔者斟酌着请。陈忠实由咸阳机场回到西安建国路的家，放下行李，就出门换乘由笔者安排的车辆，直接来到长安县韦曲的绿园度假村。绿园度假村老板马宏伟热情接待，安排了庆贺会场和接风晚宴。庆贺会由笔者主持，20 余位文学界的朋友会聚一堂，纷纷讲话表示祝贺，现场还有文学青年向陈忠实献花。朋友们讲完话后，陈忠实发言，他说：“就两句话：一、感谢大家；二、该干啥还干啥。”

2002 年 7 月 31 日，由李若冰、畅广元、王仲生、刘路、邢小利、朱鸿、杨立英七位陈忠实的朋友以个人名义具名邀请、西安饮食服务（集团）股份有限公司承办的“陈忠实先生 60 华诞暨文学生涯 45 周年庆贺笔会”在西安常宁宫举行，来自省内外的各界人士 300 余人参加了庆贺笔会和华诞庆典。这也是陈忠实第一次过这样隆重盛大的生日，嘉宾如云。有感于人一多，总有照顾不周之处，陈忠实后来就不愿意这样大过生日了。

2003 年春天，陈忠实在西蒋村乡下住了两年又回到了城里。他晚上住在建国路金家巷陕西省作协家属院，但白天一整天的活动，包括写作、读书、会客都在二府庄。二府庄乍一看像个村名，其实在城里。西安市有四个叫二府庄的地名，雁塔区有两个，莲湖区有一个，未央区有一个，陈忠实所在的这个二府庄，隶属雁塔区小寨街道办事处，是一个城中村，位于电子一路西安石油大学家属区的东邻。陈忠实还把建国路省作协的所在地称为雍村。他写完一篇或一部作品，往往在文末缀上时间和地点，地名喜欢用带“村”或“庄”的字，感觉像在乡村。这也反映了陈忠实浓厚的乡村情结。早在 2002 年秋天，由在西安石油大学任教的白鹿原人王新建牵线搭桥，西安石油大学聘请陈忠实为该校驻校特聘教授，2008 年在续聘为驻校特聘教授的同时，又聘为人文学院名誉院长。既然是驻校教授，就给陈忠实提供了一套三室两厅的单元房作为休息室兼工作室。2003 年春节过后，陈忠实就从乡下搬了过来。对陈忠实来说，这里毕竟生活上能方便一些，在乡下吃饭得自己弄，这里，可以在食堂买饭，而且饭菜较为丰富，可以自由选择。这个村名为何叫二府庄，据传是因为明代有两个官员在此建庄，故称二府庄。陈忠实将自己的生活与工作室称为“二府庄”，除了乡村情结之外，亦有深意存焉。王新建说，当年他一看到陈忠实在文末署上“二府庄”的地名，就知道陈忠实把这里当作了第二个府第，打算长久安居了。果然，迄今为止，陈忠实还一直住在这里，早来晚归。即使是节假日，也有很多时间是待在这里。

陈忠实是一个很能扎根的人，喜稳定不喜动迁。算起来，他在农村一待就是 50 年；当了省作协主席，居其位而谋其政，就扎在省作协的办公室，一待有 8 年；复归祖居老屋，一待 2 年；回城居二府庄，迄今（2012 年）已有 10 年。前些年由于家住建国路家属院，节假日还去作协的办公室读书写作会客，从家属院到办公室，五分钟就走过来了，近些年干脆也不去了，只去二府庄。

进入 21 世纪以后，陈忠实更多地“向外转”，注重与高等院校或研究机构合作。

2005 年 6 月 6 日，陈忠实担任终身院长的白鹿书院由陕西省民政厅批准成立。这是陈忠实和一批作家、学者联合西安思源学院共同创办的非营利性文学艺术及相关文化研究的组织。6 月 28 日，白鹿书院和西安思源学院联合在西安曲江宾馆腾龙阁举行了隆重、热烈的白鹿书院成立庆典。来自省内外的社会各界知名人士 260 余人参加了庆典活动。

2005 年 6 月。白鹿书院成立庆典。与张贤亮（中）、熊召政（左）（照片由陈忠实文学馆提供）

陈忠实在《白鹿书院成立庆典上的讲话》中讲到了他创办白鹿书院的缘起："我在长篇小说《白鹿原》里曾写到一个书院，这个书院就叫白鹿书院。小说是虚构的艺术。《白鹿原》中的人物大都是虚构的，但唯有白鹿书院的山长朱先生是有生活原型的，就是清末举人、著述甚丰的学人、影响很大的蓝田人牛兆濂，白鹿书院也有真实生活依托，就是牛兆濂先生当时主持的蓝田县的芸阁学舍。如果要追溯芸阁学舍的文化脉络，渊源可以追溯到宋代，芸阁学舍是在为宋代'关学'代表人物吕大忠、吕大防、吕大钧、吕大临所修'四献

2012 年，何启治到白鹿书院讲学，与陈忠实在书院“上林春”合影（邢小利摄）

祠’的基础上，拓修为传道授业解惑的书院，鼎盛一时，曾有韩国留学生在此学习。2002 年，我和几位学者讨论一些问题时，有学者建议，可以在白鹿原上创建一个白鹿书院，承继中华传统文化的脉络，弘扬其优秀品格。创建白鹿书院的构想得到了社会各方人士的热心赞赏，西安思源学院周延波院长更是大力赞同积极支持，白鹿书院从而由构想变成了现实，白鹿最终回到了白鹿原上。”

为什么要以白鹿来命名书院？陈忠实说：“在我们传统文化乃至民族心理意识里，白鹿是吉祥、和谐、纯洁、美好和超凡的一种象征性图腾。上至王宫下至庙堂乃至民居宅院都有鹿的各种生动壁画和雕刻。以白鹿来命名书院，就是想创造一种和谐而纯净的学术探讨和文化研究氛围，这种和谐与探究的精神与我们所要创造的和谐社会的精神是一致的。”

陈忠实谈到创办白鹿书院的文化思考时说：“书院是教育和学术研究机构，同时它又是一种文化和精神的象征。我们办白鹿书院，第一，是要承继中国传统文化之精华和风神秀骨。以白鹿书院为平台，广泛团结、联系国内外的学者、评论家和作家，开展游学、讲学、讨论等交流活动，让传统文化在现代化进程中焕发生机。白鹿书院诞生在古长安这块具有深厚文化底蕴的土地上，我们将会开掘源远流长的关中文脉，承续关学精神，探索促进传统文化向现代转型的新途径。第二，我们现有的这些人差不多都是从事文学和艺术的人，文学和艺术只是大文化范畴里的一系，文学、艺术与社会、历史和人的生存形态有非常紧密的关联，但只是一条途径。因此，书院的研究课题将对现实问题和人类普遍面临的问题，既从文学和艺术的角度，也从思想理论的角度，以及学术的角度，进行研究和探讨，争取对我们的生活发展做出富于建设性的建树。第三，白鹿书院还会以文学和艺术为其特色，藏书、编书、教书，研讨、交流，从而对陕西、对西部乃至全国的文学事业发挥作用，为促进和繁荣文学事业起到促进作用。”

陈忠实谈到白鹿书院的发展时说：“我们将争取与国内外文学界、学术界进行高层对话，把白鹿书院办成一个思想、文化交流的重要平台。我希望，白鹿书院能办成一个萃集各界贤达优秀思想的地方，办成一个能传承优秀的中国文化和传播时代新声的地方。”

2005 年 10 月 19 日，陈忠实又被西安工业学院聘为人文学院名誉院长、教授。同日，西安工业学院陈忠实当代文学研究中心成立，他担任中心主任。

2006 年 11 月 12 日，在中国作家协会第七届全国代表大会上，陈忠实再次当选中国作协副主席。

2007 年 9 月 17 日至 18 日，陕西省作家协会第五次会员代表大会在西安召开。上一届陕西省作协会员代表大会是 1993 年 6 月召开，至今已有 15 年。陈忠实在第五次会员代表大会上被聘为陕西省作家协会名誉主席。

2011 年 11 月 25 日，在中国作家协会第八次全国代表大会上，陈忠实连任中国作协副主席。11 月 28 日，从北京归来，当晚，西安的朋友 20 余人为其举行接风晚宴。陈忠实在答谢时说，第一次当副主席还有新鲜感，有荣耀感，现在就比较平静了，还是该干啥还干啥。

写作依然是陈忠实日常最主要的工作。除了必须参加的文学活动和必要的社会活动，他每天早出晚归，早上 8 点多一点儿到二府庄，晚上 6 点多一点儿离开回家，一整天都在那里坚持写作。

六、通过散文回到自身

陈忠实创作的第四个时期，为 1993 年至今。20 年来，陈忠实除过写了九个短篇小说，依时间顺序为《日子》（2001 年）、《作家和他的弟弟》（2001 年）、《一个虚脱症患者的发言片断》（2001 年）、《腊月的故事》（2002 年）、《猫与鼠，也缠绵》（2002 年）、《关于沙娜》（2003 年）、《娃的心，娃的胆——三秦人物摹写之一》（2005 年）、《一个人的生命体验——三秦人物摹写之二》（2005 年）、《李十三推磨——三秦人物摹写之三》（2007 年），偶尔也写点旧体诗词，其他写的基本上都是散文和随笔。结集出版的主要有《生命之雨》《告别白鸽》《家之脉》《接通地脉》《白墙无字》，《原下的日子》《吟诵关中》两本集子收了少量短篇小说，主要以散文随笔为主。这些散文和随笔，其题旨，多为对生活的回味，对生命的咏叹，以及对生活的感悟和思考。陈忠实的创作道路，从写社会热点始，进而以小说直面并深入广阔的社会生活，现在，陈忠实通过散文，回到了自身，审视自己的生活，回味自己的人生甘苦，思索更为深沉的人生哲理。

2003 年 12 月，陈忠实写了一篇散文叫《原下的日子》，后来他的多部作品集就以此篇名作为书名，表明它特别契合陈忠实的某种心境。而“原下的日子”颇能概括反映陈忠实在《白鹿原》之后的生活情状和文化心态。

陈忠实 50 岁以后特别钟爱散文，这与他的生命状态不无关系。散文是一种贴近心灵的文体，比起小说能更直接更自由地抒发作家自己的生命感受与体验。同时，因为散文是一个与创作主体自由而活跃的生命状态关系密切的文体，陈忠实之迷恋散文，也显示了他生命状态的自由和活跃。50岁之后，经历了半生社会底层生活磨炼的陈忠实，其生命体验无疑更趋丰富和深沉。他在《兴趣与体验》一文中说，“到50岁才捅破了一层纸，文学仅仅只是一种个人兴趣”，“还捅破了一层纸，创作实际上也不过是一种体验的展示”。年过半百，生命境界进一步提升，“曾经沧海难为水，除却巫山不是云”，陈忠实的散文具体、实在，少有空灵之感，多的是实实在在的生活感受和生命体验。他也很少发表某种空泛的议论，没有那些不着边际的玄想。他的散文有一种拨去浮云、“豪华落尽见真淳”的境界，质朴而深厚，很有硬度和力度。

陈忠实的散文中有不少篇章是写苦难的，苦难的生活，苦难的人生，苦难几乎贯穿了陈忠实童年和少年的记忆。但他并没有仅止于对苦难的追述，他着力写的是苦难对人的磨砺和激励，苦难中绽放的人性的美好之花，着力写人在苦难中的憧憬和追寻。《晶莹的泪珠》写的是由于家庭过于贫穷无力供养，“我”不得不休学一年，“我”去教务处开休学证明时的一段经历。作者着力写了一位年轻的女老师对“我”的失学表现出的巨大同情心，写她的爱莫能助，写她的殷殷期望，尤其是写了她满含在眼眶里的晶莹的泪珠。作者用平实朴素的语言描述这段往事，感人至深。唯其朴素，不事任何夸饰，才更能传达出那种苦难的况味，才更能恰切地表现出人情的真和人性的美。女老师“晶莹的泪珠”不仅折射出人性的美，也反映出人的灵魂的纯净，那是真善美的泉源。作者最后说：“我今天终于把几近四十年前的这一段经历写出来的时候，对自己算是一种虔诚祈祷，当各种欲望膨胀成一种强大的浊流冲击所有大门窗户和每一个心扉的当今，我便企望自己如女老师那种泪珠的泪泉不致堵塞更不敢枯竭，那是滋养生命灵魂的泉源，也是滋润民族精神的泉源哦……”他的不少散文也常抒发对生命的感悟，但他的感悟不是直白地表露，不是谈玄，而是融进他的具体的对生命的某段行程、某种生命体验的描述中，自然而然，水到渠成。《汽笛·布鞋·红腰带》以红腰带象征生命的某个关键时刻，以烂了鞋底的布鞋象征生活的艰窘，而以火车的汽笛象征新生活的召唤，叙述他12岁本命年那年，腰系母亲亲手做的红腰带，第一次走出家门，去30里外的灞桥镇投考中学，路上鞋破了，脚底淌血，疼痛难忍，就在他要放弃赶考的时候，一声火车的汽笛极大地感召了他，这是他平生第一次看见火车，第一次听见火车汽笛的鸣叫。汽笛仿佛是一声长长的召唤，给了他无限的向往和深刻的启示。他既看到了生命的深渊也看到了黑暗云层上面的霞光，仿佛有一股无形的神力腾起，他毅然重新举步上路。最后他说："无论往后的生命历程中遇到怎样的挫折、怎样的委屈、怎样的龌龊，不要动摇也不必辩解，走你认定的路吧！……不要耽搁了自己的行程。"这样的感悟完全得之于刻骨的生命感受，得之于痛彻肺腑的生命体验。"走你认定的路"，"不要耽搁了自己的行程"，朴素的语言中又蕴含了多么深刻的哲理。这是来自于深层的生命体验的哲理，不是那种因风落泪的浅斟低吟式的感悟，因而感人也深，启人也远。

可能与陈忠实是一个小说家不无关系，他的散文多是叙事性的，有一定的情节，很注重细节的描写和刻画。由于他重视情节和细节，他的散文常常跌宕起伏，曲折有致，有引人的魅力。同时，他的散文中的情节又都是他经历过的生活，而非小说性的虚构，饱含着他的生命体验，渗透了他深刻的心灵感受，因而这种情节和细节就是生命化的、心灵化的情节和细节，实中有虚，虚实结合，超越了一般的情节和细节意义。散文表现人的心灵和生命体验，可以直抒胸臆，也可以通过情节的铺垫和环境气氛的渲染、通过细节描写、通过艺术形象的塑造来表现。后者可能更给人以形象化的实在的美感。陈忠实的散文视域关注的都是一些与生命、人生、民族和人类关系密切的重大问题，他不写或基本上不写那些意义不大的鸡毛蒜皮的琐事，这既表现出他的严肃的创作观，也表明了他对散文艺术的特别看重。陈忠实常强调，创作到了一定的时候，不是比技艺和技巧，而是看人格的力量和境界的高低。他是很注重散文的人格力量和艺术境界的。陈忠实的散文语言也很有特点，朴实、形象，而且是多修饰的长句子，感情充沛，情绪饱满，很富有感染力。当然，有些描写也稍嫌密度过大，可以再疏朗一些。

从 1993 年到 2013 年，按传统的说法，陈忠实的生命是从"知天命"到"不逾矩"。这 20 年的散文写作，可分为前十年和后十年。前十年即 90 年代，

2010 年。**在白鹿原**（邢小利摄）

他的散文多是对往事的回忆和对已逝生命的感怀，后十年即 21 世纪以来，他的散文中则有了不少直面当下之作。总体上看，陈忠实属于一个客观写实性的作家，他 50 岁以前的作品，以写小说为主，小说是一种要把作家主体隐藏起来的文体，50 岁以后，他集中写起了散文，尽管散文是一种更为贴近创作主体的文体，但也许是由于写作惯性，陈忠实这个时期的散文，仍然喜欢侧重于写实的叙事散文，有的散文也有很强的情绪表露，但较为节制，注意藏“我”。而 60 岁以后，也许是散文这个文体真的适合表现，也许是作者的生命境界更臻于自由，也许是作者的现实感怀更为强烈，也许三者兼而有之，陈忠实的散文出现了一个重要变化，这就是他虽然还是习惯在叙事或状物中表现思想感情，但他此时的写作旨趣，主要的是托物言志、借景抒情、以事说理，更多的是主体内在思想情怀的表现。

陈忠实后期的散文佳作可以《三九的雨》（2002 年）、《遇合燕子，还有麻雀》（2002 年）、《原下的日子》（2003 年）等为代表。这是陈忠实较为抒情的几篇散文，也是作家对自己的生命、对人生的方向思考得较为深沉的几部作品。评论家李建军曾以“随物婉转”和“与心徘徊”评论陈忠实早期和后期的散文创作，确实深中肯綮。而李建军所论“与心徘徊”之作品，还都是陈忠实20世纪90年代所写的散文，陈忠实进入21世纪之后所写的散文，像《原下的日子》以及《三九的雨》等，不仅是“与心徘徊”，更是“心声心画”“明心见性”。陈忠实曾为一杂志题词：“既随物以婉转，亦与心而徘徊。”陈忠实说，这是刘勰《文心雕龙》中的两句话，前一句讲的是生活体验，后一句讲的是生命体验。“与心而徘徊”就是“生命体验”，这是陈忠实的解读和阐释，很是精辟。

七、在文学史的长河中

陈忠实是描写农民生活、农村社会和乡村文化的高手。

中国是一个历史悠久的农业社会国家，几千年来，乡村是中国人生活的家园、生命的故乡，乡村自然也成为历朝历代文人描写和咏歌的对象，从先秦《诗经》中的“国风”到东晋的陶渊明再到唐代的王维、孟浩然、韦应物以及宋代的范成大、杨万里等，形成了一个源远流长的山水田园诗派，形成了中国文学独有的关于乡村的审美范式，并积淀为中国人关于乡村的审美理想和文化想象。仔细辨析，其实乡村可分为自然的乡村和社会的乡村。中国古代文人描写和咏歌的，主要是自然的乡村，是可以尽情享受自然之美和人伦之美的牧歌式的乡村，是士子失意后或不得志时可以归来隐去的乡村，这样的乡村图景和乡村生活，表现的基本上或更多的是乡村社会自然的一面。到了现代文学，文学中的社会展现因素增强，乡村世界中社会的现实的一面，才逐渐在文学特别是小说中得以比较全面的描绘和深刻的表现。鲁迅笔下的乡村社会，灰暗、破败、衰落、沉闷，令人失望甚至绝望，就是当时乡村社会的真实写照。而沈从文笔下的边城人生，由于作者更倾心于抒写自然人性，其乡村社会也就更偏向于自然的一面。鲁迅和沈从文，双水分流，各有侧重，从而构成了中国现代文学一个侧重于展现社会的乡村、一个侧重于描绘自然的乡村的艺术流向。前者的艺术价值追求在于真实、深刻，后者的艺术价值追求在于自然、优美。沿此双水分流之方向，赵树理的“山药蛋派”小说、柳青描写农民创业的小说，其艺术追求总体上看走的是鲁迅之路，而孙犁的村歌、刘绍棠的乡村牧歌情调小说，则大体走的是沈从文之路。

2010 年。**学老腔艺人表演**（邢小利摄）

从近现代以来的文学改良、文学革命的思想背景和艺术思潮来看，文学的干预社会作用被极度放大和空前提高，以写乡村生活的文学特别是小说来看，以鲁迅、茅盾、赵树理、柳青等人为代表的写实派或称现实主义流派显然是主流。陈忠实走上文学道路，完全靠的是自学，而他所学和所宗之师，前为赵树理，后为柳青。因此，陈忠实承续的就是展现社会的乡村这一小说之脉，此脉也被称为现实主义流派。陈忠实在他数十年的创作实践中，在坚持现实主义创作方法的同时，艺术上也不断更新，也吸收和融入了现代小说的魔幻、心理分析等艺术表现手法。从文学表现乡村的历史来看，陈忠实的小说，既准确地表现了自然的乡村，表现了北方大地的乡村民俗风物之美，也真实、深刻地展现了社会的乡村，深刻剖析了那种关系复杂的家族、宗法、政治、经济糅在一起的社会的乡村，而他的《白鹿原》，更是表现了文化的乡村——儒家文化积淀深厚并且深入人心的文化的乡村。

陈忠实在当代文学文化寻根思潮中所开启的展现文化的乡村这一创作流向

方面，对后来的小说创作甚至电影电视剧艺术创作都有着重要的影响。

八、蛹变化蝶

陈忠实作为一个作家，他的成长之路，他的精神“剥离”过程或称反思过程，他对艺术的追寻之路，不仅放在共和国的历史中，就是放在中国文学的历史长河中，也都是相当独特的，具有一定的历史典型意义。

陈忠实首先是在毛泽东《在延安文艺座谈会上的讲话》的精神哺育下，在中国共产党培养工农兵业余作者的体制扶持下，由于自己的兴趣爱好，再加上对于人生出路的追求和奋斗，自学写作，最终走上了文学写作之路。他早期的写作主要是在党的政策指导下写生活与人，这是一种不自觉的听命式的政治性写作。后来几经生活的挫折和文学上的失败，他开始认真反思和苦苦寻找，进入了文学写作上的政策与文学的二重变奏。最后，经过生活实践的磨砺，通过创作实践的体悟，他的思想境界得以提高，艺术境界得以升华，终于回到了艺术之本——人自身。他既认识到文学是写人的，是人的文学，文学描写的对象是写人——真实的人，不同的人，丰富而复杂的人，在写人中写农民的文化心理，进而探寻民族命运；也深刻地体悟到创作还要回到作家自身，要写作家这个人的“生命体验”。“从生活体验到生命体验”，这是他创作并完成《白鹿原》之后谈得最多的一个创作体会。

纵观陈忠实的创作道路，可以清晰地看出时代烙在这个作家身上鲜明的印迹，而他创作于不同历史时期的作品，也鲜明地折射出时代的色彩，甚至不乏时代里程碑式的标志。他上初中时即爱上文学，16 岁在报纸发表受“红旗歌谣”影响而写的诗歌处女作。高中毕业回乡当了民请教师，发愤自学，以文学寄托理想并企图以文学改变命运，不数年，即在报纸上发表数篇散文和诗作，引起关注。此时正是“文革”前夕，他二十出头。“文革”后期，在文化环境稍有松动而文学环境出现暖象、政策扶持工农兵新作者的时代背景下，他重新拿起笔，第一个短篇小说就引起文坛强烈关注，并由他改编被拍成电影公映，此后的短篇小说创作几乎篇篇引起较大的反响，在那个荒凉的文学时代格外引人注目。他在这个时期写的作品特别是小说作品，虽然受到当时政治风潮的影响，带有一定的政治概念痕迹，但是生活气息浓郁，人物的思维方式和行为方式是当时特定生活环境中较为真实的人物，并鲜明地体现出那个时代的生活特点，是我们解读和研究那个时代的现实生活和精神文化特征的典型文本。新时期，他的小说创作紧密追踪时代变化的脚步，着力展现时代巨变中乡村社会的人际关系和人的心理，注重人的思想特别是道德观念的变化，同时融进了作者在时移世变时期对现实生活的忧虑和思考。随着社会生活的发展，陈忠实的文化视野更为开阔，艺术探索更为深入，他的文学笔触也更为丰富多姿，探索从地域文化与人的关系、文化觉醒与生命的关系以及文化观念对人的影响等方面描写人物的性格及其命运，许多作品引起较强烈的反响。陈忠实在 50 岁以前即《白鹿原》出版以前，一直扎根于农村，从民请教师到基层干部，从业余作者到专业作家，都不脱离他艺术描写的对象，对乡村生活有着深刻的观察、研究和体验，这样的作家在当代中国并不多见。《白鹿原》面世以前，他已经发表短篇小说 50 余篇，中篇小说 9 部，题材涉及当代中国农村的各个时期，人物也是方方面面，艺术上总体坚持现实主义创作方法，追求“史诗”品格，手法上很少讨巧，多是正面切入、正面描写，因此，他的小说给人的感觉，是乡村生活的生动画卷，是农村社会的真实写照，也是农民包括乡村干部的真实、准确而且可以见出时代特征并成系列的形象画谱。陈忠实的文学史意义，还在于他的创作道路、身份变化与共和国的文艺政策、文学体制密切相关，一滴水而映大海，从他的人生履痕可以见出文坛变化的轨迹以至某些内在的脉动。

陈忠实的文学创作虽然与时代的前行总体能保持同步挺进的姿态，但他某些时段的创作也有徘徊以至困惑。他是一个看重生活积累、强调生命体验并在此基础上极为重视文学的思想性包括政治关怀的作家，原本从文学爱好起步，从业余写作入手，后来在环境、时势和个人的追求中一步步成为半专业以至专业作家，时代所给的思想教育，环境所给的文化影响，个人所修的艺术准备，先天的和后天的都有这样那样的缺陷，因此，当他把文学当作终生的事业孜孜以求的时候，他对自己的创作时有自觉的反思。在经历了文学以及因文学而引起的人生挫折之后，特别是面对变化着的新时期的社会生活，他更是从理性高度自觉地反思自己的思想观念、思维方式和文学观念，博览群书以广视野、以得启迪，深刻反省以吐故纳新，用陈忠实的话说，就是“剥离”自身的非文学因素，进而“寻找属于自己的句子”。正是有了自觉的、不断的“剥离”和“寻找”，在这个过程中，陈忠实的创作才有了大的跨越以至超越。

陈忠实说，“到50岁才捅破了一层纸，文学仅仅只是一种个人兴趣”。虽然只是个人兴趣，但陈忠实并没有把文学当成一种消遣，相反，他在心里，一直把文学看得很重，骨子里还是认同文学为“经国之大业，不朽之盛事”。陈忠实是坚信文学的神圣性的。面对商潮冲击，不少人对文学应有的价值产生了怀疑，陈忠实提出：文学依然神圣！他说，看一样事物神圣与否，应该把它放在历史的长河中来考察，之所以说文学是神圣的，因为它是人类不可或缺的精神财富。认识到文学特有的价值，同时也要认识到从事文学创作这一工作的特殊性，不能简单地把文学创作与其他工作比如商业活动做类比，更不能用挣钱多少来类比。上帝造人，造的是各式各样的人，有不同兴趣的人，各种人自有其自身不可被替代的价值。陈忠实强调，要搞文学，有时就得能耐住寂寞甚至贫穷，文学特有的价值和神圣性有时恰恰就在这里体现出来。

蝴蝶一生发育要经过几个阶段的完全变态，才能由蛹变蝶。作为作家的陈忠实，在其精神进化的过程中，大约也经历了这样几个阶段。因为出身、经历以及社会环境等各方面的原因，陈忠实的文学准备应该说是先天不足，但他始终视文学为神圣的事业，他的身上也具有着文学圣徒的精神，虽九死而不悔，一方面具有顽强的不断求索的精神，另一方面具有可贵的自我反思精神，这就使他能由最初的听命和顺随式的写作，转为自身的怀疑和内心的惶惑，进而不断地开阔视野并寻找自己，在不断蜕变中最终完成了作为作家的个我。听命与顺随、反思与寻找、蜕变与完成，三级跳跃，陈忠实走过了从没有自我到寻找自我最后完成并确立自我这样一个过程，成为一个具有时代标志性和代表性的作家。

图书在版编目（CIP）数据

陈忠实传/邢小利著．—西安：陕西人民出版社，2015

ISBN 978-7-224-11602-1

Ⅰ．①陈… Ⅱ．①邢… Ⅲ．①陈忠实—传记 Ⅳ．①K825.6

中国版本图书馆CIP数据核字（2015）第207105号

书　　名：陳忠實传
作　　者：邢小利
出版发行：陕西新华出版传媒集团
陕西人民出版社（西安北大街147号　邮编：710003）
印　　刷：西安市建明工贸有限责任公司
开　　本：787mm×1092mm　16开　15.25印张　2插页
字　　数：220千字
版　　次：2015年11月第1版　2016年5月第2次印刷
书　　号：ISBN 978-7-224-11602-1
定　　价：39.00元